MOTIVATIONSFORSCHUNG · BAND 6

Die Messung des Leistungsmotivs

MOTIVATIONSFORSCHUNG

HERAUSGEGEBEN VON PROF. DR. HEINZ HECKHAUSEN, BOCHUM

BAND 6

Die Messung
des Leistungsmotivs

von

Dr. Heinz-Dieter Schmalt

Bochum

1976

VERLAG FÜR PSYCHOLOGIE · DR. C. J. HOGREFE
GÖTTINGEN · TORONTO · ZÜRICH

Die Messung des Leistungsmotivs

von

Dr. Heinz-Dieter Schmalt

1976
VERLAG FÜR PSYCHOLOGIE · DR. C. J. HOGREFE
GÖTTINGEN · TORONTO · ZÜRICH

Die Reihe MOTIVATIONSFORSCHUNG umfaßt bisher
folgende Veröffentlichungen:

Band 1

Motivation unter Erfolgsrisiko

von Dr. Klaus Schneider unter Mitwirkung
von Horst Gallitz und Klaus Meise

Band 2

Leistung und Chancengleichheit

von Prof. Dr. Heinz Heckhausen

Band 3

Motivation und Berufswahl

von Dr. Uwe Kleinbeck

Band 4

Häusliche Umwelt und Motiventwicklung

von Dr. Clemens Trudewind

Band 5

Studienmotivation und Studienverhalten

von Dr. Bernd-Achim Wilcke

Weitere Bände sind geplant.

© by Verlag für Psychologie · Dr. C. J. Hogrefe, Göttingen 1976
Photographische und photomechanische Wiedergaben
nur mit ausdrücklicher Genehmigung des Verlages
Satz: Carla Frohberg, 6463 Freigericht 1
Druck und Verarbeitung: Hessische Druckerei GmbH, 61 Darmstadt
Printed in Germany
ISBN 3 8017 0113 1

INHALT

1. Kapitel: Naivpsychologische und psychologische
Dimensionen von Persondispositionen 11

2. Kapitel: Das Verhältnis von persönlichkeitstheoretischen
und meßtheoretischen Aussagen in den verschiedenen Ansätzen einer Leistungsmotivationstheorie 18

D. C. McClelland 21
J. W. Atkinson 24
H. Heckhausen 28
Motivmessung in einem kognitiven Motivationsmodell 31
Die Messung von Intensitäts- und Extensitätsaspekten des
Leistungsmotivs 35

3. Kapitel: Die Rolle von Situationsparametern bei Messung
und Vorhersage in 4 Grundtypen von
Motivationstheorien 37

Interaktionsmodelle 37
Eigenschafts- (trait-)Modelle 41
Ein Modell mit situationsspezifischen Erklärungskonzepten – der
„idiographische" Ansatz 44
Ein Modell mit situationsspezifischen Erklärungskonzepten
– Verhaltensmessung 45
Modelle „mittlerer Reichweite" 46

4. Kapitel: Das Problem direkter und indirekter Messung
des Leistungsmotivs 50

Aspekte der Reliabilität 50
Aspekte der Validität – Konstruktvalidität 52
Aspekte der Validität – konvergente Validität 70
Aspekte der Validität – faktorielle Validität 72
Ursachenerklärung für die ausbleibende Validität direkt arbeitender
Verfahren 74
Sind direkte Verfahren doch valider? – Zwei „Gegenbeispiele" . . . 75

5. Kapitel: Zusammenfassung 79

Das LM-GITTER in der Form für Kinder

6. Kapitel: Allgemeines zum Verfahren 82
Die Situationen 83
Die leistungsthematischen Aussagen 88
Die Berechnung der Kennwerte 92

7. Kapitel: Die Analyse des LM-GITTERs 95
Kennwertinterkorrelation 95
Der Einfluß von Verfälschungstendenzen – Zustimmungstendenz 97
Der Einfluß von Verfälschungstendenzen – Soziale Wünschbarkeit . . . 99
Der Anregungsgehalt der Bildsituationen 101
Diskussion 103
Zusammenfassung 105

8. Kapitel: Dimensionsanalysen des LM-GITTERs 106
Methodik 107
Die Analyse der Aussagen 109
Diskussion 115
Die Analyse der Situationen 120
Zusammenfassung 121

9. Kapitel: Die Reliabilität des LM-GITTERs 122

10. Kapitel: Validierungsstudien I 125
Beziehungen zu validitätsnahen Variablen 125
Leistungsresultate 132
Zusammenfassung 139

**11. Kapitel: Validierungsstudien II –
Anspruchsniveausetzungen** 141
Einleitung 141
Versuchspersonen und Methodik 147
Das Zieldiskrepanzmaß 149
Konstruktbezogene Extensitätsmaße 153
Anspruchsniveauverschiebungen 163
Konstruktbezogene Extensitätsmaße 168
Zusammenfassung 172

**12. Kapitel: Validierungsstudien III –
Zielsetzungsverhalten in Situationen mit unterschiedlichen Typen von Bezugsnormen** 174
Einleitung 174
Versuchspersonen und Methodik 177

Zielsetzungsverhalten unter Bezug auf individuell-autonome
Bezugsnormen. 178
Zielsetzungsverhalten unter Bezug auf sozial-normative Bezugsnormen . . 180
Bedingungsübergreifende Differenzen 182
Konstruktbezogene Extensitätsmaße 183
Zusammenfassung 190

13. Kapitel: Zusammenfassung und Ausblick 192

Literatur 197

VORWORT DES HERAUSGEBERS

Seit dem Aufkommen inhaltsanalytischer Verfahren zur Motivmessung vor 25 Jahren hat die Motivationsforschung einen großen Aufschwung genommen. Durch bildlich oder sprachlich vorgestellte Situationen werden Gedankenstichproben angeregt und auf Inhaltselemente von motivtheoretischem Konstruktcharakter analysiert. Dem Verfahren liegt das Theorem einer Interaktion von situativen Anregungsgehalten und persönlichen Motivdispositionen zugrunde. Die Interaktion führt zu momentanen Motivierungsprozessen, die sich in den erhobenen Gedankenstichproben niederschlagen und individuelle Unterschiede in der Stärke der angeregten Motivthematik enthüllen.

Mit Hilfe des inhaltsanalytischen Verfahrens hat man viele Aspekte motivspezifischen Verhaltens und Erlebens auf individuelle Unterschiede — oder genauer auf Wechselwirkungen zwischen Motivunterschieden und Situationsgegebenheiten hin — aufklären können. Die Zufriedenheit mit dem so erfolgreichen inhaltsanalytischen Motivmeßverfahren hat jedoch eine nachteilige Wirkung gehabt: Die Fortentwicklung des Verfahrens stagnierte. Möglichkeiten planmäßiger Variation der Anregung, um individuelle Motivausprägungen nach den entscheidenden Situationsparametern und nach der Breite der Motivgeneralisierung über Situationen hinweg abzustecken, blieben ebenso unerforscht wie die Möglichkeiten der Aufgliederung von inhaltsanalytischen Kategorien nach verschiedenen motivtheoretischen Konstrukten. Im wesentlichen erschöpften sich die Bemühungen in Versuchen, Fragebogeninstrumente als Ersatz für das inhaltsanalytische Verfahren zu entwickeln, weil dieses in der Auswertung zeitraubend ist, einige Einarbeitung voraussetzt und zudem bei wiederholter Anwendung eine Reliabilität aufweist, die hinter den üblichen Anforderungen der Testanwendung zurückbleibt. Die Fragebogeninstrumente erwiesen sich zwar als reliabler, waren aber außerstande, auch nur entfernt mit der immer reicher werdenden Konstruktvalidität des inhaltsanalytischen Verfahrens zu konkurrieren.

Der vorliegende Band von Heinz-Dieter Schmalt bringt die stagnierende Verfahrensentwicklung wieder in Fluß. Im sog. „Leistungsmotiv-GITTER" wird ein Verfahren vorgestellt, das sich die Vorteile sowohl des inhaltsanalytischen als auch des Fragebogenverfahrens zu eigen macht und die Nachteile des einen wie des anderen umgeht. Das GITTER-Verfahren hat in Durchführung und Auswertung die Einfachheit von Fragebogen und besitzt eine beträchtliche Reliabilität. Andererseits nutzt es voll die motivationstheoretische Differenziertheit des inhaltsanalytischen Verfahrens, indem zu verschiedenen Bildsituationen aus einem Satz vorfixierter Erlebnisaussagen eine persönliche Auswahl getroffen werden kann.

Ein Drittes kommt entscheidend hinzu. Die Bildsituationen repräsentieren in planmäßiger Variation eine breite Streuung motivspezifischer Aktivitätsbereiche. So treten verschiedene Situationen jeweils mit motivspezifischen Erlebnisaussagen in Interaktion und bilden eine vielzellige Matrix, ein „Gitter". Dadurch wird es möglich, neben der herkömmlichen Erfassung der *Intensität* des Motivs (bei einem kleinen und konstanten Satz von Situationen) auch die *Extensität* des Motivs zu erfassen, d. h. seine Ansprechbarkeit über verschiedenartige Situationen hinweg. So lassen sich erstens (wie bislang) situationsspezifische Intensitätsmaße, zweitens Extensitätsmaße für einzelne motivspezifische Reaktionsweisen über alle Situationen hinweg und drittens kombinierte Intensitäts- und Extensitätsmaße aussondern, die die individuelle Motivintensität nach gruppierten Anregungssituationen staffeln.

Der Verfasser schickt seinen fortführenden Beiträgen einen kritischen Überblick über den Stand der Motivmessung voraus. Die dabei erhobenen Forderungen sind strikt. Motivmeßverfahren müssen in ihren inhaltlichen und formalen Operationen der Motivtheorie entsprechen, der sie verpflichtet sind. Sie sollten zudem ein naiv-eigenschaftstheoretisches Konzept zugunsten einer Interaktion von Person und Situation überwunden haben. Bei der Entwicklung seines eigenen Verfahrens nutzt der Verfasser das Arsenal der klassischen Testtheorie wie auch die Möglichkeiten konstruktgeleiteter Dimensionsanalysen. Die Güteeigenschaften des GITTER-Verfahrens übertreffen den bislang erreichten Stand. Dimensionsanalysen der Kennwerte differenzieren die Motivtendenz „Furcht vor Mißerfolg" in zwei unabhängigen Teiltendenzen und bestätigen damit manche Hinweise, die sich bereits in der bisherigen Forschung angedeutet haben. Schließlich bestätigt eine Reihe korrelationsstatistischer und experimenteller Untersuchungen die Validität des neuen Verfahrens.

So besitzt nun die Motivationsforschung in der GITTER-Technik einen neuen und vielversprechenden Verfahrenstyp der Motivmessung und die Leistungsmotivationsforschung ein fertig entwickeltes und unkompliziert zu handhabendes Meßverfahren. Ich bin sicher, daß dadurch einerseits die Fortentwicklung von Motivmeßverfahren wieder in Fluß kommt und andererseits die Motivationsforschung, sei sie theorie- oder anwendungsbezogen, neue Impulse erhält.

Heinz Heckhausen

> *In den meisten empirischen Wissenschaften herrscht zunächst das Halbdunkel vor. Es wird in dem Ausmaße unbedeutender und geringer, in dem die Präzision der Messung gesteigert wird.*
>
> *(B r i d g m a n, 1928, S. 36)*

1. Kapitel

NAIVPSYCHOLOGISCHE UND PSYCHOLOGISCHE DIMENSIONEN VON PERSONDISPOSITIONEN

Zu den Selbstverständlichkeiten im Umgang mit unseren Mitmenschen gehört es, daß wir diese mit bestimmten Prädikaten und Eigenschaften, die über das sinnlich unmittelbar gegebene hinausgehen, belegen. Naivpsychologisch scheint der Prozeß der Eigenschaftszuschreibung so abzulaufen, daß zunächst bestimmte Handlungen von Personen prädikatisiert werden, z. B. „Hans hat sich ängstlich verhalten". In einem zusätzlichen Abstraktionsschritt wird nun von solch adverbialer Prädikatisierung zu einer substantivistischen übergegangen (H e r r m a n n, 1969). Nicht: „Hans hat sich ängstlich verhalten", sondern: „Hans ist ängstlich". Damit kommt Hans im ontologischen Sinne das Merkmal „ängstlich" als eine überdauernde Disposition zu. Dabei ergibt sich für den naiven Beobachter der zwingende Eindruck, daß sich seine Wahrnehmungen auf tatsächlich Vorhandenes am beobachteten Objekt beziehen und nicht etwa nur bloße Interpretationen als Ergebnisse einer Transaktion des Beobachters mit dem beobachteten Objekt darstellen (H e i d e r, 1958; J o n e s & N i s b e t t, 1971, S. 86).

Eine Ursache für diesen tagtäglich von uns vollzogenen Prozeß der Zuschreibung dispositioneller Merkmale an unsere Mitmenschen liegt wohl darin, daß wir in einer „normalen" Alltagssituation feststellen, daß sich in dieser Situation verschiedene Personen in höchst unterschiedlicher Weise verhalten. Als „Erklärung" für diesen Sachverhalt bieten sich auf den ersten Blick unterschiedliche Eigenschaften der handelnden Personen an. Darüber hinaus hat der naive Beobachter in der Regel nur Gelegenheit, eine bestimmte Person in wenigen, eher ähnlichen Situationen und dies auch nur über einen begrenzten Zeitraum hinweg zu beobachten. Dies führt zu eher gleichförmigen Verhaltensinformationen und läßt die Fixierung der Ursachenzuschreibung beim handelnden Individuum um so zwingender erscheinen. Zugleich werden die benutzten Eigenschaftsdimensionen mit den Merkmalen der zeitlichen Stabilität und hoher transsituationaler Generalisierungsbreite ausgestattet. (Heider, 1958; Kelley, 1967, 1973; Jones & Nisbett, 1971; Heckhausen, 1974).

Dieser durchgehende und so deutlich sich aufdrängende Vorgang der „Begründung" von Verhalten mit Personfaktoren, die selbst wiederum Abstraktionen aus Verhaltensbeobachtungen sind, ist offensichtlich eine falsche Ursachenzuschreibung (Fehlattribuierung), deren Ursache wiederum in der Verwendung eines nicht repräsentativen Beobachtungsmaterials und in der Verwendung von Informationen, die lediglich auf die handelnde Person bezogen sind, liegt (Jones & Nisbett, 1971; Mischel, 1973). Hiernach ergibt sich das Bild eines naiven Beobachters, der beobachtete Personen trotz schmaler und nicht repräsentativer Induktionsbasis mit einem Bündel generalisierter und stabiler Dispositionen ausstattet. Dies resultiert aus Informationsdefiziten und Informationsverzerrungen, die sich durch die „typischen" alltäglichen Beobachtungssituationen ergeben. Sie lassen die beobachtete Person als invariante „Figur" vor wechselnden situationalen Hintergründen erscheinen und legen stabile Persönlichkeitsmerkmale zur Charakterisierung der handelnden Person nahe (Jones & Nisbett, 1971, S. 91).

Betrachtet man diese Attribuierungsprozesse, so ergeben sich die folgenden Merkmale naivpsychologischer Eigenschaftsbegriffe:

1) Die den beobachteten Personen zugeschriebenen Eigenschaften haben „Realität". Sie werden im Sinne tatsächlich vorfindbarer Entitäten gebraucht.

2) Diese Eigenschaften sind die kausalen Determinanten von Verhalten. Ein Konzept, das einer Person aufgrund ihres Verhaltens zugeschrieben wird, wird als „Begründung" für eben dieses Verhalten herangezogen: Hans verhält sich ängstlich, weil er eben ängstlich ist.

3) Eine zuerkannte Eigenschaft ist nicht in ein-eindeutiger Weise auf konkretes Verhalten bezogen. Danach ist mit der Feststellung: „Hans ist ängstlich" durchaus vereinbar, daß sich Hans in einer konkreten Situation einmal nicht „ängstlich" verhält.

4) Die der Person zugeschriebenen Eigenschaften sind von hoher transsituationaler Generalisierungsbreite.

5) Die der Person zugeschriebenen Eigenschaften sind von hoher zeitlicher Stabilität.

(vgl. H e i d e r, 1958, S. 79ff.; V e r n o n, 1964, S. 25ff.; J o n e s & D a v i s, 1965; M i s c h e l, 1968, S. 41ff., 1973; J o n e s & N i s b e t t, 1971; H e r r m a n n, 1973, S. 9ff.; L a u c k e n, 1974, S. 183ff.; H e c k h a u s e n, 1974b).

Mehrere dieser Autoren haben darauf hingewiesen, daß sich viele dieser Merkmale naivpsychologisch verwendeter Eigenschaftsbegriffe in die wissenschaftlich betriebene Persönlichkeitspsychologie hinübergerettet haben.

Vor allem die deutsche Charakterkunde und im anglo-amerikanischen Bereich vor allem A l l p o r t (1933, 1966) haben den Eigenschaftsbegriff im Sinne einer real vorfindbaren Entität gebraucht und Eigenschaften „... mehr als bloß nominelle Existenz" zugeschrieben (A l l - p o r t, 1966, S. 1). Ein Grund für diese Auffassung mag wohl in der verführerischen Vorgehensweise liegen, von der Realität hier und jetzt gegebener aktueller Formen von Verhalten und Erleben abzusehen und diese über ideatorische Abstraktionsprozesse in Konstrukten höheren Allgemeinheitsgrades zu integrieren, was dann die Versuchung mit sich bringt, das in den Konstrukten Gedachte und im Verhalten Konkretisierte in jeder Zeit Vorfindbares umzudeuten, was wiederum die Gefahr einer naiv ontologischen Realitätsverdoppelung in sich birgt (H o l z k a m p, 1964, S. 179ff, 1965, S. 109ff). H ö r m a n n (1964) hat diesen Vorgang, aus bewußtseinsimmanenten begrifflichen Konstrukten unversehens ein bewußtseinstranszendentes Ding zu machen, kritisiert und hat darauf hingewiesen, daß Eigenschaften nicht etwas Entdecktes, sondern etwas Erfundenes darstellen (S. 381). Die in vielen Persönlichkeitstheorien enthaltene Annahme realer Existenz hoch generalisierter Eigenschaften spiegelt jedoch lediglich die in Annahmegefügen von Beobachtern enthaltene transsituationale Verhaltenskonsistenz wieder, keineswegs jedoch tatsächliche Verhaltenskonsistenzen.

Die oftmals vorgenommene Ausstattung von Persönlichkeitseigenschaften mit hohen transsituationalen Generalisierungsgraden ist offensichtlich so alt wie die wissenschaftliche Beschäftigung mit dem Problem interindividueller Differenzen. Bereits J. M c C a t t e l l (1890, 1896) behandelte die in psychophysikalischen Versuchen auftretenden interindividuellen Differenzen als Indikatoren von Personeigenschaften, die von Person zu Person variieren, aber bei unterschiedlichen Reizgegebenheiten invariant bleiben und Verhalten im

Sinne von „Bedingern" beeinflussen (vgl. B o r i n g, 1950; S t e v e n s, 1951, S. 31; T o r g e r s o n, 1958, S. 45). Auch die Hauptströmungen in den Persönlichkeitstheorien der Gegenwart – gleichgültig ob diese eher strukturelle Komponenten (C a t t e l l, 1957) oder aber eher dynamische Komponenten (M u r r a y, 1938) zu ihren analytischen Einheiten machen – stärken zwar die Bezüge zu konkretem Verhalten – C a t t e l l (1950, S. 2; 1965 S. 27) definiert Persönlichkeit geradezu als etwas, was eine Vorhersage über Verhalten gestattet – jedoch wird Verhalten als direktes oder indirektes Indiz einer zugrundeliegenden überdauernden Merkmalstruktur angesehen, dessen Komponenten (traits, states, dynamics, processes, motives) *generalisierte* und *überdauernde kausale* Effekte auf das Verhalten ausüben (M i s c h e l, 1968, S. 8).[1]

Die Inferenzrichtung ist hierbei wechselseitig: Aus dem Verhalten wird die Persönlichkeitseigenschaft erschlossen, aus deren Kenntnis wiederum das mutmaßliche (probable) Verhalten vorhergesagt (C a t t e l l, 1965, S. 27). Dieses Vorgehen ist tautologisch (M i s c h e l, 1968, S. 42; H e c k h a u s e n, 1974b). Die vorgenommene Verhaltensabstraktion in einem zweiten Schritt wiederum zu einer explikativen Einheit werden zu lassen und über diese, die Annahmegefüge über bestimmtes Verhalten zu deren „Ursachen" zu machen, führt einfach zur Verwechslung von Konstruktionen über Verhalten und Verhaltensursachen (M i s c h e l, 1968, S. 42; 1973, S. 264).

Diese weitgehende Einflußnahme naivpsychologischer Eigenschaftskonzepte auf die Persönlichkeitspsychologie ist nicht ohne Einfluß auf jene Prozeduren geblieben, mit deren Hilfe man die jeweils betreffenden Eigenschaften zu erfassen suchte. So hat etwa die verbreitete Ansicht, man handle von realen Entitäten, deren Erkenntnis jedermann ohne weiteres zugänglich sei, dazu geführt, Korrespondenzen zwischen der zu messenden Eigenschaft und den in den Meßinstrumenten enthaltenen Inhalten nur auf der Ebene rein semantischer Entsprechungen herzustellen oder aber, hierauf ganz zu verzichten und Messung ausschließlich unter dem utilitaristischen Konzept möglichst hoher Meßgenauigkeit zu betreiben (etwa S t r o n g, 1943). Entsprechend rückten bei der Testentwicklung fast ausschließlich Fragen der Zuverlässigkeit, insbesondere Fragen der Skalenhomogenität in den Mittel-

---

[1] Anmerkung: Gerade auch jene Persönlichkeitstheoretiker, die sich der Faktorenanalyse bedient haben, interpretieren Faktoren als kausale Einflußgrößen (T h u r s t o n e, 1947, S. 54; S p e a r m a n, 1929, S. 75). E y s e n c k (1953, S. 108) resümiert: „A factor is a hypothetical causal influence underlying and determining the observed relationships between a set of variables".

punkt psychometrischer Bemühungen (G u l l i k s e n, 1950)(vgl. L o e-
v i n g e r, 1957; N e i l l & J a c k s o n, 1970). Auch hat man sich bei
der Messung dieser Eigenschaften wenig um den situationalen Kontext, in dem sie wirksam werden, gekümmert. Stattdessen werden globale Stellungnahmen in hypothetischen „typischen" Situationen evoziert, wobei anhand des Zustimmungsgrades auf den Ausprägungsgrad
der Eigenschaft geschlossen wird (M i s c h e l, 1968, S. 59ff; I n s e l
& M o o s, 1974). In gleicher Weise auf globale und generalisierte Dispositionen ausgerichtet ist die Messung mittels projektiver Verfahren,
wobei versucht wird, über ein relativ unstrukturiertes und mehrdeutiges Situationsmaterial zu den generalisierten Dispositionen zu gelangen (M i s c h e l, 1972, S. 319).

Die in Persönlichkeitstheorien verwendeten theoretischen Konstrukte
gruppieren sich in zwei Typen, die sich hinsichtlich ihres Allgemeinheitsniveaus unterscheiden. *„Zentrale Funktionseigenschaften"* zum
einen beziehen sich auf universell gültige Funktionseigenschaften „aller" Individuen und bilden einen Theoriebereich, den man einer allgemeinen Verhaltenstheorie zuordnen könnte. Konstrukte des zweiten
Typs beziehen sich auf *„periphere Beschreibungsdimensionen"*. Sie
geben ein Raster ab für die Beschreibung von Individuen und werden
zur Abbildung interindividueller Differenzen herangezogen. Beide
Typen von Konstrukten sind innerhalb einer Persönlichkeitstheorie
jedoch eng miteinander verbunden. So können etwa ja nach Art der
Konstrukte des ersten Typs, interindividuelle Differenzierungen in Begriffen von S—R Verbindungen (habits), Motiven, Bedürfnissen, Eigenschaften, Rollen, Attitüden etc. vorgenommen werden, je nach dem
spezifischen Satz grundlagentheoretischer Formulierungen (zentrale
Funktionseigenschaften) (vgl. S a n f o r d, 1963, S. 500; 1970, S.
138—140; M a d d i, 1968, S. 11—14).

Zumindest einige der Beschreibungsdimensionen, auf denen eine Persönlichkeitstheorie interindividuelle Differenzen abbildet, müssen
durch geeignete Techniken gemessen werden. Entscheidend für die
„Geeignetheit" einer Meßoperation ist dabei der Grad *inhaltlicher und
formaler Entsprechung* von Meßoperationen und den Beschreibungsdimensionen. Der Hinweis auf *inhaltliche* Korrespondenzen zwischen
einer Beschreibungsdimension und dem entsprechenden Meßverfahren
erscheint zunächst trivial: Spielt beispielsweise in einer Theorie die
Dimension „Angst" eine besondere Rolle, muß versucht werden, in
den Inhalten der Meßoperationen dasjenige zu erfassen, was die Theorie unter Angst versteht. Was wiederum in einer bestimmten Theorie
unter Angst verstanden wird, ergibt sich aus den vielfältigen empiri-

schen und theoretischen Beziehungen, die ein solches Konstrukt (Angst) aufweist (dem nomologischen Netzwerk; C r o n b a c h & M e e h l, 1955) (vgl. L o e v i n g e r, 1957; H a s e & G o l d b e r g, 1967; J a c k s o n, 1970, 1971). Die Abhängigkeitsverhältnisse *formaler* Eigenschaften von Meßoperationen vom Status der gemessenen Variablen sind von komplexerer Art, weil sie über die Beschreibungsdimensionen auch von den zentralen Funktionseigenschaften abhängig sind. Nicht jede Meßoperation (verbale Äußerungen, konkretes Verhalten, direkte und indirekte Verfahren) ist in beliebiger Weise bei der Messung bestimmter Persönlichkeitsmerkmale einsetzbar. In den formalen Eigenschaften von Meßoperationen sind oftmals theoretische Grundpositionen, die das Persönlichkeitsmerkmal betreffen, mitenthalten:

„It will become evident that personality assessment does not just supply assessments of persons: it also assesses the ideas of the assessor — or more precisely of the theory he follows" (M i s c h e l, 1971, S. 5) (vgl. H e r r m a n n, 1973, S. 30).

L o e v i n g e r, (1957) hat bereits vor geraumer Zeit darauf hingewiesen, daß man die Entscheidung über die Art des Meßverfahrens im einzelnen nicht von Vorlieben oder persönlichen Voreinstellungen abhängig machen sollte:

„There is needed a theory, supported by data, of what kinds of traits or what levels of personality can be measured by different kinds of personality tests" (S. 645).

Neben der Frage der inhaltlichen und formalen Fundierung von Meßoperationen in theoretischen Formulierungen, die das zu messende Konstrukt betreffen, erscheint uns als drittes Problem das der *situationsspezifischen Bindungen* des zu messenden Konstrukts. Auf die Notwendigkeit der Kontrolle dieser Situationsparameter ist in jüngster Zeit von verschiedenen Seiten hingewiesen worden (M i s c h e l, 1968, 1969, 1973; B e m, 1972; B e m & A l l e n, 1974; E n d l e r, 1973, 1975; E n d l e r & M a g n u s s o n, 1974; B o w e r s, 1973). In jedem Fall erscheint es notwendig, bei der Elaboration des einem Persönlichkeitskonstrukt zugeordneten nomologischen Netzwerks solche Aussagen einzuschließen, die darüber Auskunft geben, in welcher Weise sich Individuen mit bestimmter Merkmalsausprägung unter verschiedenartiger situativer Anregung verhalten (H e r r m a n n, 1973, S. 119ff), wobei insbesondere in einer Interaktionstheorie nicht nur isolierte Person- und Situationseffekte zu inkorporieren wären, sondern schließlich auch davon ausgegangen werden müßte, daß „objektiv" gleiche Situationen bei verschiedenen Personmerkmalen durchaus unterschiedliche subjektive Bedeutungen haben mögen, wie umgekehrt gleiche Personmerkmale in unterschiedlichen Situationen unterschiedliche Verhaltenswirkungen zeigen können (Bowers, 1973, S. 327; Overton & Reese, 1973; Ekehammar, 1974, S. 1041; Endler, 1975; Heckhausen, 1974b).

2. Kapitel

DAS VERHÄLTNIS VON PERSÖNLICHKEITSTHEORETISCHEN UND MESSTHEORETISCHEN AUSSAGEN IN DEN VERSCHIEDENEN ANSÄTZEN EINER LEISTUNGSMOTIVATIONSTHEORIE

Wir hatten oben in zwei Punkten die Herleitbarkeit von inhaltlichen und formalen Eigenschaften von Meßoperationen aus dem theoretischen Annahmegefüge des zu messenden Konstruktes gefordert. Wie sieht dies nun für das Leistungsmotiv aus?

Seit der Zeit der ersten experimentellen Untersuchungen zum Leistungsmotiv ist stets dessen indirekte (projektive) Erfassung als die angemessene Verfahrensweise dargestellt worden. Auf tiefenpsychologischen Überlegungen, vor allem wohl auf F r e u d (1900) aufbauende Modellvorstellungen gehen etwa davon aus, daß es zu Motivstrukturen keinen direkten Zugang gibt, da die „wahren" Motivinhalte in offenem Verhalten durch verschiedene Abwehrmechanismen entstellt werden. Direkte Befragungen sind aus diesem Grunde nicht in der Lage, Aufschlüsse über Motivstrukturen zu liefern. M u r r a y (1938, 1952) hat sich bei der Entwicklung des Thematischen-Auffassungs-Test (TAT) darum bemüht, ein Diagnostikum für Motivstrukturen in verbalem Verhalten zu entwickeln.

M c C l e l l a n d et al. (1953) haben, auf den Vorstellungen M u r r a y's aufbauend, den TAT speziell zur Messung des Leistungsmotivs adaptiert. Sie haben hierzu leistungsthematisch relevante Bildsituationen zugrundegelegt und einen Inhaltsschlüssel entwickelt, der eine Erfassung und Quantifizierung der leistungsbezogenen Geschichteninhalte erlaubt. Das Meßmodell, das dem Leistungsmotivations-TAT zugrunde liegt, ist ein additiv-kumulatives: Je mehr Inhalte mit einem leistungsthematischen Bezug geäußert werden, je häufiger also die einschlägigen Schlüsselkategorien (M c C l e l l a n d et al., 1949, 1953, S. 115ff) zur Anwendung gelangen, desto stärkere Ausprägungsgrade des Leistungsmotivs werden angenommen. Eine Verrechnung von Symptomkonfigurationen ist ebensowenig vorgesehen wie etwa der Versuch, Abwehrvorgänge oder Ergebnisse anderer psychodynamischer Verarbeitungsprozesse aufzuspüren.

Wenn dies – wie aufgrund der dynamischen Wurzeln des Verfahrens zu erwarten – nicht geschieht, wie wird dann der Einsatz eines indirekt arbeitenden Verfahrens begründet? Nun, die Verfechter des indirekten Meßansatzes gehen davon aus, daß bei der Merkmalserfassung mittels direkter Verfahren eine Reihe von Annahmen als gültig unterstellt werden, die hinsichtlich des Leistungsmotivs nicht oder nur unzureichend erfüllt sind:

1. Es besteht grundsätzlich die Bedingung für die Möglichkeit der Einsichtnahme in die eigenen Merkmalsstrukturen bzw. die Möglichkeit der Bewertung eigener Verhaltensweisen im Hinblick auf diese Merkmalsstrukturen. Letzteres setzt wiederum voraus, daß prinzipiell zwischen bestimmten Verhaltensweisen und dem entsprechenden Merkmal ein ein-eindeutiges Zuordnungsverhältnis besteht.

2. Die kundgetanen verbalen Äußerungen beziehen sich direkt und ausschließlich auf das Merkmal, dem die Meßintention gilt.

3. Es besteht grundsätzlich die Tendenz, die in 1. und 2. vorausgesetzte Möglichkeit der Einsichtnahme in Merkmalszusammenhänge auch zu kommunizieren. Verfälschungstendenzen treten nicht auf oder sind in ihren Auswirkungen zumindest kontrollierbar (vgl. McClelland, 1958a, 1971; Heckhausen, 1967, S. 9–10).

Dieses Vertrauen in projektive Verfahren ist jedoch nicht durchgängig und gleichermaßen für die aufsuchenden und meidenden Komponenten des Leistungsmotivs (LM) („Hoffnung auf Erfolg" bzw. „Furcht vor Mißerfolg") gültig. Da beide Komponenten des Leistungsmotivs als unabhängig vorgestellt wurden, bedurften sie auch getrennter Messung. Hierbei ist die LM-Forschung höchst verschiedenartige Wege gegangen.

Ein relativ einfaches Vorgehen bestand zunächst in dem Versuch, den aufsuchend bzw. meidend Motivierten verschiedene Areale in der (TAT)-Kennwertverteilung zuzuweisen. Zwei frühe empirische Befunde schienen zunächst eine solche Trennung zuzulassen. So berichteten McClelland und Libermann (1949), daß Vpn aus dem mittleren Verteilungsdrittel längere Erkennungszeiten für negativ leistungsbezogene Worte aufweisen, Vpn aus dem oberen Drittel der Verteilung desgleichen, jedoch für positiv leistungsbezogene Worte. Atkinson (1950, zit. nach McClelland, 1951a; vgl. auch: Atkinson, 1953) fand, daß in Abhängigkeit von der einbettenden Versuchssituation die von entspannt über aufgabenbezogenen bis hin zu einer ichbezogenen Bedingung variierte, die Anzahl der erinnerten erledigten Aufgaben in eben dieser Reihenfolge generell anstieg. Für die Anzahl der unerledigten behaltenen Aufgaben existieren jedoch bedeutsame Motivationsunterschiede, und zwar wiederum zwischen dem oberen und mittleren Drittel der Kennwertverteilung. Während für das obere Drittel ein gleichmäßiger Anstieg der behaltenen unerledigten Aufgaben über die obigen Versuchsbedingungen besteht, behalten die Vpn im mittleren Drittel der Verteilung zunehmend weniger unerledigte Aufgaben, je ichbezogener die Situation wird. Für das untere Verteilungsdrittel existieren keine systematischen Trends. Diese Ergebnisse gewinnen ihre theoretische Bedeutung, wenn man annimmt, daß die Vpn im oberen Verteilungsdrittel durch „Hoffnung auf Erfolg" (HE), jene im mittleren Drittel durch „Furcht vor Mißerfolg" (FM) charakterisiert sind. C l a r k (zit. nach C l a r k et al., 1956, S. 182) betrachtet ebenfalls Vpn mit mittelhohen TAT-Kennwerten als durch FM, jene mit hohen Kennwerten als durch HE charakterisiert.

Diese Untersuchungen lassen M c C l e l l a n d (1951a, S. 99) annehmen, daß es zumindest zwei Arten der Leistungsmotivation zu unterscheiden gilt, von denen die erstere auf die Vermeidung von Mißerfolg, die andere auf Erreichen von Erfolg zentriert ist, wobei mit ansteigender Intensität die LM zunächst auf die Vermeidung von Mißerfolg, dann erst auf die Erreichung von Erfolg zentriert sein soll (S. 98, vgl.: M o u l t o n, 1953, 1958).

In der Arbeit von A t k i n s o n & L i t w i n (1960) wird der unidimensionale Meßansatz zugunsten eines zweifaktoriellen Ansatzes aufgegeben, indem das projektiv arbeitende TAT-Verfahren zur Messung des Erfolgsmotivs, der von M a n d l e r & S a r a s o n (1952) entwickelte Fragebogen für Prüfungsängstlichkeit (*Test Anxiety Questionnaire*, TAQ) zur Messung des Mißerfolgmotivs herangezogen wird.

Versuche von M o u l t o n (1958), ein projektiv arbeitendes Maß für das Mißerfolgsmotiv zu entwickeln, sind offensichtlich gescheitert. Erst H e c k h a u s e n (1963b) gelang die getrennte Erfassung von HE und FM ebenfalls mit Hilfe des TAT's. B i r n e y, B u r d i c k & T e e v a n (1969) haben ebenfalls ein projektiv arbeitendes Instrument entwickelt (*Hostile Press*, HP), das einen teilweise identischen Gültigkeitsbereich abdeckt, wie das Maß für FM, gegenüber diesem jedoch vage Gefühle von Bedrohung durch die Umwelt als kritisch verrechnet.

Wenden wir uns schließlich den konkreten meßtheoretischen Aussagen in den verschiedenen Strängen der LM-Theorie zu.

D. C. McClelland

M c C l e l l a n d et al. (1953, S. 27 ff) bauen ihre Motivationstheorie auf Affekten auf. Bei diesen Affekten handelt es sich um primäre ungelernte Affekte vom Typ der Lust bzw. Unlust. Beim Motiverwerb werden nun diese Affekte, bzw. die Antizipation, daß man bestimmte Affekte wird erleben können, mit bestimmten situationalen Hinweisreizen verbunden. Dies geht nach den Vorstellungen M c C l e l l a n ds (vereinfacht dargestellt) so vor sich: Gewisse situationale Hinweisreize können gegenüber dem, was man „normalerweise" in einer Situation erwartet, in unterschiedlichem Ausmaß abweichen. Diese Diskrepanzen zum Erwartungs- bzw. Adaptationsniveau bestimmen nun die Stärke und die Qualität des Affekts. Niedrige Diskrepanzen führen zu Indifferenz, hohe Diskrepanzen führen zu negativen und mittelhohe Diskrepanzen zu positiven Affekten. Diese Affekte können nun antizipatorisch wiederhergestellt (redintegrated) werden und können, wenn entsprechende situationale Hinweisreize vorliegen, motivierend wirken. Dies geschieht jedoch nur dann, wenn dieser antizipierte Affekt gegenüber dem Affekt, der ohnehin in dieser Situation vorherrscht, eine Änderung bedeutet. In diesem Sinne können M c C l e l l a n d et al. (1953, S. 28) ein Motiv als die durch einen situationalen Hinweisreiz antizipierte Wiederherstellung eines Affektwechsels definieren. Demnach stellt sich der Motivationsvorgang folgendermaßen dar: In einer bestimmten Situation treten beispielsweise Ereignisse ein, die zum allgemeinen Erwartungsniveau in dieser Situation eine mittelhohe Diskrepanz bilden, was auf der Seite des Individuums zu positiven Affekten (Freude) führen wird. Tritt nun diese Situation wieder auf, wird das Individuum diesen Affekt der Freude antizipatorisch wiederherstellen, d. h. hoffen, diesen Affekt wiederherstellen zu können und wird sich in Verhaltensweisen einlassen, die dieses Ziel näherrücken lassen.

Wir haben oben bereits darauf hingewiesen, daß eine Persönlichkeitstheorie auch Aussagen beinhalten muß, die die Meßoperationen nach Form und Inhalt determinieren. Wie ist nun nach M c C l e l l a n d Motiviertes im Verhalten allgemein auffindbar? Es sind nach M c C l e l l a n d zielgerichtete, geordnete Verhaltenssequenzen, die darauf hindeuten. Diese sind jedoch auch von den anderen verhaltensdeterminierenden Faktoren – der Situation (situational, perceptual) und gewissen Verhaltensgewohnheiten (habit, memory) – mit beeinflußt (M c C l e l l a n d, 1951b; M c C l e l l a n d et al., 1953, S. 35–42). Verbalverhalten in Reaktion auf semistrukturierte Reize – das als operantes Verhalten dem oben erwähnten Verhalten völlig vergleichbar ist – beinhaltet solche Einflüsse von seiten der Situation und/oder der Handlungsgewohnheiten kaum oder zumindest in bekannter Größe, da es in dieser Form auf Fantasieinhalten beruht. Treten in diesen Fantasieproduktionen geordnete, zielgerichtete Verhaltenssequenzen auf, so indizieren sie das Vorhandensein von Motiven.

Neben diesen formalen Spezifikationen von Meßoperationen ist oben auch auf den inhaltlichen Aspekt abgehoben worden. Auch hier geben M c C l e l l a n d et al. (1953, S. 74–81), bezogen auf das Leistungsmotiv, explizite Hinweise. Demnach können Motive diskriminiert werden anhand der Bedingungen, die die Entstehung von Affekten besorgen. Dieses dürften Erwartungen sein, da sie ja, wie oben bereits erwähnt, eine personspezifische konstante Basis für die Möglichkeit des Auftretens von Diskrepanzen bilden, die ihrerseits für Affekte verschiedenen Typs verantwortlich sind. M c C l e l l a n d et al. (1953) haben das Leistungsmotiv als „Auseinandersetzung mit einem Gütemaßstab" definiert, woraus sich ergibt, daß die kritischen Erwartungen sich ebenfalls explizit auf bestimmte Gütemaßstäbe beziehen müssen. Das sicherste Anzeichen für das Vorliegen solcher leistungsthematischer Gütemaßstäbe ist die Vornahme von *Bewertungen* von Handlungsresultaten. Um sicherzustellen, daß nicht nur eine objektivierende Schilderung vorgenommen wird, sondern daß auch ein persönliches Involviertsein gegeben ist, bedarf es noch der Äußerung von Affekten im Zusammenhang mit Leistungsbewertungen:

„What then becomes crucial in scoring stories for achievement is detecting affect in connection with evaluation" (S. 79).

Dieses hier skizzierte Konzept der Messung der LM ist, wie gezeigt, aus den theoretischen Grundannahmen ableitbar und entspricht damit dem oben beschriebenen Postulat der stringenten Herleitbarkeit der Charakteristika von Meßoperationen aus den theoretischen Annahmen, die zentrale Funktionsmechanismen und Beschreibungsdimensionen betreffen. Letzteres wird für den vorliegenden Fall auch von M c C l e l l a n d et al. (1953) hervorgehoben:

„Thus our scoring definition for n achievement is ultimately consistent with our theoretical conception of what constitutes a motive" (S. 79).

Gleichwohl ist hier kritisch anzumerken, daß dieses kaum das oben dargestellte Diskrepanzmodell in bezug auf die Affektentstehung betrifft. Dieser Teil der M c C l e l l a n d'schen Formulierungen ist für das weitere empirische Vorgehen und insbesondere für das Meßverfahren weithin unfruchtbar geblieben.

McClelland et al. (1949, 1953) konnten zeigen, daß unter leistungsthematischer Anregung die leistungsbezogenen Schlüsselinhalte (Leistungsbedürfnis, erfolgreiche instrumentelle Handlungen, antizipatorische Zielreaktionen, unterstützendes oder hinderndes Eingreifen in einen leistungsbezogenen Handlungsverlauf, positive emotionale Zustände; jeweils im Zusammenhang mit dem Vorliegen von Leistungsthematik überhaupt) gegenüber einer entspannten Bedingung ansteigen. Dies weist generell darauf hin, daß unter bedürfnisbezogener (hier: leistungsthematischer) Strukturierung der Situation das Fantasieverhalten (imaginative behavior) um die gleichen Inhalte kreist wie offenes Verhalten selbst. Aus dieser Parallelisierung von Testverhalten und tatsächlichem – operantem – Verhalten ergibt sich die Begründung für die inhaltsanalytische Aufschlüsselung leistungsbezogenen Fantasieverhaltens:

„If one grants that the principles governing imaginative behavior are not different from those governing performance when both are analyzed according to the same categories of response, then the method used here becomes a more subtle and flexible approach to the establishment and extension of those principles than the ordinary method of studying performance" (McClelland et al., 1949, S. 245).

Wohl seitdem sich McClelland mit den Möglichkeiten von Motivänderungsprogrammen und der Neu-Installierung leistungsbezogener kognitiver Netzwerke auseinandersetzt (McClelland, 1965a, b; McClelland & Winter, 1969) – letztere betreffen vor allem die Bedeutung von Gütemaßstäben, das Verpflichtetheitsniveau für Normwerte und die Erschließung neuer Beschäftigungsmöglichkeiten – operiert McClelland mit kognitiven Motivkonzepten; wobei er die im TAT cruierten Inhalte als spontan auftretende Fokussierung auf bestimmte Ziel-Zustände („spontaneously, recurrent concern with such goal states as doing better...", McClelland, 1971) faßt, die ihrerseits das Motiv konstituierend definieren:

„The measure in turn, helps define a motive as a recurrent concern for a goal state, normally detectabe in fantasy, which drives, directs and selects behavior" (S. 13).

Wir haben bereits darauf hingewiesen, daß in der angelsächsischen Forschungstradition seit Atkinson & Litwin (1960) ein direkt arbeitendes Fragebogeninstrument (TAQ) zur Messung der Motivkomponente „Furcht vor Mißerfolg" (FM) herangezogen wird. Auch McClelland (1971), der stets für den Einsatz indirekter Verfahren zur Motivmessung eingetreten ist, hat jüngst mit Bezug auf Befunde zur Genese des Leistungsmotivs ein eigenes Konzept für die Erfassung von FM mittels TAQ vorgelegt. Ausgehend von dem Befund

S m i t h s (1969), daß Mütter hochängstlicher Vpn (TAQ) ihre Kinder für mangelnd befähigt halten und sehr viel Leistungsdruck ausüben, meint M c C l e l l a n d, die im Fragebogen geäußerte Ängstlichkeit entspreche der in Leistungsituationen freiwerdenden Furcht, externen Leistungsanforderungen aufgrund der als gering eingeschätzten eigenen Fähigkeit nicht gerecht werden zu können:

„The self-report measure is adequate for assessing an avoidance motive because it calls for identifying failed demands that occur externally rather than fleeting fantasies of doing better that occur internally" (M c C l e l l a n d, 1971, S. 16).

Einmal ganz abgesehen von den vielen Problemen, die eine solche Herleitung von TAQ-Kennwerten aus dem mütterlichen Erziehungsverhalten aufwirft, besteht die Frage, ob denn dieses Instrument als Motivmaß angesehen werden kann. M c C l e l l a n d (1971) bejaht diese Frage mit dem Hinweis darauf, daß die gemessene Variable Verhalten leite und energetisiere. Diese Eigenschaften erscheinen jedoch zu ihrer Kennzeichnung als Leistungs*motiv* kaum hinreichend und zwar in zweierlei Hinsicht: zum einen geht in dieser Konzeption der Bezug auf Auseinandersetzungen mit verpflichtenden Gütestandards verloren, statt dessen wird eher auf Auseinandersetzungen mit externen Anforderungen abgehoben, zum anderen muß gefragt werden, ob denn die so beschriebene Variable *leistungsbezogen* ist. Die Postion M c C l e l l a n d's, daß mißerfolgsängstliche Vpn darauf ausgerichtet seien, Zustimmung von anderen zu gewinnen („They are trying to please others", S. 16), weist hingegen das Handlungsziel eindeutig als gegenüber dem Leistungsmotiv fremdthematisch aus.

J. W. Atkinson

Wie erinnerlich, hat M c C l e l l a n d seine Motivationstheorie auf ein Diskrepanzmodell aufgebaut und hat angenommen, daß die Befriedigung bei mittelhohen Diskrepanzen zum Erwarteten am größten ist. Das gleiche gilt für die Stärke von Handlungstendenzen. A t k i n s o n (1957, 1958a) hat eine Umformulierung dieser Konzepte in Termini von Anreizen (incentives) und Erfolgserwartungen (expectancies) vorgenommen. Danach wird nicht mehr angenommen, daß die Beziehung zwischen der Befriedigung und der Diskrepanz vom Adaptationsniveau in einer umgekehrten U-Funktion verläuft, sondern es wird eine lineare inverse Funktion zwischen der Erwartungshöhe und dem Befriedigungswert angenommen. Die Stärke der Handlungstendenz bestimmt sich hier nicht wie bei M c C l e l l a n d nach dem Befriedigungswert (der bei mittelhohen Diskrepanzen am größten ist), sondern aus dem interaktiven Produkt aus der Erwartung (p) und dem Befriedigungswert (1–p). Dieses Produkt – der „erwartete Wert" (expected value) – erreicht ebenfalls bei mittelhohen Erwartungen sein Maximum:

„According to this formulation the person tries harder when uncertain about winning (p = .50), not because he will feel more satisfied if he should win than he would feel if the odds were stacked against him, but because the „expected value" or „expected satisfaction" – the product of expectancy (p) and incentive (1–p) – is greatest at this point" (Atkinson, 1958a, S. 301).

Atkinson (1958b) hat innerhalb dieses theoretischen Kontexts auch eine Theorie der inhaltsanalytischen Erfassung des Leistungsmotivs vorgelegt, wobei das Hauptanliegen der Arbeit wohl darin liegt, eine Erklärung für die Tatsache zu finden, daß es mit Hilfe des durch hohe situationale Sensibilität ausgezeichneten inhaltsanalytischen Verfahrens gelingt, das Leistungsmotiv, eine Variable von hoher transsituationaler Stabilität (McClelland et al., 1953; Atkinson, 1958a, b, 1964; Heckhausen, 1963, 1967, 1968), zu messen. Nach den diesbezüglichen Äußerungen (Atkinson, 1958a, b, 1964, S. 229ff) sind die mittels TAT-Bilder erhobenen Fantasieproduktionen als eine Reihe situationsspezifischer Motivierungen zu interpretieren, die ihrerseits als ein Produkt aus überdauernden generalisierten Motiven und situationsspezifischen Erwartungen zu beschreiben sind. Erstere sind als individuelle Konstanten zu sehen, letztere ergeben sich durch die spezifischen Versuchsbedingungen und durch die Hinweisreize in den Bildsituationen (Haber & Alpert, 1958; Birney, 1958, Jacobs, 1958). Diese situationsspezifischen Erwartungen beziehen sich auf die in der Situation – durch Ausführung bestimmter instrumenteller Handlungen auftretenden – positiven und negativen Handlungskonsequenzen, auf die hin Motive orientiert sind. Im Falle des Leistungsmotivs handelt es sich bei diesen Handlungskonsequenzen um Freude bzw. Scham über die eigene Leistungs(un)tüchtigkeit. In diesem Sinne erscheint die Rolle unterschiedlicher Situationsparameter reduzierbar auf die Arten und Intensitäten solch kognitiver Erwartungen, zu denen sie Anlaß geben (Atkinson, 1958b, S. 599–600). Fuchs (1954) konnte diesen Teil der Annahme experimentell erhärten. Er konnte nachweisen, daß es, bezogen auf bestimmte wahrgenommene oder vorgestellte Inhalte, zu bedingten Emotionsaktivierungen kommt, die Erwartungen bezüglich möglicher Bedürfnisbefriedigungen enthalten (zit. nach Kornadt, 1964, S. 642).

Das Interesse des Persönlichkeitspsychologen ist primär auf jene generalisierten Dispositionen – das Leistungsmotiv – gerichtet und nicht auf dessen situationsspezifische Aktualisierung. Wie ist also das Dispositionelle aus den Motivierungsprodukten herauszupräparieren? Eine Annahme, die den Schluß von Motivierungsprodukten auf Motive erlaubt, geht davon aus, daß situationsspezifische Erwartungen leistungsthematischer Handlungsfolgen lerngeschichtlich fest mit bestimmten Situationen verbunden werden. Demnach kann zum Beispiel bei einem Individuum A die Erwartung erworben worden sein, daß das Leistungsmotiv in der Situation a zu befriedigen sein wird, bei Individuum B (gleiche Motivstärke wie bei A unterstellt) die entsprechende Erwartung, das Leistungsmotiv sei in der Situation b zu befriedigen. Werden nun den beiden Individuen im TAT Bildsituationen vom Typ a und Typ b angeboten, so wird Individuum A bei Situation a motiviert sein und in der Geschichte die dargestellten Personen in vielfältigen leistungsthematischen Verknüpfungen schildern, Individuum B wird entsprechend bei Situation b verfahren. Bei den jeweiligen Über-Kreuz-Beziehungen ist man jedoch kaum motiviert. Werden nun die TAT-Kennwerte über die Situationen a und b aufsummiert, erhalten die Individuen A und B – idealiter – numerisch identische Kennwerte, was der oben unterstellten Annahme gleicher Motivstärken entspricht (Atkinson, 1958b, S. 609–610; Veroff, 1965, S. 4). In diese, an einem Beispiel geschilderte Vorgehensweise gehen die folgenden Voraussetzungen ein:

1. Erwartungen, die sich auf Befriedigungsmöglichkeiten bestimmter Motive beziehen, werden kontingent auf bestimmte Situationen gelernt. Der motivationale Inhalt von Geschichten, die zu bestimmten Bildern erzählt werden, bezieht sich auf die gleichen Motive, die auch in Echt-Situationen, die der Bildsituation vergleichbar (similar) sind, zum Tragen kommen (Atkinson, 1958b, S. 608, 610; vgl. auch das Konzept der Miniatur-Lebenssituation bei Heckhausen).

2. Das Vorgehen, über Motivierungsphänomene auf die Stärke von Motiven zu schließen, setzt voraus, daß die mittlere Stärke von Erwartungen, aufsummiert über alle Bildsituationen, für alle Vpn nahezu identisch ist, da nur so gewährleistet ist, daß die zutage geförderte Meßwertvarianz Motivvarianz wiedergibt (Atkinson, 1958b, S. 609).[1]

3. Im Hinblick auf die im TAT angebotenen Bildsituationen würde dies implizieren, daß diese nicht (nur) hinsichtlich objektiver Reizparameter vergleichbar, sondern hinsichtlich funktionaler Eigenschaften

---

[1] Diese Erwartungen sind nicht identisch mit den später vom gleichen Autor eingeführten Erfolgserwartungen (subjektive Erfolgswahrscheinlichkeiten).

vergleichbar sein müssen — inwiefern sie nämlich zu interindividuell vergleichbaren Erwartungen Anlaß geben:

„The ideal test of strength of a particular motive may ultimately consist of different pictures for different individuals — pictures more alike in the expectancies they arouse than in their physical properties" (A t k i n s o n, 1958b, S. 615; vgl. K o r n a d t, 1964).

Ein solches Meßinstrument scheint jedoch nicht in erreichbarer Nähe zu liegen, da es die Kenntnis des gesamten „Lebensraums" (L e w i n) voraussetzen würde. Eine Alternative hierzu wäre, die Gültigkeit des Instruments nur jeweils für bestimmte Personengruppen mit vergleichbaren Erwartungsmustern zu formulieren (W y a t t, 1958).

In diesen Formulierungen wird — wie im übrigen ja auch bei M c - C l e l l a n d (McClelland et al., 1953; M c C l e l l a n d, 1955, 1966) — das im TAT erfaßte Verbalverhalten operantem Verhalten zugeordnet und zu dessen Erklärung ein allgemeines Verhaltensmodell herangezogen, in dem Interaktionen dispositioneller und situativer Variablen spezifiziert und zur Erklärung der Entstehung von Fantasieproduktionen herangezogen werden. Durch diesen Ansatz steht das Geschehen bei der Erfassung des Leistungsmotivs in der Tradition der von L e w i n (1946, 1951) formulierten fundamentalen Verhaltensgleichung $B = f(P,E)$. Dieses bedeutet, daß die leistungsthematischen Fantasieproduktionen als Wechselwirkungsprodukt aus relativ stabilen Persönlichkeitsdispositionen (P) und situationsspezifischen Komponenten (E) zu konzipieren sind. Werden die situativen Einflüsse der einbettenden Versuchssituation und der Bildsituation konstant gehalten, geht die Kennwertvariation zu Lasten individueller Konstanten, umgekehrt geht bei Konstanthaltung dieser, die Kennwertvariation zu Lasten situativer Merkmale in der Versuchssituation bzw. in den Bildsituationen (A t k i n s o n, 1964, S. 230—231).

Wenden wir uns schließlich der Frage zu, in welcher Weise A t k i n - s o n die Messung von FM durch den TAQ begründet. Nach seinen allgemeinen Formulierungen (A t k i n s o n, 1964, S. 244ff) hat „Furcht vor Mißerfolg" keine energetisierenden Qualitäten, sondern wirkt generell handlungsdämpfend. Äußerungen der Furcht haben deshalb lediglich Symptomwert dafür, daß das Individuum in einer Weise handelt, die es (u. a.) Mißerfolg erwarten läßt. Beides, Angstzeichen, und die Tendenz, Mißerfolg zu meiden, sind einander proportional:

„This conception of the autonomic physiological reaction called fear or anxiety and the conscious experience it produces explains why persons who report that they have experienced a great deal of anxiety in achievement-test situations normally suffer inhibition of performance of actions which might eventuate in failure" (A t k i n s o n, 1964, S. 289—290).

Diese Konzeption muß annehmen, daß die Beziehung zwischen Motiv und Symptom hinreichend fixiert und vor allem eindeutig ist, d. h., daß die in einer Leistungssituation geäußerten Angstanzeichen nicht auch andere Motive indizieren, etwa Furcht vor Zurückweisung oder sogar die erfolgsbezogene Tendenz des Leistungsmotivs. Letzteres scheint jedoch gerade, entgegen dieser Annahme, für die abgefragten psychophysischen Erregungsanzeichen charakteristisch zu sein (H e c k h a u s e n, 1968, S. 120). Ganz offensichtlich gibt es zur Zeit keinen verläßlichen physiologischen Indikator für die Richtungsspezifität emotionaler Prozesse in Aktivierungs- und Motivierungsvorgängen (G r o s s m a n, 1973, S. 273ff).

Es wird nun weiterhin die Annahme gemacht, daß das Individuum in seine Symptome Einsicht zu gewinnen in der Lage ist und auch Auskunft darüber zu geben gewillt ist. Da man diese Annahmen kaum als verwirklicht ansehen kann, ruht die Argumentation für den Einsatz des TAQ's auf einer schwachen Basis (vgl. W i n t e r, 1973, S. 78), was offensichtlich von dem Autor selbst registriert wird:

„This assumption (s. o. 1964) or one like it, *is needed* (Heraushebung durch den Autor) to justify the use of self-report anxiety questionnaires to assess the strength of the motiv to avoid failure" (A t k i n s o n & F e a t h e r, 1966, S. 333).

H. Heckhausen

H e c k h a u s e n (1963a, b) zeigt sich zunächst von den theoretischen Formulierungen der M c C l e l l a n d - A t k i n s o n - Schule beeinflußt und konzipiert das Leistungsmotiv als hochgeneralisierte — im Sinne eines Bezugssystems wirkende — Bewertungsdisposition mit hoher situationaler Transferierbarkeit (H e c k h a u s e n, 1963a, S. 608, 615; 1968, S. 106). Diese Bezugssysteme legen normwertartig fest, wie Person-Umwelt-Bezüge einer bestimmten Thematik beschaffen sein müssen, um als befriedigend zu gelten. H e c k h a u s e n (1963a, S. 614ff; 1967 S. 10; 1968, S. 106—107) setzt hiergegen einen Erwartungsgradienten, dessen Gefälle sich nach der Diskrepanz zwischen den gegenwärtigen und künftigen Ist-Lagen im Bezugsrahmen der überdauernden Soll-Lage und der psychischen Distanz zwischen beiden Ist-Lagen bestimmt. Dieser Erwartungsgradient kann als aktualisierte Motivation angesehen werden. Je nach der erlebnismäßigen

Prävalenz der handlungsterminierenden Ereignisse „Erfolg" und „Mißerfolg" können Erwartungsrichtungen, die auf Erlangen des einen oder Vermeidung des anderen Zustands gerichtet sind, unterschieden werden, was auf phänomenologischem Niveau zur Differenzierung der Subsysteme „Hoffnung auf Erfolg" und „Furcht vor Mißerfolg" führt, wobei jedoch die Komponente „Furcht vor Mißerfolg" nicht als generell inhibitorische Tendenz gefaßt wird.

Wie Atkinson, so geht auch Heckhausen davon aus, daß das Leistungsmotiv nur in seinen Aktualisierungen zu erfassen ist; also über die Inhaltsanalyse thematischer Produktionen, denen ein Motivierungsgeschehen zugrunde liegt. Es erscheint kaum möglich, daß man sich etwa – über sich selbst in direkter Weise Bericht erstattend – von dem Bezugsrahmen des eigenen Erlebens distanzieren könnte (1963a, S. 615, b, S. 24; 1967, S. 8; vgl. auch Witte, 1966, S. 1005).

Vielmehr wird das Leistungsmotiv – hier konzipiert als Bezugssystem, in dem konkrete Normwerte fixiert sind – mit dem im Sinne von Ist-Lagen wirkenden, in der Bildsituation dargestellten leistungsthematischen Person-Umwelt-Bezügen eine personspezifische Diskrepanz bilden, zu deren Beseitigung die Vp einen leistungsthematischen Handlungs- und Erlebnisverlauf entwirft, der demjenigen, der sich unter Realbedingungen ergeben würde, direkt vergleichbar ist (Heckhausen, 1967, S. 10).

Diese Konzeption, daß die im TAT angebotenen Bildsituationen im Sinne vor Miniatur-Lebenssituationen funktionieren, und daß somit auch die entstehenden Motivierungsmuster, die man in TAT-Geschichten zu fassen bekommt und jene, die in der Realsituation Verhalten determinieren, direkt korrespondieren, ist insbesondere im Hinblick auf die inhaltsanalytische Erfassung von FM in Frage gestellt worden, da unter bestimmten Bedingungen die thematische Produktion gehemmt (gemieden) wird. Meidungsphänomene dieser Art sind insbesondere für Sexualität (Clark, 1952; Clark & Sensibar, 1955) und Aggression (Mussen & Naylor, 1954), aber auch für die mißerfolgsbezogene Tendenz des Leistungsmotivs nachgewiesen worden (McClelland et al., 1953; Scott, 1956; Moulton, 1958; Anderson, 1962; Meyer, Heckhausen & Kemmler, 1965).

Zur Erklärung dieser Sachverhalte wird gemeinhin das Konfliktmodell von Miller (1944, 1959) herangezogen (etwa: Auld, 1954; Epstein, 1962, 1966; Epstein & Smith, 1956; Epstein &

F e n z, 1962), jedoch findet sich dieses Modell stets nur dann bestätigt, wenn man es auf die im TAT geäußerten verbalen Produktionen bezieht, nicht jedoch, wenn man es auf konkretes Verhalten vom Typ des Aufsuchens oder Meidens bezieht (E p s t e i n, 1966, S. 187–188). In diesen Vorstellungen geht man davon aus, daß sich der Konflikt zwischen expressiven und inhibitorischen Tendenzen bei der Produktion verbaler Inhalte darin manifestiert, daß bei Bildsituationen mit nur geringer Relevanz für kritische Echtsituationen der expressive Gradient anwächst, während bei Bildsituationen mit hoher Relevanz der inhibitorische Gradient anwächst (vgl. hierzu: M u r s t e i n, 1963, S. 76ff; F i s c h, 1970; H e c k h a u s e n, 1968, S. 145–151).

Diese Konstellation scheint der ansonsten unterstellten linearen Beziehung zwischen Index und Indiziertem zuwiderzulaufen. Unter welchen situativen Bedingungen diese Beziehung optimalisiert werden kann, d. h. unter welchen Bedingungen situationsspezifische Motivierungsmaße am besten interindividuellen Motivunterschieden Rechnung tragen, ist eine Frage von grundlagentheoretischer Bedeutsamkeit geworden (M c C l e l l a n d et al., 1953, S. 185–217; H a b e r & A l p e r t, 1958; S c h u b e r t - J ä c k e l & M e h l, 1962; H e c k h a u s e n, 1964, 1967, 1968; M e y e r, 1969).

Letztlich ist noch auf ein Problem hinzuweisen, das die inhaltsanalytische, indirekte Methode der Motivmessung mittels TAT generell betrifft. Das bei allen hier zitierten Theoretikern vorhandene Konzept, daß die Bildsituationen in der Art von Miniatur-Lebenssituationen funktionieren und daß es dementsprechend hier wie in Echtsituationen zu identischen Kognitions- und Erwartungsmustern komme, ist dahingehend kritisiert worden, daß die im TAT geäußerten Fantasieinhalte ohne persönliche Handlungsverpflichtung sind, sodaß die Fantasieproduktionen eher von Wunschdenken als von Realitätsorientierung determiniert seien und daß die im TAT geäußerten Kognitionen zu den in der Handlungssituation relevant werdenden eher in einem substitutiven denn in einem isomorph abbildenden Verhältnis stünden (L a z a r u s, 1961, 1966). A t k i n s o n (1961), M c C l e l l a n d (1966) und H e c k h a u s e n (1963b, 1967, 1973) haben auf die Unhaltbarkeit dieser Auffassung aufgrund der zahlreichen dagegenstehenden Befunde hingewiesen, wenngleich es auch einige Arbeiten gibt, die zumindest eine partielle Bestätigung des Substitutivmodells darstellen (z. B. B r o v e r m a n et al., 1960; V i n a c k e, 1962).

Motivmessung in einem kognitiven Motivationsmodell

In den oben referierten Modellen ist dargelegt, warum inhaltlich und formal spezifizierte Kennwerte als Motivindikatoren herangezogen werden. Ohne solche Grundlage bleibt zumeist jedoch eine entsprechende Ableitung des Schlusses auf die Motiv*stärke*. Die verschiedenartigen Verrechnungssysteme für leistungsthematische Fantasieproduktionen räumen unterschiedlichen verbalen Äußerungen Indikatorfunktionen für das Leistungsmotiv ein. Zahlreich auftretende Äußerungen weisen demnach auf ein stark ausgeprägtes Motiv hin. Eine Begründung für diesen Schluß gibt allein Heckhausen (1967, S. 10). Danach besteht eine direkte und lineare Beziehung zwischen der Größe der Diskrepanz bzw. des Erwartungsgefälles zwischen Ist- und Soll-Lagen und der verbalen Elaboration leistungsthematischer Erlebnis- und Handlungsverläufe. Jedoch auch dieser Ansatz erscheint schwer verständlich, da nicht deutlich wird, über welche vermittelnden Strukturen und Prinzipien solch eine Transformation geschehen könnte. In einem eher kognitiv orientierten Modell scheint indes eine solche Herleitung eher möglich.

In der Aufforderungsphase, also auch bei der Konfrontation mit Bildsituation, haben umfangreiche kognitive Aktivitäten des Individuums statt: Bewertungen der Situation, Erstellen von Handlungsentwürfen, Vornahmen, Fixierung eines Anspruchniveaus, prospektive Kausalattribuierungen, Erfolgs- und Mißerfolgsantizipationen etc. (Heckhausen, 1973; Heckhausen & Weiner, 1972). Der TAT ist nun in hohem Maße in der Lage, solche individuell verbindlichen kognitiven Prozesse („private cognitive processes", Heckhausen. 1973; „generalized associate network of ideas", McClelland, 1965; „the way in which a person construes his world spontaneously", McClelland, 1971) zu erfassen, da sich diese Kognitionen direkter Erfassung entziehen und weil der TAT als offenes (operantes) Verfahren einen Raum zur Verfügung stellt, in dem sich individuell verbindliche Kognitionen austhematisieren können (McClelland, 1966; Heckhausen, 1973; Lindzey, 1961, S. 42–46).

In diesem Sinne liefert der TAT deskriptive Informationen über einige motivbezogene Erwartungen, über Informationsverarbeitungsprozesse und über die Planung und Ausführung von Handlungsvollzügen, die bei der bildsituativen Anregung eines bestimmten Motivs stattfinden (Heckhausen, 1973). Es entspricht somit auch in diesem Kontext dem Postulat nach Herleitbarkeit von Meßoperationen:

„The diagnostic tools have to be designed with respect to the subsumed private cognitive processes in question" (H e c k h a u s e n, 1973, S. 233—234).

Diese hier geschilderten Zusammenhänge betreffen die Beziehungen zwischen Motivierungsprozessen und deren Erfassung mittels TAT. In welcher Weise ist jedoch bei einem solchen mentalistischen Meßkonzept die Beziehung zwischen Index — dem TAT-Kennwert — und dem indizierten — dem Leistungsmotiv — zu sehen?

Diese Beziehung verläuft unserer Ansicht nach über das Konzept der *Gütemaßstäbe*. Sie sind unmittelbar konstitutiv für das Leistungsmotiv (M c C l e l l a n d et al., 1953; H e c k h a u s e n, 1971, 1972b, S. 961), weil sie Normwerte in Form verpflichtender Ansprüche fixieren (H e c k h a u s e n, 1968, S. 108) und darüber hinaus die Bedingung für die Möglichkeit des Statthabens von Selbstbekräftigungen darstellen. Solche Gütestandards besitzen unterschiedliche Differenziertheitsgrade. So können beispielsweise für unterschiedliche Tätigkeitsbereiche Subsysteme existieren und in diesen unterschiedliche Grade von Verbindlichkeiten festgelegt sein, die wiederum von unterschiedlichen Antecedenzbedingungen abhängen. V e r o f f (1969) hat den Verankerungsgrund von Gütemaßstäben (sozial-normativ vs. individuell-autonom) geradezu zum Anlaß genommen, Leistungsmotive nach sozialen oder autonomen Bezugsnormen zu differenzieren. Unterschiedliche Motivierungsgeschehen, je nach Bezug auf individuelle oder autonome Bezugsnormen hat auch H e c k h a u s e n (1968, 1972b, 1974a) beschrieben. Damit jedoch gleichzeitig das Vorliegen unterschiedlicher Motive zu postulieren, wie V e r o f f (1969) es tut, erscheint theoretisch „zu weit" gegriffen zu sein (H e c k h a u s e n, 1972b, S. 963).

Demnach könnte es sinnvoll sein, verschiedene Motiv-Subsysteme anhand verschiedener einbezogener Gütestandards zu unterscheiden. Diese Standards können zunächst unterschieden werden anhand ihres Fixationspunktes — ob nämlich die eigene vorhergehende Leistung oder diejenige relevanter anderer zur Normwertbasis gewählt wird. Gütestandards können auch unterschieden werden anhand ihres Differenziertheitsgrades, was sich zum einen beziehen könnte auf die Ausdifferenziertheit zugrunde liegender Skalen (W i t t e, 1960; W i n k e l m a n n, 1961), zum anderen jedoch auf die multiplen situativen Verankerungen von Skalen.

In diesem Sinne ausdifferenzierte und multipel verankerte Bezugssysteme könnten deshalb bedeuten, daß (1.) vielerlei kognitive Aktivitäten bei der Strukturierung von Situationen und bei der Planung von

Handlungsvollzügen eben dieser Bezugssystemwirkung unterliegen (Heckhausen & Weiner, 1972) und bei einer phänomenalen Analyse bildsituativ angeregter Fantasieproduktionen auf „Auseinandersetzung mit einem Gütemaßstab" hindeuten, was wiederum in erhöhten Motivkennwerten resultiert (*Intensitätsaspekt*). Der Aspekt multipler Verankerung von Bezugssystemen bedeutet, daß (2.) eine ganze Reihe von situationalen Reizen in der Lage ist, leistungsthematische Bezugssysteme als einschlägig auszuweisen, d. h. die Situation in einem leistungsthematischen Bezugsrahmen zu setzen. Eine phänomenale Analyse bildsituativ angeregter Fantasieproduktionen wird deshalb in mehreren Situationen Hinweise auf „Auseinandersetzung mit einem Gütemaßstab" ausfindig machen können (*Extensitätsaspekt*).

Dies stellt unmittelbar die Frage nach der thematischen Breite von Situationen, die unter einem leistungsthematischen Bezugsrahmen gesehen werden, d. h. die mit motivnahen leistungsthematischen Dimensionen strukturiert werden (Extensität).

Bereits McClelland et al. (1953) beschreiben neben der Motiv-Zuverlässigkeit (dependability) und Motiv-Intensität (intensity) Motiv-Extensität (extensity) als unabhängige Dimensionen der Motivstärke und machen letztere abhängig von der Anzahl unterschiedlicher Hinweisreize, die leistungsthematisches Verhalten auslösen. Hier stellt sich auf der Ebene von Meßoperationen das gleiche Problem: Welches Spektrum von Bildsituationen wird überhaupt leistungsthematisch perzipiert. Bezieht man diese Überlegungen auf den TAT, so zeigt sich, daß in ihm die beiden Motivdimensionen Intensität (Anzahl leistungsthematischer Aussagen pro Geschichte) und Extensität (Anzahl der Geschichten mit leistungsthematischen Inhalten) miteinander konfundiert sind (McClelland et al., 1953, S. 73; Veroff, 1965, S. 5–7; Heckhausen, 1968, S. 113–114; DeCharms, 1968, S. 208–213).

Birney et al. (1969) und DeCharms (1968) sind er Ansicht, daß die Methode der Verrechnung von Gedankenstichproben über einen breit gefächerten Bildersatz hinweg eher den Extensitäts- als den Intensitätsaspekt des Motivs zu erfassen erlaubt. Entsprechend erscheint ein solches Maß eher geeignet zur Vorhersage molarer Verhaltenssequenzen, die sich über gewisse Zeit- und Situationsräume erstrecken, wohingegen ein Intensitätsmaß wohl am ehesten geeignet erscheint, Verhalten in sehr spezifischen, der Bildsituation ähnlichen Situationen vorherzusagen (DeCharms, 1968, S. 212–213). Danach sieht es so aus, als sei die Dimension „Motiv-Intensität" nur in situationsspezifisch gebundenem Sinne zu gebrauchen (D e C h a r m s, 1968, S. 209).

Die Fassung der Extensität fällt innerhalb einer kognitiven Theorie nicht schwer, wenn man darunter die Generalisierungsbreite von Motivkomponenten versteht. Problematischer erscheint die Frage, wie denn das Konzept einer situationsspezifischen Intensität in einer kognitiven Motivationstheorie untergebracht werden kann. Die Logik der Bedeutung von Intensitätsmaßen entstammt wohl dem Konzept der Attitüdenmessung, wobei Vpn auf einer univariaten Intensitätsdimension angeordnet werden und danach qualitativ unterschiedliches Verhalten in spezifischen Situationen vorhergesagt wird (G u t t m a n, 1950; G u t t m a n & S u c h m a n, 1947).

„Drive"- bzw. „Need"-orientierte Motivationstheorien, in denen der energetisierende Aspekt des Motivkonstrukts im Vordergrund steht (etwa M u r r a y, 1938; H u l l, 1943), können mit einem eben solchen Intensitätskonzept arbeiten, kaum jedoch eine kognitiv orientierte Motivationspsychologie, in der orientierende und handlungsselegierende Aspekte relevant werden und Kognitionen nicht als Epiphänomene, sondern in ihrem eigenen Status als beobachtbare Größen behandelt werden (H e c k h a u s e n & W e i n e r, 1972). In einem Modell, in dem das Motivkonstrukt aus mehreren kognitiven Komponenten hohen Generalisierungsgrades vorgestellt wird – nämlich die Orientierung auf Erfolg bzw. Mißerfolg (H e c k h a u s e n, 1963b), die Prävalenz individuell-autonomer bzw. sozialer Bezugsnormen (V e r o f f, 1969; H e c k h a u s e n, 1974a), Muster von Kausalerklärungen für Erfolg und Mißerfolg (W e i n e r & K u k l a, 1970; W e i n e r et al., 1971; M e y e r, 1973) sowie die Selbstkonzepte eigener Fähigkeit (K u k l a, 1972b, 1974; M e y e r, 1973)(vgl. zusammenfassend: H e c k h a u s e n, 1974a, S. 96ff; in Vorb.) – und situationsspezifische Motivierungsprozesse als darauf bezogene Prozesse der Informationsaufnahme und -verarbeitung (H e c k h a u s e n, 1973; H e c k h a u s e n & W e i n e r, 1972) konzipiert werden, fällt es schwer anzugeben, was ein solches situationsspezifisches Intensitätsmaß bedeutet.

M c. V. H u n t (zit. in E n d l e r, H u n t & R o s e n s t e i n, 1962, S. 3–4) hat insgesamt 5 verschiedene Bedeutungsgehalte personspezifischer Kennwerte aufgelistet, die verschiedene Intensitäts- und Extensitätsaspekte berühren. Der zweite dort aufgeführte Bedeutungsaspekt von Kennwerten erscheint hier unmittelbar einschlägig: nämlich „. . . die Anzahl (konstruktbezogener) Aussagen, die ein Individuum in einer bestimmten Situation oder in einer Gruppe von Situationen zeigt" (S. 3). Übertragen wir dies, so müßte man hier die Anzahl motivbezogener Kognitionen als Index für die situationsspezifische Motivintensität heranziehen. Dies erweist sich als ein praktikabler Ansatz, wenngleich er auch eine ideatorische Verkürzung darstellt; denn im strikten Sinne haben wir es auch auf der Ebene situationsspezifischer Kognitionen mit einem Extensitätsaspekt zu tun: Wie weit sind in dem kognitiven System der Informationsaufnahme und -verarbeitung Kognitionen mit leistungsthematischem Konstruktcharakter verbreitet? Schließt man hieraus wiederum auf die überdauernden kognitiven Motivkomponenten, so macht man auch hier von dem nicht unüblichen Vorgehen Gebrauch, von der Extensität auf Intensität zu schließen (vgl. D e C h a r m s, 1968, S. 228).

Die Messung von Intensitäts- und Extensitätsaspekten des Leistungsmotivs

Die Entwicklung eines neuen Instruments, das in dieser theoretischen Tradition steht, müßte die Messung der folgenden Aspekte erlauben.

1. *Motivextensität*: Welche Situationen aus dem Spektrum relevanter Person-Umwelt-Beziehungen fallen unter einen leistungsthematischen Bezugsrahmen, d. h. werden mit Kognitionen mit leistungsmotivationalem Konstruktcharakter strukturiert? Analog zu der Differenzierung verschiedener affektiver und kognitiver Motivkomponenten ist es notwendig, auch die Extensitäten im Hinblick auf diese spezifischen Konzepte zu ermitteln.

2. *Situationsspezifische Intensität*: Wie groß ist die Anzahl von Kognitionen mit leistungsthematischem Konstruktcharakter in bestimmten Situationen bzw. in abgrenzbaren Situationsbereichen?

3. *Motivmaß mit Intensitäts- und Extensitätsaspekten*: Ein solches Maß kann in Analogie zum TAT-Maß durch das Aufsummieren leistungsthematischer Aussagen über das gesamte Situationsspektrum ermittel werden; es ist von situationsspezifischen Komponenten weitgehend bereinigt und kann als ein Maß für das hochgeneralisierte hypothetische Konstrukt „Leistungsmotiv" angesehen werden.

Bildet man die in den Punkten 2. und 3. beschriebenen Meßintentionen innerhalb der A t k i n s o n'schen Modellvorstellungen ab, so entspricht das unter 2. aufgeführte Maß situationsspezifischen Motivierungen unter Einbezug spezifischer kognitiver Erwartungen, das unter 3. beschriebene Maß würde hingegen diese Erwartungen über alle Situationen hinweg im interindividuellen Vergleich ausnivellieren.

Die Entwicklung eines neuen Instruments, das die Verwirklichung dieser Meßintentionen gestattet, stößt indes auf nicht unerhebliche Probleme, die vor allem die Definition eines repräsentativen Satzes von Person-Umwelt-Bezügen eines gegebenen Lebensraumes, sowie dessen Umsetzung in einen handlichen Bildersatz betreffen (H e c k h a u - s e n, 1968, S. 113; D e C h a r m s, 1968, S. 209).

Ein zweites Problem betrifft die Generierung eines Systems von Aussagen mit leistungsthematischem Konstruktcharakter. Dieses Problem erscheint jedoch nicht so gravierend, wie das erste, da eine Vielzahl von empirischen Befunden und vor allem die Inhaltsschlüssel für den TAT bereitstehen, um die Ableitung solcher Kognitionen zu erlauben.

3. Kapitel

DIE ROLLE VON SITUATIONSPARAMETERN
BEI MESSUNG UND VORHERSAGE IN 4 GRUNDTYPEN
VON MOTIVATIONSTHEORIEN

In den vorauslaufenden Kapiteln ist oftmals — unter Abhebung von naivpsychologischen Konzeptionen — das Problem von Messung und Vorhersage innerhalb „der Leistungsmotivationstheorie" erörtert worden. Dieser Sprachgebrauch gibt einen Grad von Geschlossenheit in der Theorienbildung vor, wie er kaum existiert; vielmehr lassen sich Leistungsmotivationstheorien unterschiedlichen Typen von Persönlichkeitstheorien zuordnen, je nachdem, welchen kategorialen Status die theorietragenden Variablen besitzen und welche Rolle Situationsparameter in der Theorie spielen. Danach gliedern sich insgesamt vier Typen von Theorien aus.

Interaktionsmodelle

In den Leistungsmotivationsschulen von McClelland, Atkinson und Heckhausen ist Verhalten sowohl in Meßsituationen sowie auch in Kriteriumssituationen als ein Interaktionsprodukt aus generalisierten Dispositionen und bestimmten Situationsmerkmalen beschrieben worden. Letztere bedingen Motivierungsgeschehen insoweit mit, als sie zu gewissen situationsspezifischen Erwartungen führen. Atkinson (1958b) reduziert Situationsmerkmale geradezu auf ihre erwartungsgenerierende Funktion:

„The influence of the situation seems to be reducible to the kinds and relative strengths of the cognitive expectancies it arouses in a person" (S. 599).

Welches sind nun diese Situationsmerkmale? Zunächst (Atkinson, 1957, 1964) ist wohl hier lediglich an den Parameter der Aufgabenschwierigkeit gedacht. Feather (1963a) hat auf den zusätzlichen Effekt der Aufgabenstruktur (Komplexität) aufmerksam gemacht. Feather (1967, 1968a; Atkinson & Feather, 1966, S. 340; vgl. Wolk & DuCette, 1973) versucht, die motivierungsmoderierenden Auswirkungen der erlebten Selbstverantwortlichkeit zu beschreiben und Raynor (1969, 1970, 1974) hat dies für leistungsthematische Handlungsketten mit unterschiedlichen Kontingenzgraden getan (vgl. auch Vroom, 1964; Galbraith & Cummings, 1967; Evans, 1974). French (1958b) hat auf die Effekte unterschiedlicher Arten von Rückmeldungen (aufgaben- vs. emotionsbezogen) aufmerksam gemacht (vgl. hierzu Locke, 1967, 1968; Locke & Bryan, 1968). Moulton (1967, 1974) schließlich hat auf die Implikationen verschieden gearteter eigener Fähigkeitskonzepte, die in verschiedenen Situationen ins Spiel kommen, aufmerksam gemacht. Klinger & McNelly (1969), Stein (1971), Stein et al. (1971) und Sorrentino & Short (1974) haben auf die unterschiedlichen motivationalen Implikationen verschiedener Grade von Passung zwischen dem eigenen Geschlechtsrollenkonzept und der Rollenadäquatheit verschiedener Aufgabentypen hingewiesen.

Insgesamt können diese Arbeiten innerhalb der Bemühungen gesehen werden, das Verhaltensmodell durch die Spezifikation zusätzlicher Situationsparameter weiter zu elaborieren, bzw. dessen Gültigkeitsbereich weiter auszudehnen. In ähnlicher Weise räumen auch Atkinson & Feather (1966, S. 361), Heckhausen (1968, 1973) und Atkinson (1974) ein, daß die Natur der Situation in vielfältiger Form und nicht nur über Aufgabenschwierigkeiten aktuelles Motivierungsgeschehen in der Meß- und Verhaltenssituation determiniert.

Die jeweils spezifische Art der Entsprechung zwischen theoretischen Formulierungen und Meßoperationen nimmt auch Einfluß auf Art und Anzahl der Inferenzniveaus, die zwischen den Daten und den daraus geschlußfolgerten Variablen, bzw. zwischen diesen und vorherzusagendem Verhalten liegen (vgl. I. Weiner, 1972, S. 535). Goldfried & Kent (1972) haben die in diagnostischen und prognostischen Prozessen enthaltenen Induktions- und Deduktionszirkel beschrieben, wie sie im Kontext einer Konstruktpsychologie üblich sind. Wenden wir dieses Analyseparadigma auf die Situation an, die sich bei der Motivmessung mittels TAT ergibt, gelangt man zu einem Schema, wie es in Abb. 1 dargestellt ist.

Danach zerfällt der Raum zwischen der Person und der Situation in zwei Sequenzen von Meß- und Verhaltensinferenzen. Bezogen auf den TAT ergibt sich auf der Ebene der Meßoperationen zunächst ein Komplex von Inferenzen, der sich auf Reliabilitätsfragen bezieht (Stufen I bis III). Versuchs- und Bildsituationen determinieren zunächst die situationsspezifischen thematischen Inhalte. Der Einfluß der einbettenden Versuchssituationen ist — idealiter — konstant, so daß wir ihn hier

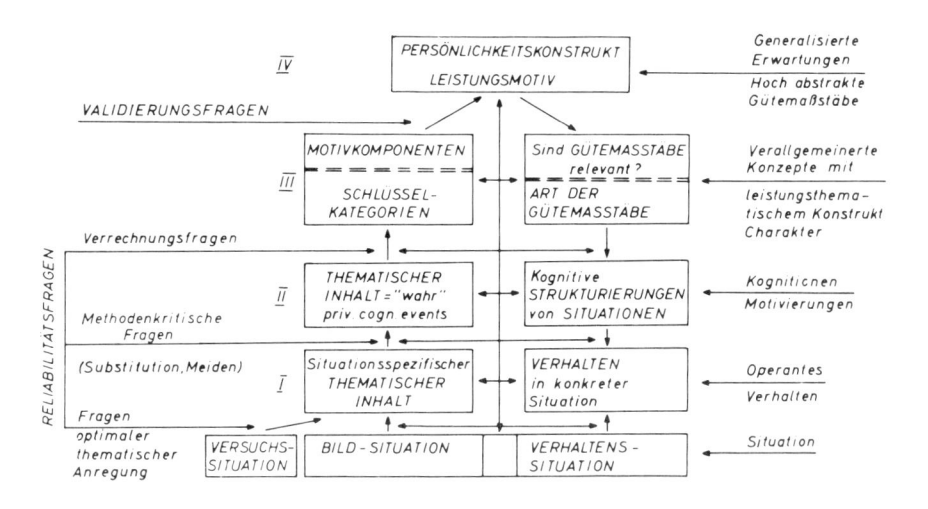

Abb. 1: Inferenzschema für Meß- und Verhaltensinferenzen in einem Interaktionsmodell

vernachlässigen können. Einflüsse der Bildsituation auf die thematischen Inhalte gehen vornehmlich von inhaltlichen Aspekten und der Stärke des thematischen Anregungsgehaltes aus (s. o.). Inwieweit nun die thematischen Inhalte den „tatsächlichen" Kognitionen (sensu M c C l e l l a n d, 1966, 1971; H e c k h a u s e n, 1973) entsprechen, ist ein methodenkritisches Problem. Auf die Rolle des Substitutivcharakters von bestimmten thematischen Inhalten bzw. auch auf die Tatsache, daß ganz bestimmte Inhalte unter spezifischen Bedingungen inhibiert werden können, sind wir bereits weiter oben eingegangen.

Die nächsten beiden Inferenzstufen betreffen die Fragen der Zugehörigkeit bestimmter kognitiver Inhalte zu gewissen verallgemeinerten Inhaltskategorien, wie sie in entsprechenden Schlüsselsystemen enthalten sind. Inwieweit letztere wiederum mit dem generalisierten Persönlichkeitskonstrukt zusammenhängen, bzw. dieses indizieren, ist eine Frage der Validität.

In diesem induktiven Zweig des Inferenzmodells werden personspezifische Informationen sukzessiv von ihren situationalen Komponenten getrennt. In einem zweiten — deduktiven — Zweig wird diese Information über generalisierte Merkmale des Individuums wieder mit bestimmten Situationscharakteristika in Verbindung gebracht, um Verhaltensvorhersagen in konkreten Situationen zu ermöglichen. Ähnlich wie auf der Induktionsseite werden auch auf der Deduktionsseite eine Reihe theoretischer Annahmen erforderlich, die die Beziehung zwischen dem Persönlichkeitskonstrukt und Situationsmerkmalen in ihren verhaltensdeterminierenden Funktionen beschreiben.

Das System der Verhaltensvorhersage verläuft hier ebenfalls über mehrere Stufen, nämlich über die Feststellung der Einschlägigkeit von Gütestandards, d. h. über die Feststellung, ob eine Situation überhaupt in einen leistungsthematischen Bezugsrahmen fällt; über kognitive Strukturierungen von Situationen („Motivierungen"), die etwa betreffen die wahrgenommenen Aufforderungscharakteristika von Situationen, antizipierte Handlungen und deren Ausgänge, antizipierte Kausalattribuierungen für verschiedene Handlungsausgänge, subjektive Erfolgswahrscheinlichkeiten und antizipierte Selbstbekräftigungskonsequenzen (Heckhausen, 1974a), um schließlich zu konkretem Verhalten in bestimmten Situationen zu gelangen.

Dieses hier skizzierte Interaktionsmodell weist sich deutlich als kognitiven Theorien zugehörig aus, weil es die auf der Seite der Person entstehenden Kognitionen als die eigentlichen Verhaltensdeterminanten betrachtet (Neisser, 1966; Baldwin, 1969; Weiner, 1972, S. 270ff). „Motivation" als ein hypothetisches Konstrukt, gedacht als ein Wechselwirkungsprodukt aus Situation und Person, soll Regelhaftigkeiten zwischen vorauslaufenden Situationsbedingungen und nachfolgendem Verhalten auf einer logischen Ebene miteinander verbinden. „Motive" als hypothetische Konstrukte haben bei der Erklärung dieser kognitiven Zwischenprozesse eine wichtige Erklärungsfunktion insofern als sie interindividuelle Besonderheiten dieser Prozesse erklären.

In neuerer Zeit hat sich auch Mischel (1973) Interaktionsmodellen zugewendet und scheint geneigt, auch individuellen Kognitionen verhaltensdeterminierenden Funktionen zuzuschreiben:

‚Obviously the impact of any stimulus depends on the organism that experiences it" (S. 262)

und ist auch bereit, überdauernden Personvariablen in der Form, wie wir sie oben (Kap. 1) umrissen haben, hierbei eine wichtige Rolle zukommen zu lassen:

„The proposed cognitive social learning approach to personality shifts the unit of study from global traits ... to the individual's cognitive activities and behavior patterns, studied in relation to the specific conditions that evoke, maintain and modify them..." (S. 265).

Eigenschafts- (trait-) Modelle

Große Teile der Persönlichkeitspyschologie (Hathaway & McKinley, 1943; Guilford, 1964; Cattell, 1965; Eysenck, 1965) bzw. die hieran anknüpfende Tradition, operiert mit einem Konzept hoch generalisierter Persönlichkeitskonstrukte (vgl. Mischel, 1968; Bem, 1972; Endler, 1973).

Werfen wir hier stellvertretend für viele, einen Blick auf die Theorie von Cattell: Er unterscheidet in seiner Theorie insgesamt 3 Arten von psychologischen ‚Variablen', nämlich „temperament traits", „ability traits" und „dynamic traits". Während die ersten beiden Arten von Variablen allen Individuen in mehr oder weniger großem Umfang zukommen, sind die Motivationsvariablen („dynamic traits") in hohem Maße individual- und situationsspezifisch:

„When we talk of motivation, we talk of something that is far more likely to be idiosyncratic to the individual..." (Cattell & Butcher, 1968, S. 69),

und damit auch nur am Rande für eine nomothetische Persönlichkeitspsychologie von Belang. Sie haben auch in dem gesamten Persönlichkeitssystem von Cattell eine unklare und verwaschene Stellung (vgl. Pawlik, 1968, S. 404; Herrmann, 1969, S. 288).

Das Motivationsmodell wiederum zerfällt in 3 Tiefenschichten. Die „tiefste" Schicht liefert die Energie in der dynamischen Struktur. Die Einheiten dieser Schicht („ergs") sind funktional Instinkten, Motiven bzw. Trieben äquivalent, unterscheiden sich diesen gegenüber jedoch durch ihre präzise faktorielle Aufklärung (Cattell, 1965, S. 186). Das System enthält etwa 10 solcher „ergs" (Sex, Selbstbehauptung, Furcht, Anschluß, Aggression etc.). Hiervon unabhängig liegt auf mittlerem Niveau eine Reihe von gelernten Motivzielen („sentiments") (z. B.: elterliches Heim, Ehegatte, Beruf, Selbst). Beide Ebenen sind multipel miteinander verknüpft: Die gelernten Motivziele erhalten ihre Energie aus verschiedenen Triebquellen, sind jedoch von der einzigartigen soziokulturell vorgefundenen Lernsituation des Individuums abhängig. Umgekehrt ist in einem Trieb eine einzige Triebqualität enthalten, jedoch unterschiedliche soziokulturell bestimmte Lernfelder (Cattell, 1965, S. 192–193; Pawlik, 1968, S. 406). Einstellungen („attitudes") liegen ganz an der „Oberfläche" und stellen eine spezifische Motiv x Motivziel-Kombination als klassische S—R Einheit dar (Cattell, 1965, S. 173).

Das Leistungsmotiv insbesondere wird von Cattell als ein aus verschiedenen Komponenten zusammengesetztes Konzept angesehen. Zum einen spielt hier das „erg" Selbstbehauptung eine wichtige Rolle. Hinzu kommen wichtige Dimensionen des Selbstkonzepts (self-sentiment), in dem vor allem als Motivziele internale Kontrolle („I like to have good control over all my mental processes" . . .), Leistungsbedürfnis im Beruf (I want to be first-rate in my job") und Machtbedürfnis („I like commanding men . . .") thematisiert sind. Zu diesen motivationalen Komponenten tritt als fundamentale Persönlichkeitsdimension (source trait) die positive Stärke des Über-Ichs, die durch Ausdauer, Verantwortungsbewußtsein und emotionale Stabilität gekennzeichnet ist (Cattell, 1965, S. 94—95, 194—195; Cattell & Butcher, 1968).

Cattell und seine Mitarbeiter haben nun Verfahren entwickelt, mit deren Hilfe aufgrund von Fragebogendaten und verschiedener objektiver Beobachtungsdaten Motivationsstrukturen gemessen werden sollen (Cattell & Cattell, 1969; Sweney et al., 1970) und zwar für die jeweils 5 bedeutensten Motiv- und Motivzielbereiche. Diese Kennwerte sollen nun bei der Verhaltensvorhersage durch Situationsfaktoren gewichtet werden, die ihrem Beitrag an dem speziellen Verhalten entsprechen. Über solche Faktoren ist jedoch noch kaum etwas bekannt (Cattell, 1965, S. 195—198). Sie werden auch in konkreten Untersuchungen, etwa bei der Vorhersage von Schulleistungen, nicht herangezogen (Cattell & Butcher, 1968; Cattell et al., 1972).

In diesen Spezifikationsgleichungen ergibt sich demnach als Verhaltensdeterminante neben dem Eigenschaftsprofil des Individuums ein ebensolches Eigenschaftsprofil der Situation, das die „psychologische Bedeutung der Situation" wiedergeben soll (Cattell, 1965, S. 246—250). Damit ist nach Cattell (1965, S. 249) eine multidimensionale Beschreibung der Person in *Interaktion* mit einer multidimensionalen Beschreibung der Situation gebracht worden.

Der Anspruch, daß es sich in diesem Modell um ein Interaktionsmodell handelt, erscheint uns jedoch zweifelhaft und zwar aus folgenden Gründen: Die Dimensionen, auf denen Personen und Situationen beschrieben werden, sind identisch. Die „psychologische Bedeutung der

Situation" ist demnach nichts anderes als eine gewichtete Eigenschaftsausstattung einer Modalperson in dieser Situation. Damit fällt die Erklärungslast wiederum auf die Eigenschaftsausstattung der Person zurück. Es müßte in einem solchen Interaktionsmodell vielmehr abgebildet werden können, daß gleiche Situationen bei unterschiedlichen Eigenschaftsausstattungen unterschiedliche psychologische Bedeutung und damit unterschiedliche Verhaltensauswirkungen haben können, ebenso wie dies der Fall für gleiche Eigenschaftsausstattungen bei unterschiedlichen Situationen sein kann; denn Situationen sind ebensosehr eine Funktion der Person, wie das Verhalten der Person eine Funktion der Situation ist (B o w e r s, 1973, S. 327; H e c k - h a u s e n, in Vorb.).

Die Verhaltensvorhersagen, die in diesem Eigenschaftsmodell möglich werden, können ebenfalls in unserem Modell dargestellt werden (s. Abb. 1). Die anfallenden Inferenzen bestehen in einer unmittelbaren Zuordnung von Stufe-I- zu Stufe-IV-Variablen ohne Berücksichtigung von Zwischenprozessen. Dazwischentretende Inferenzen beziehen sich auf niedrigerem Inferenzniveau lediglich auf Methoden- bzw. Repräsentativitätsannahmen von Test- und Kriteriumsverhalten (G o l d - f r i e d & K e n t, 1972, S. 416). Die Rolle von Situationsparametern bleibt bei der *Messung* weitgehend unberücksichtigt und ist nur insofern von Belang, als durch das Angebot eines weitgefächerten Situationsangebots die Zuverlässigkeit der Messung ansteigt. Ein Versuch, Situationskorrespondenzen auf Niveau II herzustellen, fehlt in diesem Eigenschaftsmodell, da die gemessenen Variablen als hochgeneralisiert angesehen werden. Im übrigen zeigt sich, daß auch bei der konkreten *Verhaltensvorhersage* die in dem Modell anvisierte Möglichkeit der Hinzunahme von Situationsparametern wohl wegen deren noch unvollkommmenen Bekanntheitsgrades (C a t t e l l, 1965, S. 250) unterbleibt, so daß die nach diesem Modell betriebene Verhaltensvorhersage oftmals ohne Kontrolle von Situationsparametern auskommt. Die hierdurch in das Modell hineingetragene Unschärfe führt dazu, daß Vorhersagen lediglich im Hinblick auf Auftretenswahrscheinlichkeiten bestimmten Verhaltens formuliert werden können (H e r r m a n n, 1969, S. 287; C r o n b a c h, 1961, S. 500). Dieses verhilft der alten von C a t t e l l angebotenen Eigenschaftsdefinition zu ungebrochener Gültigkeit. Er definiert eine Eigenschaft (trait) als ein relativ stabiles (fixed) Charakteristikum des Individuums, das sich *von Zeit zu Zeit* im Verhalten zeigt (1950, S. 47). Unterschiedliche Situationen üben nur insofern einen Einfluß aus, als dadurch die absoluten Mittelwerts- und Varianzunterschiede in den gemessenen Eigenschaften variieren, daß sich hingegen die relativen Positionen auf diesen Dimensionen nicht verändern (vgl. Goldberg, 1972, S. 550). Die meßtheoretische Fundierung dieser Festlegung liegt in der Annahme linearer Abhängigkeitsverhältnisse zwischen einzelnen Fragebogenitems und dem zugrunde liegenden latenten Kontinuum (Loevinger, 1957; Jackson, 1971), was im übrigen auch für die an konkretem Verhalten beteiligten Eigenschaften gilt: Sie gehen in einfacher Linearkombination in die Verhaltensvorhersage ein (Cattell, 1965, S. 80).

Ein Versuch, das Konzept überdauernder generalisierter Dispositionen angesichts der oftmals evidenten Situationsspezifität des Verhaltens zu retten, besteht in der Einführung von Moderatorvariablen wie dies etwa Kogan & Wallach (1964) für das Risikoverhalten getan haben. Jedoch hat sich dieser Ansatz kaum als empirisch fruchtbar erwiesen (Wallach & Leggett, 1972, S. 313; Endler, 1973, S. 297). Zum anderen geht auch unter der zunehmenden Einführung von Moderatorvariablen das Konzept generalisierter Dispositionen verloren, so daß man schließlich nur noch von singulären Verhaltens-Situations-Einheiten handelt (Mischel, 1973, S. 257).

Ein Modell mit situationsspezifischen Erklärungskonzepten
– der „ideographische" Ansatz

Bereits Allport (1937, S. 248–257; 1962) hat die Eigenschaftskonzepte wegen ihrer Generalisierungsimplikationen kritisiert und ein System, das auf dem Niveau intraindividueller Verbindlichkeiten operiert, vorgeschlagen. Kelly (1955) hat ebenfalls ein umfangreiches solches System, bis hin auf das Niveau konkreter Meßoperationen ausformuliert. In diesem Ansatz wird nach funktional äquivalenten Situationen gesucht, d. h. nach Situationen, die zu gleichen Kognitionen und damit zu gleichem Verhalten Anlaß geben (vgl. Cronbach, 1961, S. 501).

Demnach versucht das Individuum mit Hilfe individuell verbindlicher, „idiosynkratischer" Konstrukte („personal constructs") die Dinge seiner erfahrbaren Umwelt zu antizipieren und zu kontrollieren. Von diesem Basalpostulat ausgehend, entwickelt Kelly (1955, Kap. 2) einen Kanon von 11 Zusatzannahmen, der die Natur und die Organisation der persönlichen Konstrukte beschreibt (vgl. zusammenfassend: Bonarius, 1965). Kelly (1955, Kap. 8) hat ebenfalls eine Technik vorgestellt (Role Concept Repertory GRID) und Analysetechniken vorgeschlagen, die es gestatteten, die persönlichen Konstrukte inhaltlich zu bestimmen und auch eine Reihe formaler Charakteristika zu messen. Dieses Modell hat jedoch auch eine Reihe von Schwierigkeiten bei der Verhaltensvorhersage in konkreten Situationen (vgl. M a d d i, 1968, S. 110–127). Diese resultieren vornehmlich daher, daß in diesem Modell keine Übergangskonstruktionen von der Kognitions- zur Verhaltensseite vorgesehen sind. Solche hätten geschaffen werden können, wenn die Selektion und Steuerung von Verhalten von generalisierten hypothetischen Konstrukten (mit)abhängig gemacht worden wäre – wenn also Inferenzen über die Modellstufe IV verliefen. Solche Konstrukte – etwa das Motivkonstrukt – will jedoch K e l l y (1958) als überflüssiges und irreführendes Konstrukt eliminiert wissen. Die hier anfallenden Inferenzen liegen auf der Modellstufe I und bedürfen keiner weiteren Inferenzen auf höherem Generalisierungsniveau. B e m & A l l e n (1974) haben jüngst einen Ansatz vorgestellt, der ebenfalls einen Rückzug eines universellen Gültigkeitsanspruchs von Person- und Situationsvariablen und stattdessen eine idiographische Messung der Person empfiehlt.

Die oben beschriebenen kognitiven Modellansätze in der LM-Theorie gehen im übrigen auch dahin, Motivation als einen Satz von Kognitionen zu betrachten, mit dem das Individuum versucht, seine Umwelt zu strukturieren (H e c k h a u s e n & W e i n e r, 1972), und kommen in diesem Punkte den persönlichen Konstrukten K e l l y's (1955) sehr nahe, zeichnen sich diesen gegenüber jedoch durch ihren motivationalen Konstruktcharakter aus, d. h. durch ihren Bezug auf bestimmte, im Motivsystem enthaltene kognitive Komponenten (etwa die von H e c k h a u s e n, 1974a, S. 97–98 aufgeführten). Erst über die Kenntnis dieser Komponenten mit ihren nomologischen Verflechtungen (Inferenzstufe IV) wird dann eine Verhaltensvorhersage in konkreten Situationen möglich.

Ein Modell mit situationsspezifischen Erklärungskonzepten
– Verhaltensmessung

V e r n o n (1964), K l e i n et al. (1967), P e t e r s o n (1968), M i s c h e l (1969, 1971, 1973), C a r s o n (1969), V a l e & V a l e (1969), S a r a s o n & S m i t h (1971) und auch G o l d f r i e d & K e n t (1972) haben gegen ein Persönlichkeits- und Prädiktionssystem opponiert, das alleine mit generalisierten Persönlichkeitsdispositionen operiert und haben dagegen auf die situationsspezifischen Determinanten des Verhaltens aufmerksam gemacht:

„... it is evident that the behaviors which are often construed as stable personality trait indicators actually are highly specific and depend on the details of the evoking situations and the response mode employed to measure them" (M i s c h e l, 1968, S. 37).

G o l d f r i e d & K e n t (1972) haben ein Prädiktionssystem entwickelt, das Verhaltenskorrespondenzen in Meß- und Kriteriumssituationen herstellt, mit der Annahme, daß der beste Prädiktor das vormalige Verhalten eines Individuums in einer ähnlichen Situation sei (S. 417). Damit wird das Verhalten eines Individuums in jeweils spezifischen Umweltgegebenheiten zur zentralen Analyseeinheit. Auch die in diesem Modell anfallenden Inferenzen liegen auf der untersten Inferenzstufe.

M i s c h e l – obwohl von den Anhängern der Verhaltensmessung als Gewährsmann in Anspruch genommen – hat sich später gegen ein solches Prädiktionssystem ausgesprochen (1969, S. 1015) und ist ihm unter Rekurs auf Interaktionskonzepte („interplay of person and condition", S. 1016) entgegengetreten (s. o.).

Auch in der Verhaltenstherapie sind diagnostische Prozesse, die sich vornehmlich auf verhaltenswirksame Reizkonstellationen beziehen, durch solche Prozesse ergänzt worden, die sich auf Individualparameter beziehen (E y s e n c k & R a c h m a n, 1967; S c h u l t e, 1973, 1974).

Modelle „mittlerer Reichweite"

Die oben vorgestellten Typen von Persönlichkeitsmodellen sind danach zu unterscheiden, inwieweit sie Verhalten aus situationalen und personeigenen Konstrukten auf unterschiedlichen Generalisierungsniveaus zu erklären versuchen. Eine weitere Möglichkeit, die Vielfalt instrumentellen, zielgerichteten Verhaltens zu erklären, besteht darin, die personeigenen Konstrukte bereits mit bereichsspezifischen Qualitäten auszustatten und für diese, innerhalb des gegebenen Bereichs, Gültigkeit zu postulieren. V e r o f f (1973) hat diesen Ansatz wie folgt zusammengefaßt:

„Irgendwo zwischen dem einzigen monolithischen Konstrukt, das wir das Leistungsmotiv nennen, und einer je spezifischen, individuell verbindlichen Deutung von Leistungsorientierungen muß es eine handhabbare Menge motivationaler Konstrukte geben, die in adäquater Weise auf den Bereich der Leistungsmotivation bei allen Menschen bezogen ist" (S. 99).

Bereits 1960 haben C r a n d a l l , K a t k o v s k y & P r e s t o n aufgrund lerntheoretisch fundierter Überlegungen das Generalitäts-Spezifitäts-Problem von Motivdispositionen aufgeworfen und haben 5 bereichsspezifische Motivationstendenzen unterschieden: intellektuelle, künstlerisch-kreative, mechanische, soziale und solche, die sich auf körperliche Geschicklichkeit beziehen. Informelle Beobachtungen in entsprechenden Situationsbereichen, die auf solchen Kriterien wie die Übernahme von Leistungsaktivitäten und Ausdauer beruhten, ergaben bereichsspezifische Differenzen. C r a n d a l l (1965) und C r a n d a l l & R a b s o n (1970) fanden verschiedene Maße für Leistungsaktivitäten in diesen Bereichen unkorreliert. Auch auf die Bedeutung unterschiedlicher Formen und unterschiedlicher Verankerungspunkte von Gütestandards ist von diesen Autoren bereits aufmerksam gemacht worden.

V e r o f f (1969) hat dieses aufgegriffen und hat, auf motivationsgenetischen Formulierungen aufbauend, ein autonomes und ein soziales Leistungsmotiv unterschieden und dies auf der Grundlage des Einschlusses individuell-autonomer bzw. sozial-normativer Bezugsnormen. V e r o f f (1973) hat diesen noch aufgabenbezogene Bezugsnormen hinzugefügt und hat darüberhinaus eine von den Bezugsnormen unabhängige weitere Dimension beschrieben, die dadurch bestimmt ist, wo in einem leistungsthematischen Handlungsverlauf eine Bestimmung von „Erfolg" einsetzt; ob bei der Handlung selbst oder bei der Bewertung von Handlungsresultaten. Danach ergibt sich ein Schema mit 6 Zellen, in dem 9 Grundtypen von Leistungszielen angesiedelt werden, denen jeweils unterschiedliche Leistungsorientierungen entsprechen. Für diese Differenzierungen kann der Autor eine Reihe faktorenanalytischer und korrelationsstatistischer Befunde beibringen, die allerdings nicht frei von methodischen Unzulänglichkeiten sind. Darüberhinaus gibt es in den beigebrachten Daten keinen Hinweis darauf, daß die isolierten Konzepte *Motiv*status besitzen. Hiervon abgesehen erhebt sich die Frage, ob eine solche theoretische Differenzierung tunlich und notwendig ist. Bezogen auf die Differenzierung im Bereich der Bezugsnormverankerung erscheint es theoretisch „zu weit" gegriffen zu sein, darauf aufbauend, Motivtypen zu differenzieren. Es wäre hinreichend gewesen, hier innerhalb eines Leistungsmotivs von unterschiedlichen Empfänglichkeiten für verschiedene Bezugsnormen auszugehen (H e c k h a u s e n , 1972a, S. 963). Um bereichsspezifische Motivierungs- und Verhaltensphänomene zu erklären, bedarf es nicht bereichsspezifischer Konstrukte vom Motivtyp (s. o.).

Was weiterhin die zweite von V e r o f f (1973) eingeführte Dimension betrifft, so scheint diese eher verunklärend zu wirken. In den 9 von

V e r o f f beschriebenen Leistungsorientierungen können leistungsthematische Bezüge kaum von fremdthematischen (Anschluß, Anerkennung, Macht) abgegrenzt werden. Rein leistungsthematische Bezüge, leistungsthematische Bezüge mit Instrumentalitätscharakter für Fremdthematik und fremdthematische Bezüge mit leistungsthematischem Instrumentalitätscharakter werden hier in gleicher Weise mit Leistungsmotivqualitäten ausgestattet.

In gleicher Tradition stehen die Arbeiten von S o l o m o n (1969, 1971). In ihnen wird der Versuch unternommen, transsituationalen Vergleichbarkeiten von Leistungsverhalten, Ähnlichkeitsperzepte entsprechender Situationen zuzuordnen. Der Autor konnte zeigen, daß verschiedene Arten von Leistungsverhalten generell unkorreliert sind, aber in zunehmendem Maße Beziehungen zueinander aufweisen, wenn die Aufgabenperzepte ähnlicher werden. Leider wurde in der ersten Studie die Leistungsmotivation nicht kontrolliert. Eine neuere Studie (S o l o m o n, 1971) gibt jedoch noch näheren Aufschluß über diese Frage: Die individuellen Präferenzen für 12 verschiedene Aufgabentypen kovariieren in bedeutsamer Weise mit den Ähnlichkeitsperzepten dieser Aufgabentypen. Darüberhinaus existieren offensichtlich interindividuelle Unterschiede in der Breite der Aufgabenpräferenzen. Einige Individuen besitzen recht generelle Präferenzen („generalizers"), andere sehr spezifische („specifiers"). Die Arbeit von S o l o m o n (1971) ist noch unter einem zweiten Aspekt von Interesse, da sich erwies, daß die Extensität der Aufgabenpräferenzen nicht unabhängig von der gemessenen Leistungsmotivation (FTI) ist: Vpn mit extensiven und generalisierten Aufgabenpräferenzen erhalten höhere Kennwerte, als Vpn mit eher limitierten Aufgabenpräferenzen.

Noch ein dritter Komplex soll innerhalb dieses Modells Erwähnung finden. Es sind die Ansätze von M c C l e l l a n d (1961) und V e r o f f, F e l d & G u r i n (1962). M c C l e l l a n d (1961) unterscheidet unternehmerische (entrepreneurial) und bürokratische (bureaucratic) Motivtypen, die von unterschiedlichen Situationstypen angeregt werden, die sich hauptsächlich auf den Dimensionen Verantwortlichkeitszuweisung, Ausmaß der involvierten Risiken, Unmittelbarkeit des Effizienznachweises und Ausmaß des Konformitätsverhaltens unterscheiden; wobei Situationen, die die ersten beiden Charakteristika enthalten, eher die unternehmerische, die, die die beiden restlichen Charakteristika enthalten, eher die bürokratische Leistungsmotivation anregen. V e r o f f, F e l d & G u r i n (1962) schlagen die Unterscheidung zweier verschiedener Motivtypen vor, die jeweils von Situationen angeregt werden, die sich hinsichtlich des Konkretheitsgrades und der zeitperspektivischen Distanz zu den zu erreichenden Endzuständen voneinander unterscheiden.

Die Aufzählung der verschiedenen Ansätze, die unter dem Terminus „Modelle mittlerer Reichweite" rubrizierbar sind, hat gezeigt, daß das Generalitäts-Spezifitäts-Problem auf verschiedenen Wegen angegangen werden kann. Es zeigt sich jedoch auch, daß der heuristische Wert solcher Modelle mittlerer Reichweite nicht über denjenigen von Interaktionsmodellen hinausreicht. Die von Veroff (1969, 1973) aufgelisteten spezifischen Motivtypen lassen sich in einem Interaktionsmodell der Leistungsmotivation darstellen. Das gleiche gilt wohl auch für die Ansätze von Solomon (1969, 1971), McClelland (1961) und Veroff et al. (1962), jedoch mit dem Unterschied, daß letztere ihre Erklärungskonzepte nicht mit Motivqualitäten ausstatten, sondern von gewissen, situativ bedingten, ausgezeichneten Motivierungsstrukturen handeln.

Die Meß- und Verhaltensinferenzen, die die verschiedenen Ansätze erfordern, liegen demnach auf den Inferenzstufen II und III. Sie sind bei Veroff zusätzlich mit den Eigenschaften der Inferenzstufe IV ausgestattet. Einige neuere Entwicklungen in der Persönlichkeitsforschung scheinen mit Modellen dieser Art zu arbeiten (vgl. Jackson et al., 1972 zum Risikoverhalten).

4. Kapitel

DAS PROBLEM DIREKTER UND INDIREKTER MESSUNG DES LEISTUNGSMOTIVS

Wir hatten oben auf das Postulat einer exakten Herleitung auch formaler Kriterien von Meßoperationen aus den Konstrukteigenschaften der zu messenden Variablen hingewiesen und hatten aufgezeigt, daß im Falle der Messung mittels TAT eine solche Herleitung gelingt. Danach scheint das indirekte („projektive") Verfahren die Methode der Wahl zu sein.

Obwohl alle wesentlichen Resultate mit Hilfe des TAT-Verfahrens zutage gefördert wurden, ist die Methode nicht unkritisiert geblieben. Vor allem auf die mangelnde Wiederholungszuverlässigkeit ist, ebenso wie auf die mangelnde innere Konsistenz, kritisierend hingewiesen worden (G u i l f o r d, 1964, S. 300; K l i n g e r, 1966, 1968; E n t w i s l e, 1972).

Aspekte der Reliabilität

Kontinuierliche und zyklische Sättigungseffekte (A t k i n s o n, 1954; M c C l e l l a n d, 1958a; R e i t m a n & A t k i n s o n, 1958) und eine Reihe kaum kontrollierbarer Variationen in den situativen Einbettungen der Versuchssituationen führen beim TAT zu einer nur teilweise zufriedenstellenden *operationalisierbaren* Zuverlässigkeit (B i r n e y, 1959), wozu auch die offensichtliche Unmöglichkeit der wiederholten Wiederherstellung identischer innerer und äußerer Versuchsbedingungen beiträgt (M c C l e l l a n d, 1958a). Innere Konsistenz ist ebenfalls bei einem Verfahren nicht zu erwarten, in dem Intensitäts- und Extensitätsaspekte des Motivs konfundiert sind (d e C h a r m s, 1968).

Diese Faktoren lassen die klassischen Methoden der Zuverlässigkeitsbestimmung (Retest, Testhalbierung) als grob verfälschende und daher illegitime Verfahren der Zuverlässigkeitsbestimmung erscheinen (M i c h e l, 1964, S. 37). Die Anfälligkeit des Verfahrens gegenüber Variationen in den Situationsbedingungen ist jedoch in psychometrischer Hinsicht ein offensichtlicher Nachteil (Heckhausen, 1963c, S. 29; Winter, 1973, S. 91–92), da sie auch bei der jeweils ersten Versuchsdurchführung wirksam werden und zu einer unbeabsichtigten Kennwertvariation führen, damit die Reliabilität reduzieren und auch letztlich die Validität des Verfahrens einschränken (Kornadt, 1964, S. 658). Deswegen jedoch prinzipiell die Zuverlässigkeit und damit auch die Nützlichkeit des Verfahrens in Frage zu stellen, wie die oben genannten Autoren es tun, erscheint ungerechtfertigt. Im Hinblick auf Entscheidungsprobleme bei Theorie-testenden Experimenten hat das Verfahren seine Nützlichkeit unter Beweis gestellt, so daß an seiner *logischen* Zuverlässigkeit nicht zu zweifeln ist (Brody & Smith, 1974).

Entwisle (1972) insbesondere hat in jüngerer Zeit das indirekt arbeitende Maß für das Leistungsmotiv einer „vernichtenden" Kritik unterzogen. Die Autorin geht dabei davon aus, daß das Verfahren Leistungen in Schulsituationen nicht vorhersagen könne, zieht von daher die Validität des Verfahrens generell in Zweifel, um diese wiederum auf dessen unzureichende Relibialität zurückzuführen. Die Autorin hat jedoch nicht vermocht, in ihren Ausführungen die vielfältigen meßtheoretischen und persönlichkeitstheoretischen Verflechtungen, die sich in einem interaktionistischen Modell der Leistungsmotivation ergeben, zu berücksichtigen. Hätte sie dies getan, hätte sie nicht von der Erwartung ausgehen können, „Motiviertes" sei im Verhalten (in Meß- und Kriteriumssituationen) stets und unter jeden Bedingungen auffindbar und in gleicher Weise vorhersagbar, gleichgültig, ob es sich hierbei um die Vorhersage von Kennwerten (Wiederholungszuverlässigkeit) oder um die Vorhersage von Leistungsmaßen (kriteriumsbezogene Validität) handelt (vgl. Rheinberg, 1976). Entwisle (1972, S. 389; vgl. auch Smith, 1968) wirft der LM-Theorie schließlich vor, sie hätte sich in ihren Operationalisierungen weit von dem entfernt, was die Theorie unter dem Leistungsmotiv verstünde. Nach unseren obigen Ausführungen, die diesbezüglichen Zusammenhänge betreffend, ist geradezu das Gegenteil zutreffend. Die Autorin berücksichtigt nicht die Rolle von Situationsparametern und rückt damit das Leistungsmotiv unangemessenerweise in den Geltungsbereich von Eigenschaftsmodellen.

Eine andere Quelle der Störvarianz ergibt sich durch die Verrechnungsprozeduren des thematischen Materials, wenngleich die hierdurch auftretenden Beträge von Störvarianz bei geübten Auswertern nur geringfügig sind und einer motivbezogenen Interpretation der Kennwerte nicht hinderlich sind (F e l d & S m i t h, 1958; B r o d y & S m i t h, 1974).

Eine Verfahrensneuentwicklung, in der auch versucht werden soll, in psychometrischer Hinsicht einen Fortschritt zu erzielen, müßte deshalb um die folgenden Punkte bemüht sein: Es müßte stabiler gegenüber geringfügigen[1] Variationen in den Durchführungsbedingungen sein, es müßte geeignet sein, die im TAT logisch vorhandene Reliabilität auch voll quantifizierbar zu machen, müßte also etwa wiederholt anwendbar sein, und es müßte schließlich hinsichtlich der Kennwertermittlung unproblematisch und objektiv sein, was nicht zuletzt auch der Handlichkeit des Verfahrens zugute käme.

Diesen Anforderungen kann allein ein direkt arbeitendes Verfahren genügen. Die Realisierung einer direkten Messung führt jedoch zu einer Kollision psychometrischer mit theoretisch abgeleiteten Verfahrensnotwendigkeiten. Insbesondere M c C l e l l a n d (1958a, 1966, 1971, 1972) hat stets darauf hingewiesen, daß durch direkt arbeitende Verfahren niemals das Leistungsmotiv (need achievement), sondern nur eine allgemeine Hochschätzung von Leistungszielen (value achievement) erfaßt würden (vgl. auch d e C h a r m s et al., 1955, S. 415).

Wir werden weiter unten konkrete Möglichkeiten einer Aussöhnung beider Ansprüche an ein neues Verfahren beschreiben.

Aspekte der Validität – Konstruktvalidität

Trotz dieser Einschätzung der direkt arbeitenden Verfahren hat es nicht an Versuchen gefehlt, das Leistungsmotiv auch auf diesem Wege zu messen. Meist hat man sich dabei der Fragebogenmethode bedient. Tabelle 1 gibt einen Überblick über projektive, semi-projektive und direkt arbeitende Verfahrensentwicklungen zur Messung des Leistungsmotivs. Die wenigsten Verfahren bemühen sich bei der Erstellung des Verfahrens um eine konstruktadäquate Darstellung des Leistungsmotivs in den Testinhalten. Viele atheoretische ad hoc Prozeduren verunklären das Gesamtbild, entsprechend unübersichtlich ist der Gültigkeitsbereich, den die verschiedenen Verfahren abdecken können. Kei-

---

[1] Hierdurch soll nicht impliziert sein die Invarianz gegenüber planmäßiger Variation der Bedingungen im Sinne der Validierungsstrategie des TATs (M c C l e l l a n d et al., 1953).

nes der direkt arbeitenden Verfahren, vielleicht mit Ausnahme der Skalen von Mehrabian ist in der Lage, den gleichen Gültigkeitsbereich abzudecken, wie die projektiv arbeitenden Verfahren (TAT, FTI). Allenfalls zu verschiedenen Leistungsmaßen können diese Verfahren Beziehungen aufweisen. Zur Erklärung dieser Beziehungen ist jedoch das Konstrukt „Leistungsmotiv" nicht unbedingt erforderlich. Sie können ebensogut mit Hilfe des Konstrukts „Allgemeine Hochschätzung von Leistung" erklärt werden. Danach muß man starken Zweifel an der Konstruktvalidität der direkt und semi-projektiv arbeitenden Verfahren hegen (McClelland, 1972).

Vielversprechend erscheint einzig eine theoriegeleitete Erstellung von Einzelitems (Hermans, 1970; Mehrabian, 1968), wiewohl diese Strategie auch kein Faustpfand für die Entwicklung eines validen Instrument zu sein scheint, wie der mißglückte Versuch von Atkinson & O'Connor (1966) zeigt.

Als weitere Faktoren, die ausbleibende Gültigkeitsnachweise oder vergleichbare Gültigkeitsbelege mitbedingen, kommen hier weiterhin in Betracht, daß man unterschiedliche Daten (normative, ipsative) herangezogen hat, insgesamt einer zu geringen Itemzahl vertraut hat, psychometrischen Erwägungen bei der Skalenkonstruktion kaum Beachtung geschenkt hat, ebenso wie möglicher Beeinflussungen durch Verfälschungstendenzen; und schließlich auch hinsichtlich der Dimensionalität des zu messenden Konstrukts von der impliziten Annahme eines eindimensionalen Konzepts ausgegangen ist oder hierzu nur verschwommene Vorstellungen hatte.

Kritisch an vielen der aufgeführten Validierungsstudien dürfte ferner die Tatsache sein, daß bei der Verhaltensvorhersage Uneinheitlichkeit bezüglich des Status der gemessenen Variablen besteht. Der interaktionistische Aspekt bei der Verhaltensvorhersage bleibt oft unberücksichtigt. Unsere obigen Ausführungen haben auf die Notwendigkeit der Kontrolle von Situationsparametern bei der vergleichenden Bewertung von Untersuchungen aufmerksam gemacht (vgl. auch Atkinson, 1961, S. 72–73; McClelland, 1966, S. 481; Lazarus, 1961, S. 56; 1966, S. 484).

Tab. 1: Überblickhafte Darstellung von Entwicklungen und Validierungsversuchen verschiedener Verfahren zur Messung des Leistungsmotivs[2]

Autor	Entwicklungsstrategie der Items	Reliabilität	Validität
PROJEKTIVE VERFAHREN			
French, 1955; 1958a FTI	In zwei Parallelformen werden jeweils 10 Sätze angeboten (z. B.: „Bill always lets the other fellow win", Item 1, Form I). Die Erklärungen der Vpn für das jeweils geschilderte Verhalten werden inhaltsanalytisch verrechnet.	$r_{tt}=.36$; Paralleltest=.17 (Himelstein & Kimbrough, 1960); $r_{tt}=.30$ (Richardson & Soucar, 1971)	Konsistente Erhöhung der Kennwerte über verschiedene experimentelle Bedingungen (French 1955; French & Lesser, 1964). Leistungsmaße (French, 1955; 1958c; French & Thomas, 1958). Leistungen nach aufgaben- bzw. emotionsbezogener Rückmeldung (French, 1958b). Arbeitspartnerwahl (French, 1956). Risikoverhalten (Atkinson et al., 1960; Atkinson & Litwin, 1960). Wahl mittelschwerer Kursprogramme (Isaakson, 1964). Leistungsunterschiede (Sampson, 1963), insbesondere, wenn Aufgaben als wichtig dargestellt werden (Wrightsman, 1962). Generalisierungsbreite von Aufgabenpräferenzen (Solomon, 1971). Risikowahlen (Hamilton, 1974).

Tab. 1: Fortsetzung

Autor	Entwicklungsstrategie der Items	Reliabilität	Validität
Aronson, 1958	Reproduktion zweier kurzzeitig exponierter Dias mit Kritzeleien, die nach verschiedenen Unterkategorien verrechnet werden (Klarheit — Verschwommenheit, Raumausnutzung, wellenförmige Linienführung etc.).		Risikoverhalten (McClelland, 1958b). Gesamtgesellschaftliches wirtschaftliches Wachstum (McClelland, 1958c; 1961). Schwer interpretierbare Unterschiede in Einzelkategorien zwischen verschiedenen Studentengruppen (Fretz & Schmidt, 1967). Keine Beziehungen zu verschiedenen Leistungsmaßen (1969).
Morgan, 1953; Hurley, 1955; 1957; Johnston, 1957 IPIT	Zu TAT-Tafeln werden jeweils vier Aussagen zur Auswahl angeboten, die vier verschiedene Persönlichkeitsvariablen messen sollen: Achievement, Insecurity, Blandness, Hostility.	$r_{tt}=.52$; interne Konsistenz=.34 (Hurley, 1955)	Leistungsmaße (Hurley, 1957; Johnston, 1955; 1957). Leistungen nach Mißerfolgsinduktionen (Williams, 1955). Lern- und Umlernleistung (Miles, 1958). Keine Beziehung zu over-achievement (Mayo & Manning, 1961). Keine Beziehung zum Notendurchschnitt (Barnette, 1961; Reiter, 1964).

Tab. 1: Fortsetzung

Autor	Entwicklungsstrategie der Items	Reliabilität	Validität
Moulton, 1958; Anderson, 1962	Entwicklung eines Inhaltsschlüssels für die mißerfolgsbezogene Tendenz der LM Kategorien: Rückzug aus Leistungsaktivitäten, negativer Affekt. Diese werden jedoch nur verrechnet, wenn die allgemeinen Kriterien für das Vorliegen mißerfolgsbezogener Inhalte erfüllt sind (Moulton, 1958, S. 564–565). Anderson (1962, S. 294–295) läßt diese Bedingung fallen und erweitert den Schlüssel.		Validierungskriterium: Zeigarnik-Effekt (Moulton, 1958). Unterschiedlich hohe Korrelationen mit Ängstlichkeit unter unterschiedlichen angstinduzierenden Bedingungen (Raphelson & Moulton, 1958; Anderson, 1962). Höchste Kennwerte unter mittelstarker Motivanregung (Anderson, 1962).
Specht, 1965; Sader, 1967; Sader & Keil, 1968	Es werden leistungsthematische Aussagen zu 6 TAT-Tafeln angeboten. Die Vp muß zu jeder Aussage Zustimmung bzw. Ablehnung ausdrücken. „... systemimmanente Weiterführung der inhaltsanalytischen Methode" (Sader & Keil, 1968, S. 45).		Korrelationen zum TAT (Heckhausen).

Tab. 1: Fortsetzung

Autor	Entwicklungsstrategie der Items	Reliabilität	Validität
Jordan & DeCharms, 1959; DeCharms & Davé, 1965	Standard TAT-Prozedur, bei der jedoch anhand des Geschichtenausgangs nach HE und FM differenziert wird.		Keine theoriekonsistenten Beziehungen zu Risikoverhalten (DeCharms & Davé, 1965).
Birney, Burdick & Teevan, 1969 HP	Messung eines FM-Äquivalents mittels TAT. Zu Bildern, die eine einzige Person darstellen, werden Geschichten erzählt. Der Schlüssel verrechnet die folgenden Kategorien als kritisch: Bedrohung durch die Umwelt, Vergeltungsmaßnahmen der Umwelt, Tadel, allgemeine Attacken auf körperliche Unversehrtheit.		Verschiedene Handlungs- und Leistungsmaße, AN, Risikoverhalten, Erfolgswahrscheinlichkeiten, Attribuierungsvoreingenommenheit (Birney et al., 1969, Tab. 10.1 bis 10.7). Selbständigkeitserziehung (Teevan & McGhee, 1972). Externale Attribuierungsvoreingenommenheit (Teevan & Fischer, 1974).

Tab. 1: Fortsetzung

Autor	Entwicklungsstrategie der Items	Reliabilität	Validität
Adkins & Ballif, 1972	Entwicklung für Kinder (3½ bis 8 J.). Es besteht aus Beschreibungen imaginärer Figuren (gumpgookies), die in verschiedenen Formen von Leistungsaktivitäten engagiert sind, oder auch nicht. Die Vp muß angeben, mit welcher von jeweils paarweise angebotenen Figuren sie sich identifiziert.	KR–20 = .85 bis .90	Faktorenanalytische Studien: F. 1 Instrumentelle Handlungen zur Erreichung von Leistungszielen; F. 2 Freude an schulischen Aktivitäten; F. 3 Autonome Leistungsbewertung; F. 4 Erfolgszuversicht in Wettkampfsituationen; F. 5 Zielgerichtetes Leistungsverhalten.
	FRAGEBOGENVERFAHREN		
Edwards, 1953; 1959 EPPS	15 Bedürfnisse aus dem Katalog von Murray werden erfaßt. Die Items sind nach sozialer Erwünschtheit parallelisiert.	r_{tt}=.74	Schulische Leistungsmaße (Merrill & Murphy, 1959; Gebhart & Hoyt, 1958; Uhlinger & Stephens, 1960; Bendig, 1959; Krug, 1959; Weiss et al., 1959; Izard, 1962; Reiter, 1964). Keine Beziehung zu Leistungsmaßen (Marlowe, 1959; Bachmann, 1964). Keine Beziehung zur Persistenz bei Prüfungsvorbereitungen, Examensnoten und Risikoverhalten (Atkinson & Litwin, 1960). Kein Nachweis eines Zeigarnik-Effekts mit Hilfe der EPPS-nach Skala (Caron & Wallach, 1959).

Tab. 1: Fortsetzung

Autor	Entwicklungsstrategie der Items	Relibialität	Validität
Gough, 1953a; 1969 CPI	Neben verschiedenen Persönlichkeitsbereichen soll auch schulische LM erfaßt werden. Ad hoc Fragen in zwei Skalen: Ac: achievement via conformance, Ai: achievement via independence.	$r_{tt}Ac = .81$ $r_{tt}Ai = .81$ (Hase & Goldberg, 1967)	Schulische Leistungsmaße (Gough, 1953a, b; 1964a, b; Snider, 1966). Auf den motivationalen Status der gemessenen Variablen wird geschlossen, weil das Maß höher mit Leistung als mit Intelligenzmaßen korreliert ist (.38 vs. .26). Leistungsmaße (GPA) (Bendig & Klugh, 1956; Barnette, 1961; Heilbrun, 1959; Jackson & Pacine, 1961; Griffin & Flaherty, 1964). Overachievement (Keimovitz & Ansbacher, 1960).
DeCharms et. al., 1955	9 Aussagen, die Leistungsverhalten Erfolgsmotivierter charakterisieren, werden zur Beurteilung angeboten.		Signifikante Korrelation zum TAT, positive Beziehungen zur F-Skala, positive Beziehungen zu Konformitätsverhalten.
Hills, 1958	Messung des AN in vier Bereichen: economic, social, academic, professional, in Miniatursituationen.	Interne Konsistenz .76 bis .90	Keine Beziehung zu tatsächlichen ANs in den verschiedenen Bereichen. Beziehungen zu Kriterien aus dem Bereich sozialer Aktivitäten und beruflicher Qualifikationen.

Tab. 1: Fortsetzung

Autor	Entwicklungsstrategie der Items	Relibialität	Validität
C a r n e y, 1961; C a r n e y et al., 1966 AO	Es werden Fragen aus dem Faktor „achievement orientation" aus dem CPI entnommen, jedoch nur solche, die instrumentell für die Erreichung von Leistungszielen sind, nicht letztere selbst.		Erhöhung der Kennwerte bei leistungsthematisch anregender Instruktion (C a r n e y et al., 1966). Beziehungen zum TAT unter bestimmten situativen Bedingungen (Unterrichtsstoff, Lehrerpersönlichkeit, Klassenklima, Unterrichtsstil) (C a r n e y, 1966); bei männlichen Vpn, wenn sie ein Gefühl von Eigenverantwortlichkeit haben können, bei weiblichen Vpn, wenn sie ein Gefühl externaler Kontrolle haben müßten (C a r n e y & C a r n e y, 1968). Physiologische Erregungsprozesse (C a r n e y, 1965). Verschiedene Wahrnehmungsfaktoren (C a r n e y, 1963; 1965).
R o b i n s o n, 1961; A r g y l e & R o b i n s o n, 1970 Q ach	Zwei Skalen, die HE und FM messen sollen. Thematisiert sind in den Items Aufsuchen und Meiden von Leistungs- und Wettkampfsituationen, Erfolgszuversicht, Mißerfolgsbefürchtungen und Anstrengungsinvestitionen. Verfahren für Kinder.		Schwer interpretierbare Korrelationen von Q ach+ zur LM des Vaters (für Jungen) und Q ach+ und Q ach− mit Maßen für die Identifikation mit den Eltern.

Tab. 1: Fortsetzung

Autor	Entwicklungsstrategie der Items	Relibialität	Validität
O'Connor & Atkinson, 1962 ARPS	Theorie-abgeleitete Items. Zwei Grundaussagen geben Rational für Items ab: 1. Erfolgsmotivierte bevorzugen Leistungsaktivitäten, 2. insbesondere bei mittleren Erfolgswahrscheinlichkeiten. Kennwert: NH-Äquivalent.		Berufszufriedenheit (Kasl, zit. nach Atkinson & O'Connor, 1966, S. 302). Keine Beziehungen zu Handlungsmaßen, Ausdauer- und Risikoverhalten (Atkinson & O'Connor, 1966). Zeigarnik-Effekt jedoch nur für männliche Vpn (Weiner, 1966a).
Tent, 1963; Ehlers, 1965 LM	Fragebogen zur Erfassung der habituellen Leistungsmotiviertheit. Soll folgende Aspekte umfassen: Streben nach Erfolg und Ansehen, Beharrlichkeit beim Lösen schwieriger Aufgaben, Verlangen nach Distanz zur Leistung. Die Verfahren haben 16 gemeinsame Items. Der Konstruktcharakter der Items ist nicht immer evident, z. B.: „Widerstände machen meine Entschlüsse nur noch fester" (Item 16, Ehlers, 1965). Bei einer Faktorenanalyse ergaben sich 2 Faktoren: F. 1: Persönliches Engagement und großer Kräfteeinsatz bei geforderten Leistungen, und F. 2: Überdurchschnittliches Leistungsvermögen (Fisch & Schmalt, 1970).	Halbierungszuverlässigkeit = .81 (Tent, 1963); r_{tt} = .82 (Ehlers & Merz, 1966)	Zusammen mit einem Fragebogen zur Erfassung der Risikobereitschaft, Vorhersage von Unfallhäufigkeiten (Ehlers, 1965). Schwache Korrelationen zu verschiedenen Persönlichkeitsvariablen (Euler, 1967).

Tab. 1: Fortsetzung

Autor	Entwicklungsstrategie der Items	Reliabilität	Validität
Bendig 1964	Ad hoc Items unter Verwendung einiger bereits vorliegender Items (u. a. aus EPPS).	KR – 20 = .61 bis .69	Faktorenanalytische Ableitung von zwei Faktoren: F. 1: personal need achievement, F. 2: social need achievement. Einige Korrelationen zu weiteren Persönlichkeitsvariablen.
Vukovich, Heckhausen & v. Hatzfeld, 1964	Theoriegeleitete Itemerstellung: Zeitperspektive, ausdauernde Leistungsbemühungen, Anstrengung etc. (zit. nach Heckhausen, 1968, S. 121). Selektion der Items nach der Korrelation mit dem TAT. Es ergeben sich insgesamt vier Faktoren: F. 1: Langfristigkeit der zielvornahme, F. 2: Ehrgeizige Leistungsträume, Geltung, F. 3: Betriebsamkeit, Wertschätzung, F. 4: Selbstsicherheit in Leistungssituationen (Boucsein, 1973).	Alpha-Koeffizienten: .86 bis .91 r_{tt} (12 Tage) = .65 bis .88 (Boucsein, 1973)	Nur noch geringfügige Korrelationen zum TAT in Kreuzvalidierungen, jedoch konsistente Beziehungen zu verschiedenen Intelligenz- und Wahrnehmungstests. Bedeutsame Korrelationen der 4 Faktoren (vor allem: F. 4) mit Extraversion (.54), Neurotizismus (–.42), Ängstlichkeit (–.51) sowie verschiedenen Fragebogenindikatoren für (geistige) Anregung und Aktiviertheit (Boucsein, 1973).
Guevara, 1965; McReynolds & Guevara, 1967	Ad hoc Items zur Messung der Tendenzen Hoffnung auf Erfolg und Furcht vor Mißerfolg		Von mehreren klinischen Gruppen erwiesen sich schizophrene Vpn als am deutlichsten FM-motiviert (McReynolds & Guevara, 1967; Page & Ollendick, 1972).

Tab. 1: Fortsetzung

Autor	Entwicklungsstrategie der Items	Reliabilität	Validität
Mukherjee, 1964; 1965a S C T	Insgesamt 50 Mehrfachwahl-Items, von denen jeweils eine Alternative leistungsbezogen sein soll. Atheoretische Plausibilitätsüberlegungen, z. B.: „I like to do my best in whatever work I undertake" (Item 1). Es wird nicht deutlich gesagt, ob v ach oder n ach gemessen werden soll.	r_{tt} = .71 bis .83; KR –20 = .716 (Mukherjee, 1965a)	Zielsetzungsverhalten (Mukherjee, 1965b). Faktorenanalysen ergab einige Faktoren, die in konstruktbezogener Weise interpretiert werden können (Leistungsbezogene Erwartungen, Bevorzugung schwieriger Aufgaben, AN), aber auch: Identifikation mit erfolgreicher Autoritätsfigur (Mukherjee, 1965c), wissenschaftliche Produktivität (Mukherjee, 1968).
Myers, 1965; Furst, 1966	Versuch der Messung schulbezogener LM. Ad hoc Items; 10 Items, die etwas mit Leistung zu tun haben, jedoch „ohne Bezugnahme auf irgendein theoretisches Bezugssystem" Meyers (1965, S. 356).	r_{tt} (4 Wochen) = .77 (Furst, 1966)	Korrelationen mit Leistungsmaßen (GPA) (.50) bei gleichzeitig niedriger Korrelation (.13 bis .20) mit verschiedenen Intelligenzmaßen. Kurvilineare Beziehungen zu einem Risikomaß (fragwürdige Methodik) (Myers, 1965). Leistungsmaße (Md = .50) (Furst, 1966).

Tab. 1: Fortsetzung

Autor	Entwicklungsstrategie der Items	Reliabilität	Validität
Buxton, 1966; 1967	LM im schulischen Bereich soll gemessen werden. Itemselektion nach Maßgabe eines Expertenratings. Die Items werden nach sozialer Wünschbarkeit parallelisiert. Sie beziehen sich größtenteils auf Aspekte der Pflichterfüllung und Verhalten gegenüber Autoritäten, außerdem wohl auch auf physiologische Anzeichen von Angst.		Validierung am Lehrerurteil. Kreuzvalidierung am gleichen Kriterium. Keine Beziehungen zu Schulleistungen (Farley & Truog, 1971).
Costello, 1967	Ad hoc Items, die in zwei Faktoren zusammengefaßt werden: F. 1: „disposition to do well", F. 2: „a need to be a success".	Halbierungszuverlässigkeit F. 1 = .82, F. 2 = .73	Signifikante Korrelationen mit verschiedenen Persönlichkeitsskalen (MAS, MPI-N, MPI-E, Brengelmann). Keine Beziehung zur Stellung in der Geschwisterreihe (Munz et al, 1968).

Tab. 1: Fortsetzung

Autor	Entwicklungsstrategie der Items	Reliabilität	Validität
Mehrabian, 1968; 1969	Theorienahe Items, die Hoch- und Niedrigleister identifizieren sollen. Item-Inhalte beziehen sich auf: Risikopräferenzen, affektive Reaktionen auf Erfolg und Mißerfolg, Aufschub von Belohnungen, Zeitperspektive, Bevorzugung von Leistungsaktivitäten. Gemessen werden soll ein Äquivalent für NH.	r_{tt} = .72 bis .78; .64 (Richardson & Soucar, 1971)	Leistung bei Problemlöseaufgaben, Zeigarnikeffekt (Weiner et al., 1968). Internal-External (Weiner et al., 1968). Plausible Korrelationen mit verschiedenen Persönlichkeitsmerkmalen (Mehrabian, 1969). Erfolgreiches Studium (Weiner & Potepan, 1970). Interne Erfolgsattribuierung (Weiner & Potepan, 1970; Weiner & Kukla, 1970). Risikowahlen, Prüfungsergebnisse; jedoch nicht: Erfolgswahrscheinlichkeiten (jeweils jedoch nur für Internale) (Wolk & DuCette, 1973). Relativ höheres Ausmaß der Anstrengungsattribuierung durch Erfolgsmotivierte (Kukla, 1972a). Umkehrung des Zeigarnik-Effektes (Raffini & Rosemier, 1972). Attribuierungsvoreingenommenheiten, Leistungsmaße, Risikowahlen (letzteres nur für Erfolgsmotivierte) (Kukla, 1972a). Leistungsmaße (Kukla, 1974; Theoriebezug: Kukla, 1972b).

Tab. 1: Fortsetzung

Autor	Entwicklungsstrategie der Items	Reliabilität	Validität
Atkinson, 1969 SOAQ	Empirisch verrechnete Mehrfachwahl-Items. Itemselektion nach Leistungskriterien und Risikoverhalten (zit. nach Karabenick, 1972).		Keine Beziehung zu Erfolgs- und Mißerfolgsvalenzfunktionen (Karabenick, 1972).
Lynn, 1969	Es wird versucht, das McClelland'sche Konzept zu messen, jedoch sind Items kaum explizit darauf bezogen („Do you like getting drunk?"; Item 4). Itemselektion mittels Faktorenanalyse. Acht Items werden in der Skala zurückbehalten: „... a factor which had the appearance of achievement motivation" (S. 530).		Kennwertunterschiede zwischen verschiedenen Gruppen (Professoren, Unternehmer, Manager, See-Offiziere, Studenten). Kennwertunterschiede zwischen Studenten aus verschiedenen Entwicklungsländern und zwischen diesen und Studenten aus England. (Lynn, 1969; Melikian et al., 1971).

Tab. 1: Fortsetzung

Autor	Entwicklungsstrategie der Items	Reliabilität	Validität
Hermans, 1970; 1971 PMT	Theorienahe Items, die verschiedene Aspekte des Leistungsmotivs beschreiben: AN, Risikoverhalten, Aufwärtsmobilität, Ausdauer, Zeigarnik, Zeitperspektive, Partnerwahl, Zustimmungs- und Leistungsverhalten. Selektionsstrategie: Cluster-Analyse.	KR –20 = .82	Skala korreliert zu Null mit „debilitating-anxiety". Leistung (Pursuit Rotor) aber nur in leistungsbezogener Situation. Anzahl abgelegter Prüfungen, Noten; aber nur, wenn der Student in seinen Entscheidungen in den Kursen autonom ist (Hermans, 1970). Kinderform des PMT (Hermans, 1971): Verschiedene Aspekte der Selbständigkeitserziehung, eingeschätztes Leistungsverhalten im Klassenraum (Hermans et al., 1972).
Kreitler & Kreitler, 1970; 1972	Itemkonstruktion nach dem Bedeutungsgehalt von „Leistung": Anstrengung, Fähigkeit, Prestige, Glück. Die konstruierten Items sind nicht in Übereinstimmung mit der LM-Theorie. Als nicht leistungsbezogen wird z. B. verrechnet: „In each situation a person should consider, whether it is worthwile for him to make an effort, and not try too hard if there is no special reason" (1970, S. 11).	Halbierungszuverlässigkeit = .71 bis .82	Hochmotivierte erweisen sich in drei experimentellen Bedingungen (neutral, Erfolgs-, Mißerfolgsinduktionen) Niedrigmotivierten als leistungsüberlegen. Diese Beziehungen sind wohl konsistent mit den Meßintentionen, jedoch nicht ohne weiteres aus der LM-Theorie vorherzusagen.

Tab. 1: Fortsetzung

Autor	Entwicklungsstrategie der Items	Reliabilität	Validität
Kestenbaum & Weiner, 1970	Itemselektion nach folgenden Kriterien: Affekttypen (Hoffnung und Furcht), Aufsuchendes bzw. Meidendes Verhalten, Risikowahlen.		Erfolgsattribuierungen (Weiner & Kukla, 1970). Leistungsmaße (Kestenbaum & Weiner, 1970).
Videbeck (o.J.); Friis & Knox, 1972	Ableitung der Items aus folgender Motivdefinition: Ziele haben; sich bemühen, Ziele so schnell wie möglich zu erreichen; versuchen sein Bestes zu geben (S. 148).	KR –20 = .53	Positive Korrelationen zu verschiedenen Persönlichkeitsmerkmalen.
Smith, 1973	Theoretisch unfundierte, apriorische Itemselektion und ein empirisches Kriterium („I don't care what others do, I go my own way", Item 13).	Halbierungszuverlässigkeit = .56	Korrelation zum TAT (McClelland): .48 (N = 89). Unterschiede zwischen verschiedenen „Who is Who" – Personengruppen und zwischen diesen und Freiwilligen.

Tab. 1: Fortsetzung

Autor	Entwicklungsstrategie der Items	Reliabilität	Validität
Allmer, 1973 SLM	Entwicklung eines sportspezifischen Fragebogens. An Verhaltenskorrelaten orientierte Itemerstellung. Selektion aufgrund von Faktorenanalysen und Itemstatistiken. Es gibt 4 Faktoren: „Beharrliche Anstrengung", „Anspruchsniveau", „Ansprechbarkeit auf Leistungsreize" und „Erfolgsorientierung".	Halbierungszuverlässigkeit: = .44 bis .70 für die 4 Faktoren	Keine Beziehung zu Leistungsmaßen. Erfolgsmotivierte („Erfolgsorientierung") überschätzen ihre Erfolgswahrscheinlichkeiten. Verschiedene, jedoch nicht konsistente Beziehungen zueinander zu subjektiven und objektiven Stressindikatoren.

2) Falls nicht weiter vermerkt, betreffen die unter „Validität" aufgeführten Verhaltenskorrelate solche, die direkt aus der LM-Theorie vorhersagbar sind. Nicht eigens aufgeführt wird der TAT. Tabellarische Übersichten hierzu liefern K l i n g e r (1966, S. 292–297) und W e i n s t e i n (1969, S. 155), letzterer auch zu verschiedenen direkt arbeitenden Verfahren.

Aspekte der Validität — konvergente Validität

Eine weitere Möglichkeit, den theoretischen Standort eines Verfahrens zu bestimmen, besteht in der Korrelation mit Verfahren bekannten Gültigkeitsbereichs. Entsprechende Versuche sind auch in bezug auf die Erfassung des Leistungsmotivs vielfach unternommen worden.[3]

B e n d i g (1957) berichtet eine Korrelation von .11 zwischen dem TAT und dem EPPS, B e n d i g (1959) eine Korrelation von .144 bzw. .076, M e l i k i a n (1958) eine solche von .16, M a r l o w e (1959) eine Korrelation von —.05, ebenso wie A t k i n s o n & L i t w i n (1960). Weiterhin H i m e l s t e i n et al. (1958): .003, S h a w (1961): .12 bzw. —.03, und schließlich B i r n e y (zit. nach M c C l e l l a n d, 1958a): —.002. Nicht signifikante Korrelationen zwischen dem Kritzeltest von A r o n s o n (1958) und dem EPPS berichten auch F r e t z & S c h m i d t (1967). D e C h a r m s et al. (1955) berichten eine Korrelation von .23 zwischen dem von ihnen entwickelten Fragebogeninstrument und dem TAT. Nur geringfügige Interkorrelationen zwischen verschiedenen Verfahren zur Messung des Leistungsmotivs ergeben sich in einer Untersuchung von U h l i n g e r & S t e p h e n s (1960). Eine signifikante, jedoch negative Korrelation von —.14 zwischen ARPS und TAT berichtet W e i n s t e i n (1969), und R i c h a r d s o n & S o u c a r (1971) eine solche von —.01 zwischen dem FTI und der M e h r a b i a n-Skala. Nur geringfügige Korrelationen zwischen verschiedenen direkten und einem semi-projektiven Verfahren (IPIT) fanden M a y o & M a n n i n g (1961). R o d g e r s (1973) berichtet ebenfalls nur minimale Korrelationen zwischen verschiedenen direkt und indirekt erfaßten Motivationsvariablen.

Nicht signifikante Korrelationen zwischen dem TAT und dem PMT berichten auch H e r m a n s (1970), jedoch wird von M e h r a b i a n (1968), W e i n e r & K u k l a (1970) und W e i n e r et al. (1968) für männliche Vpn eine signifikante Korrelation (r = .29; .25; .30) des MARPS mit dem TAT-TAQ-Maß berichtet. S m i t h (1973) schließlich berichtet eine Korrelation von .48 zwischen einem von ihm entwickelten 10-Item-Schnell-Verfahren und dem TAT. A t k i n s o n & O'C o n n o r (1966, S. 302, S. 311) berichten, daß sie in vier verschiedenen Populationen ihre Vpn aufgrund des TAT-TAQ- und des ARPS-Kennwertes in gleicher Weise klassifizieren konnten. A t k i n s o n (1969, zit. nach K a r a b e n i c k, 1972) erhält eine positive substantielle

---

[3] In diese Aufstellung nicht mit einbezogen sind Untersuchungen, in denen Angstskalen eingesetzt wurden.

Korrelation zwischen einem neuerlich von ihm entwickelten, direkt arbeitenden Verfahren (SOAQ) und dem TAT-TAQ-Maß, und Argyle & Robinson (1962) berichten eine signifikante Korrelation von .22 zwischen dem von ihnen entwickelten Fragebogen und dem TAT.

Die umfangreichste Arbeit in diesem Bereich stammt wohl von Weinstein (1969). Der Autor berichtet eine mittlere Korrelation von .04 zwischen acht verschiedenen Motivmaßen. Die Interkorrelationen zwischen jeweils direkten bzw. indirekten Verfahren liegen in der gleichen Größenordnung (.08 bzw. .04). Danach darf man schließen, daß die meisten der gebräuchlichen Verfahren zur Messung des Leistungsmotivs keine konvergente Validität aufweisen. Eine Ausnahme hiervon scheint der Fragebogen von Mehrabian in bezug auf den TAT darzustellen.

Carney (1966) und Carney & Carney (1968) konnten zeigen, daß die Kennwerte eines Fragebogens in unterschiedlicher Höhe mit TAT-Kennwerten für das Leistungsmotiv korreliert waren, je nach der einbettenden Versuchssituation. Der Autor ist der Ansicht, daß direkte und indirekte Verfahren auf logischer Grundlage (auf der Grundlage ihrer Beziehungen zur Persönlichkeitstheorie) nicht zu diskriminieren sind, sondern lediglich auf formaler Ebene. Indirekte Verfahren bieten weniger „effektive" Reize (Carney, 1966, S. 677; Carney et al., 1966, S. 244), so daß die Vp „gezwungen" ist, in der Umgebung (Versuchssituation) nach Hinweisreizen zu suchen, die ihr eine strukturierte Antwort erlauben. Wir können uns hier der Interpretation der Resultate nicht anschließen und meinen, daß gerade indirekt arbeitende Verfahren durch die größere Fülle von Hinweisreizen ausgezeichnet sind. Im übrigen spricht die empirische Evidenz nicht für eine *generelle* Minderbewertung bildsituativer Kennwertvarianz gegenüber versuchssituativer. Hier ist mit komplexen Wechselwirkungseffekten zu rechnen (s. o.; vgl. Fisch, 1970).

Ein kurzer Blick auf jene Untersuchungen, die konvergente Validität innerhalb *einer* Methode zu bestimmen versucht haben, zeigt, daß die Datenlage nicht weniger uneinheitlich ist (Weinstein, 1969, S. 156), wenngleich es hier auch vereinzelt Untersuchungen gibt, die deutliche Übereinstimmungen berichten. So erhält etwa Aronson (1958) eine Korrelation von .51 zwischen dem TAT und dem Kritzeltest. Substantielle Korrelationen zwischen beiden Verfahren berichtet auch Halisch (1972). Mehrabian (1969) berichtet signifikante Korrelationen von .20 bis .62 zwischen der von ihm entwickelten

Skala und den entsprechenden Skalen aus den Inventaren von J a c k - s o n (1967) und B a s s (1967).

Die von C a m p b e l l & F i s k e (1959) vorgetragenen Überlegungen zur konvergenten und diskriminanten Validität von Meßinstrumenten bedeuten u. a., daß einer Persönlichkeitsvariablen erst dann eine gewisse Dignität zukommt, wenn sie sich über mehrere diagnostische Medien hinweg verfolgen läßt (vgl. auch W a l l a c e & S e c h r e s t, 1963; L e v y, 1963). Diesem Postulat kann bislang jedoch kaum eine Persönlichkeitsvariable genügen (G o l d b e r g, 1972), insbesondere auch nicht, wie oben gezeigt, das Leistungsmotiv. Nach unseren oben dargestellten Überlegungen bezüglich des Zusammenhangs theoretischer und operationaler Aussagen ist jedoch auch fraglich, ob es dies überhaupt tun sollte, denn dort wurde ja auf die Notwendigkeit sehr spezieller Zuordnungen aufmerksam gemacht. Auf den gleichen Sachverhalt weist im übrigen M a d d i (1968) hin:

„. . . to require, that attempts to measure the need for achievement in fantasy and in structured self-description agree before concluding that the need really exists would be directly contradictory of theoretical formulations of the nature of the need (S. 424; vgl. auch K r a u s e, 1972; F i s k e, 1973).

Aus der Sicht einer interaktionistischen Motivationstheorie, wie wir sie oben in kognitiven Termini für das Leistungsmotiv beschrieben haben, ist das Konzept der konvergenten Validität auch insofern unangemessen, als darin eine funktionale Äquivalenz von Kennwerten verlangt wird, wohingegen die Interaktionstheorie konzeptuelle Äquivalenz verlangt (S t e p h e n s & C r o w n e, 1965). Zwei Maße mögen durchaus unterschiedliche Kennwerte ergeben, aber dennoch die jeweils situations-spezifischen Konkretisierungen ein und desselben Persönlichkeitskonzepts darstellen. Ihre Kommunalität besteht in der Ausgerichtetheit auf gleiche Zielzustände. Die Methode der Wahl zur Abklärung der konzeptuellen Äquivalenz von mehreren Meßoperationen ist daher notwendigerweise die Konstruktvalidierung, nicht jedoch die Bestimmung der konvergenten Validität (vgl. auch J a c k s o n, 1971; J a c k s o n et al., 1972, S. 499; A l k e r, 1972, S. 8ff; W i n t e r, 1973, S. 45–46; E n d l e r, 1973, S. 288; M i s c h e l, 1973, S. 259).

Aspekte der Validität – faktorielle Validität

Ein weiterer Weg zur Überprüfung von Zusammenhängen wird mit Hilfe der Faktorenanalyse beschritten. B e n d i g (1959) fand, daß sich die vier von ihm untersuchten Variablen (Noten, Wortschatztest,

EPPS und TAT-n ach) am besten durch zwei Faktoren repräsentieren lassen, nämlich einen Verbalfaktor und einen Leistungsmotivfaktor. Auf letzterem laden die beiden Motivmaße substantiell (.41 bzw. .31). M i t c h e l l (1961) hat insgesamt 29 Motiv- und Leistungsmaße faktorisiert und fand, daß TAT-n ach die geringste Kommunalität aller Variablen aufweist und einen eigenen Faktor aufmacht, den der Autor als „Irrtumsfaktor" bezeichnet. Eine solche Interpretation erscheint uns jedoch so lange nicht gerechtfertigt zu sein, wie nicht das Verhältnis von Methoden- zur Inhaltsvarianz der einzelnen Verfahren aufgeklärt ist. Es wäre sehr gut denkbar, daß die übrigen Variablen (außer TAT-n ach) aufgrund gemeinsamer Methodenvarianz zusammenbündeln, zumal innerhalb einer Meßmethode Inhalts- und Methodenvarianz von ähnlicher Struktur sind (C a m p b e l l & O'C o n n e l l, 1968; J a c k s o n, 1969, 1971), was zwischen diesen Variablen zu einer artifiziellen Anhebung der Interkorrelationen und damit zu einem faktoriellen Zusammenschluß führen würde.

B ä u m l e r und Mitarbeiter (B ä u m l e r & W e i s s, 1967; B ä u m l e r & D v o r a k, 1969; B ä u m l e r & B r e i t e n b a c h, 1970) haben die Tendenzen der LM, HE und FM (H e c k h a u s e n, 1963b) zusammen mit einer Reihe von Intelligenz-, Leistungs- und Persönlichkeitsvariablen faktorisiert und fanden in der Regel eine 2-Faktoren-Struktur der LM. Der erste Faktor war unipolar und durch beide Tendenzen in gleicher Weise gekennzeichnet. Der zweite Faktor war bipolar und richtungsspezifisch. Beide Faktoren waren in mehreren Analysen noch durch weitere substantiell ladende Variablen aus den anderen Bereichen charakterisiert und belegen somit die faktorielle Validität des Verfahrens (C r o n b a c h & M e e h l, 1955; L i e n e r t, 1967, S. 262).

Insgesamt gesehen, ergeben also auch die faktorenanalytischen Untersuchungen ein uneinheitliches Bild. Im Anschluß an die bereits oben vorgebrachten einschränkenden Bemerkungen über die Aussagemöglichkeiten faktorenanalytischer Ergebnisse ergibt sich in der Verlängerung der bereits im vorauslaufenden Kapitel geäußerten Bedenken bei der Verwendung korrelationsstatistischer Methoden die Notwendigkeit des Nachweises, daß bei den nach Form und Inhalt spezifizierten Variablen, die in die Analyse eingehen, überhaupt faktorielle Zusammenschlüsse zu erwarten sind. Der allgemeine Hinweis, daß Leistungsvariablen etwas mit Leistungsmotivation zu tun haben müßten und von daher faktorielle Zusammenschlüsse zu erwarten seien, ist unzureichend.

*Ursachenerklärung für die ausbleibende Validität
direkt arbeitender Verfahren*

Für das wohl dem Regelfall entsprechende Ausbleiben von Beziehungen zwischen indirekten und direkten Verfahren und zwischen letzteren und kritischen Verhaltensmaßen werden insgesamt drei Ursachenfaktoren genannt:

1) Das Konstrukt „Leistungsmotiv" ist so komplex, daß unterschiedliche Instrumente verschiedene Aspekte, die nur locker miteinander in Verbindung stehen, messen.

2) Das „Funktionsniveau" direkter und indirekter Verfahren ist unterschiedlich; während indirekte Verfahren eher die latenten Verhaltensgrundlagen erfassen, tun dies die direkten Verfahren eher hinsichtlich manifester Verhaltensweisen.

3) Es werden durch direkte und indirekte Verfahren unterschiedliche Persönlichkeitskonstrukte erfaßt.

Dieser Katalog ließe sich durch folgende hypothetische Erklärungsmöglichkeiten erweitern bzw. in einigen Punkten präzisieren.

4) Die Situationsparameter sind in den direkten Verfahren auf einige wenige (z. B. Prüfungssituationen) reduziert. Da die Meßwerte situationsspezifische Varianz in sich tragen („Motivierungen"), kann dies dazu führen, daß es nur zu einem geringen Anteil überlappender Meßwertvarianz zwischen verschiedenen Verfahren, bzw. zwischen diesen und der Kriteriumsvarianz kommt.

5) Die in den verschiedenen direkten Instrumenten inhaltlich fixierten Items beziehen sich oft auf ein relativ kleines Erlebnisspektrum (bzw. verhaltensnahe Korrelate desselben), das nicht mit jenem identisch sein muß, daß die Vp mit in die Kriteriumssituation bringt (gleiche Motivbezogenheit der Erlebnisspektren unterstellt).

6) Der Konstruktcharakter, der in Fragebogen enthaltenen Items ist oftmals nicht belegt. Die Items sind nur durch allgemeine Plausibilitätsüberlegungen abgedeckt.

7) Die Punkte 4. und 5. weisen traditionelle direkte Verfahren als sowohl im Situations- wie im Erlebnisraum hoch spezifische Maße aus. Indirekte Verfahren betonen hingegen den Extensitätsaspekt stärker als jene.

Sind direkte Verfahren doch valider?
– Zwei „Gegenbeispiele"

Wir haben oben bereits darauf hingewiesen, daß indirekte Verfahren oftmals wegen ihrer wenig befriedigenden psychometrischen Eigenschaften angegriffen wurden. In letzter Zeit geschieht dies auch im Hinblick auf deren Validität. K l i n g e r (1966) versucht, anhand sorgfältiger Literaturüberblicke zu belegen, daß dem TAT-n ach überhaupt kein allgemein anerkannter Gültigkeitsbereich zukommt, und M i s c h e l (1971) dehnt diese Kritik auf das indirekte Meßkonzept generell aus: Danach sind direkte Verfahren die ökonomischeren und valideren, gleichgültig, mit welcher „Tiefe" die gemessene Persönlichkeitsvariable ausgestattet ist (vgl. auch S c o t t & J o h n s o n, 1972a, b).

Im Bereich der LM sind es insbesondere zwei Arbeiten, die oftmals als Beleg für die angebliche Überlegenheit einfacher und direkter Messung herangezogen werden (z. B. von M i s c h e l 1968, 1971, 1972): S h e r w o o d (1966) erhob von 67 Vpn TAT-Daten der LM. Nach einer etwa zweiwöchigen Beschäftigung mit theoretischen Fragen der LM und entsprechenden Diskussionen zur Selbsterfahrung füllten die Vpn einen Fragebogen aus, in dem die Häufigkeit von Wetteiferversuchen, Strebungsbemühungen und Langfristigkeit von Zielsetzungen thematisiert waren. Als Kriteriumsmaße dienten Leistungsmaße bei einer Anagramm- und einer arithmetischen Aufgabe. Es zeigte sich, daß direkte und indirekte Maße miteinander korreliert sind (.35, bzw. .42, $p < .01$) und gleichermaßen gut die Kriterien vorhersagen können. Diese Resultate waren replizierbar, auch dann, wenn die konzeptbezogene Trainingsphase (die nicht das TAT-Schlüsselsystem einbezog) auf ca. 20 Minuten verkürzt wurde. Es zeigt sich hier, daß dann, wenn die zu messenden Konzepte elaboriert werden und den Vpn Möglichkeiten an die Hand gegeben werden, diese aus dem eigenen Verhalten zu extrapolieren, ein Maß gewonnen werden kann, das hinlänglich gemeinsame Varianz mit dem TAT aufweist und hinsichtlich eines Leistungskriteriums auch gleiche Gültigkeit besitzt wie dieser. Ob dieses Maß jedoch als *Motiv*maß zu interpretieren ist, müßte in weiteren Konstruktvalidierungsversuchen abgeklärt werden. Im übrigen scheint aufgrund der notwendigen Trainingsphase diese Vorgehensweise zumindest kein *ökonomischer* Ersatz für den TAT zu sein. Leider befindet man sich hinsichtlich weitergehender Interpretationen auf unsicherem Boden, da eine bedingungsanalytische Abklärung der Effekte der Trainingsphase aussteht.

Höhere „Belegkraft" wird jedoch noch der Arbeit von H o l m e s & T y l e r (1968) zugemessen (M i s c h e l, 1971; 1972, S. 321). H o l m e s & T y l e r sind davon ausgegangen, daß auch der TAT bewußtseinsfähige (conscious) Inhalte mißt und daß dann diese Inhalte – wie hier das Leistungsmotiv – auch auf direktem Wege gemessen werden könnten. Die Autoren haben deshalb ihren Vpn zunächst das Konzept der LM klarzumachen versucht:

„... It should be pointed out, that the goal which the person is striving to achieve need not necessarily be a commonly shared goal such as high academic grades or financial success. Rather, the need to achieve can be seen in the degree to which an individual is consistently concerned with or striving for the attainment of a goal which he or she has set for him or herself..." (S. 714).

Daraufhin haben sie jede Vp sich selbst in Relation zu zehn guten Freunden auf dieser Dimension einstufen lassen. Der Kennwert jeder Vp ergab sich aus der Anzahl der Freunde, die mit weniger Leistungsmotivation ausgestattet, bewertet wurden. Dieses Maß erwies sich bei .33 ($p < .005$) mit molaren Leistungsmaßen (Noten) korreliert, jedoch nicht mit spezifischen Leistungsmaßen (Rechnen, ZST). Der TAT wies zu keinem der Kriteriumsmaße Beziehungen auf. Die Autoren schließen aus diesen Ergebnissen, daß es den Vpn möglich war, über ihr Leistungsmotiv Auskunft zu geben („to report their levels of n ach"), daß jedoch jenes Verhalten, das zur Varianz der Notenwerte führt, eher zur Bewertung des Motivationskennwertes herangezogen wird, als dasjenige, das zur Varianz kurzfristig aktualisierter Leistung führt (S. 716).

Diese Schlußfolgerung erscheint uns aus mehreren Gründen fragwürdig: Die Autoren gehen – unbewiesenerweise – davon aus, daß die aufgeklärte Varianz Leistungsmotivationsvarianz darstellt. Die herangezogenen Kriteriumsmaße sind jedoch multifaktoriell determiniert und viele dieser Faktoren können auch in das Schätzverhalten der Vpn eingegangen sein. Möglich wäre auch, daß sich die Vpn schon bei der Einschätzung der „LM" von den erreichten Noten ihrer Freunde haben leiten lassen, was ja in gewisser Weise durch die Instruktion nahegelegt wird (s. o.). Danach wäre die Prädiktorvarianz bereits mit Kriteriumsvarianz konfundiert. Ein gewisser Hinweis darauf liegt vielleicht darin, daß das Verfahren versagt, wenn es um die Vorhersage der Leistung bei Laboraufgaben geht.

M c C l e l l a n d (1972) hat noch einen weiteren kritischen Aspekt erwähnt. Danach soll es zu gewissen Übereinstimmungen bei Bewertungsprozessen allein durch gemeinsame semantische Strukturen im Prädiktor und Kriterium kommen:

„Correlations allegedly demonstrating validity by checking one judgement against another, may in fact simply reflect semantic similarity in the traits judged" (S. 325).

Auch hierfür spräche das Versagen des Instruments bei der Vorhersage von objektiven Leistungsmaßen.

M a y o & M a n n i n g (1961) haben im übrigen bereits vor einiger Zeit eine vergleichbare Untersuchung durchgeführt (allerdings ohne vorgeschaltete Trainingsphase) und fanden, daß das direkte Maß (self ratings) keinerlei Leistungskriterien vorhersagen konnte.

Zusammenfassend ist zu diesen Untersuchungen festzustellen, daß sie weder haben belegen können, daß direkte Verfahren ökonomischer arbeiten als indirekte, noch haben sie eine Überlegenheit des Validitätsnachweises bei den direkten Verfahren aufzeigen können. Ein Verfahren, das vor der Anwendung der Konstruktelaboration bedarf, bzw. nur dann anzuwenden ist, wenn viele Vpn auf der zu messenden Dimension Beobachtungsgelegenheiten haben, arbeitet kaum ökonomischer als der TAT. Was den Gültigkeitsbereich beider Methoden angeht, so wäre hier zu fordern, daß bei den direkt arbeitenden Verfahren der gleiche Gültigkeitsbereich abgedeckt wird wie beim TAT. Korrelationen zu Leistungsmaßen belegen nicht den motivationalen Charakter des gemessenen Konstrukts (s. o.).

Schwerwiegend sind auch die methodischen Mängel dieser Arbeiten. Hierzu gehört, daß nicht abgeklärt wird, welche systematischen Effekte von der Trainingsphase bzw. der spezifischen Form der Instruktion ausgehen, ferner der Vorwurf der Konfundierung von Prädiktor- und Kriteriumsvarianz in der Arbeit von H o l m e s & T y l e r.

H o l m e s (1971) hat in einer Nachfolgeuntersuchung versucht, diesen zuletzt genannten Vorwurf zu entkräften und hat bei sonst gleichbleibender Technik eine Stichprobe von Studienanfängern herangezogen, die sich untereinander erst seit kurzer Zeit kannten und gegenseitig keine Noteninformation hatten. Wiederum ließen sich die zukünftig erbrachten Noten mit diesem Verfahren vorhersagen. Auch dieses Vorgehen ist jedoch nicht gegen den oben erhobenen Vorwurf abgesichert: Falls es für die Stichprobe eine gemeinsame Erfahrungsbasis gibt, ist sehr wahrscheinlich, daß diese auch — im Gegensatz zu den Vermutungen des Autors — zensurenbezogen ist. Gibt es keine gemeinsame Erfahrungsbasis für die Stichprobenmitglieder, so kann man annehmen, daß jeder einzelne seine relative, auf Zensuren bezogene Stellung in *vergleichbaren* Stichproben kennt, was ihm auch, ohne andere zu kennen, die relative Güte eigener noch zu erbringender Leistungen vorherzusagen erlaubt. In beiden Fällen kann man kaum davon ausgehen, daß das Verfahren das Leistungsmotiv erfaßt. Schlüssige Belege sind einzig bei der Verwendung anderer Verhaltenskriterien zu erwarten (vgl. McClelland, 1972). In einer Untersuchung, in der solche Informationen (das Behalten erledigter und unerledigter Aufgaben) vorliegen, verzichten die Autoren auf deren Mitteilung (Tudor & Holmes, 1973).

5. Kapitel

ZUSAMMENFASSUNG

Naivwissenschaftliche und psychologische Persönlichkeitstheorien teilen einige gemeinsame Betätigungsfelder. Hierzu gehören die Bereitstellung von Beschreibungsdimensionen, auf denen sich Individuen unterscheiden lassen und die Verhaltensvorhersage aufgrund der Kenntnis der Stellung eines Individuums auf diesen Beschreibungsdimensionen (Eigenschaften). In einigen psychologischen Persönlichkeitstheorien geht die Verwandtschaft zu naivpsychologischen Theorien noch weiter, insofern, als in Übereinstimmung mit diesen, Eigenschaften im Sinne realer Entitäten mit universellem Gültigkeitsanspruch konzipiert werden. Auf diesem Boden steht auch die Mehrzahl der Meßinstrumente, die zur Messung der Eigenschaften eingesetzt werden.

Wir haben dem ein kognitives Modell der Leistungsmotivation gegenübergestellt und vom Ausgangspunkt dreier Basalpostulate, denen psychologische Meßverfahren zur Bestimmung von Personeigenschaften genügen sollten, verschiedene Typen von LM-Theorien daraufhin überprüft, inwieweit sie diesen Postulaten bei der Messung der Personvariablen genügen können. Diese Basalpostulate waren:

1) Adäquate Umsetzung des durch Konstruktelaboration gewonnenen Bedeutungsgehalts des Konstrukts — bzw. auch seiner nomologischen Verflechtungen — in die inhaltlichen Aspekte des Meßverfahrens.

2) Herleitung des für das gegebene Konstrukt adäquaten und im Verfahren zu realisierenden Meßniveaus aus den in der Theorie gegebenen Beschreibungsdimensionen und den zentralen Funktionseigenschaften, bzw. aus dem nomologischen Netzwerk, das diese verbindet.

3) Verfahrensmäßige Repräsentation von einschlägigen Situationsparametern, wie sie sich aus ihrer Stellung in einem Interaktionsmodell ergeben.

Die verschiedenen Ansätze einer Theorie der Leistungsmotivation genügen nun diesen Postulaten in unterschiedlichen Maßen. Hierbei gelingt eine solche Ableitung mit befriedigender Stringenz lediglich für das indirekt arbeitende TAT-Verfahren. Entsprechende Versuche für direkte Verfahren — insbesondere jene für die Messung des Mißerfolgsmotivs — bleiben unbefriedigend.

Bezogen auf *inhaltliche* Aspekte des Verfahrens war festzustellen, daß diese im hohen Maße dem entsprechen, was die Theorie unter dem entsprechenden Konzept versteht. Diese präzisen Entsprechungsverhältnisse schienen uns jedoch unter dem Aspekt des Einbezugs neuer kognitiver Komponenten in das Motivkonzept gelockert zu sein.

Kompliziertere Verhältnisse liegen bei dem Herleitungsversuch *formaler* Eigenschaften der Meßoperationen aus der Theorie vor. Indirekte — „projektive" — Verfahren werden in aller Regel dann für adäquat gehalten, wenn das zu messende Merkmal mit einer „Tiefendimension" ausgestattet ist. Dies ist im Falle des Leistungsmotivs niemals angenommen worden, was sich unter anderem auch aus dem direkten leistungsthematischen Bezug der Inhaltskategorien und dem zugrunde liegenden additiv-kumulativen Meßmodell ergibt. Stattdessen wird zur Begründung recht allgemein auf die heuristisch fruchtbare Vorgehensweise der Ermittlung von Motivstrukturen über Fantasieinhalte oder auf die Verunmöglichung der direkten Einsichtnahme in die eigenen Motivstrukturen, bzw. deren unvoreingenommener Mitteilung hingewiesen. Wiederum haben hier neuere Einsichten in das Motivkonzept — hier verstanden als ein mit individuellen Voreingenommenheiten ausgestatteter Satz kognitiver Komponenten — solche Annahmen als fragwürdig und möglicherweise überflüssig erscheinen lassen.

Die auf einem notwendig indirekten Zugang zu dem Leistungsmotiv aufbauenden Annahmen erhielten jedoch starke empirische Stützung dadurch, daß nahezu sämtliche theorietragenden Untersuchungen mit dem TAT durchgeführt wurden, wohingegen kaum eines der direkt arbeitenden Instrumente bislang den gleichen Gültigkeitsbereich abdecken konnte wie der TAT. Die hieraus abgeleitete Schlußfolgerung, allein indirekte Verfahren vermöchten das Leistungsmotiv zu erfassen, erscheint jedoch nicht gerechtfertigt, da die übrigen direkten Verfahren nicht nur nicht projektiv arbeiten, sondern oftmals auch kaum den Versuch einer exakten Operationalisierung der zu messenden Motivkomponenten unternehmen. Darüber hinaus gehen die direkten Verfahren in äußerst argloser und atheoretischer Weise mit den angebotenen Situationsparametern um. Entweder bieten sie nur eine einzige Situation an, oder aber sie verzichten völlig auf deren konkrete Repräsentanz und erfragen lediglich allgemeine Häufigkeitsstellungnahmen. Damit wird das Konstrukt „Leistungsmotiv" unangemessenerweise aus dem Rahmen von Interaktionsmodellen in den Bereich von Eigenschaftsmodellen gerückt. In einem kognitiven Interaktionsmodell der Motivation werden jedoch *Situationsparameter* gerade auch bei der

Messung von Personvariablen wichtig. In dem Umfange, in dem sich in der LM-Theorie neben der Aufgabenschwierigkeit weitere situationale Determinanten von Leistungsverhalten herauskristallisiert haben, muß diesen Variablen auch bei der Messung des Leistungsmotivs Rechnung getragen werden. Dies gilt auch und insbesondere im Hinblick auf die notwendige Trennung von Intensitäts- und Extensitätsaspekten des Motivkonzepts.

Ausgehend von einigen dieser Überlegungen und auch von der oftmals bemängelten Tatsache teilweise unbefriedigender operationalisierbarer psychometrischer Güteeigenschaften, scheint durchaus ein Bedürfnis nach einem neuen Verfahren zur Messung des Leistungsmotivs zu bestehen (Atkinson & O'Connor, 1966, S. 300; Atkinson & Feather, 1966, S. 351; de Charms, 1968, S. 228).

Zur Rechtfertigung des bei der Test-Neuentwicklung betriebenen Aufwandes sollte die begründete Erwartung bestehen, daß sich das zu entwickelnde Verfahren bereits eingeführten Verfahren gegenüber als überlegen erweisen wird (Cronbach & Gleser, 1965). Solche Erwartungen erscheinen realistisch, wenn die Entwicklungsstrategie für das Verfahren dem oben formulierten Postulat der Herleitung inhaltlicher und formaler Aspekte von Meßoperationen aus der Theorie genügt, wenn hierbei der aktuelle Entwicklungsstand der Theorie Berücksichtigung findet und wenn es schließlich gelingt, die psychometrischen Qualitäten des Verfahrens auf befriedigendem Niveau zu halten. Letztes scheint uns auch insbesondere unter dem Aspekt einer differenzierter werdenden Theorie notwendig, die ja aus sich heraus bereits eine höhere Präzision bei der Messung verlangt.

DAS LM-GITTER IN DER FORM FÜR KINDER

6. Kapitel

ALLGEMEINES ZUM VERFAHREN

Unseren obigen Ausführungen entsprechend kann das zu entwickelnde Verfahren nur ein direkt arbeitendes Verfahren mit anvisiertem TAT-äquivalenten Gültigkeitsanspruch sein. Dieses Ziel schien uns nur über einen methodischen Neuzugang zu erreichen zu sein, in dem die Vpn Gelegenheit finden, hoch-individuelle Person-Umwelt-Beziehungen austhematisieren zu können und nicht, wie bei herkömmlichen Fragebogen, eine Abstufung von Zustimmungsgraden zu gewissen situationsspezifischen Aussagen vornehmen zu müssen.

Wir haben deshalb ein Verfahren entwickelt, das aus zwei Grundparametern besteht: einer Reihe von *Situationen*, in denen möglicherweise „Leistung" eine Rolle spielen könnte und einer Reihe unterschiedlicher *Aussagen*, die verschiedene Komponenten des Leistungsmotivs beschreiben und Konstruktcharakter für dieses besitzen. Die Vpn sollen angeben, welche der Aussagen für sie in der speziellen Situation zutreffen. Die Anzahl der Ankreuzungen ist weder nach oben noch nach unten hin begrenzt. Auf diese Weise wird das Spektrum möglicher Reaktionen in unterschiedlichen Kontexten erweitert, so daß sich ein großer Spielraum ergibt, in dem sich individuell verbindliche Person-Umwelt-Verknüpfungen darstellen können.

McClelland hat, wie bereits dargestellt, stets den Unterschied zwischen direkten und indirekten Verfahren im Hinblick auf respondentes und operantes Verhalten auf Seiten der Vpn herausgehoben. Danach wären indirekte Verfahren deshalb überlegen, weil sie — unter dem Aspekt der Parallelisierung des Verhaltens in der Meß- und der konkreten Verhaltenssituation — auf der Ebene operanten Verhaltens arbeiten. Geht man nun von der Annahme einer Änderungsreihe von respondentem zu operantem Verhalten aus, so besteht bei dem hier vorgestellten Verfahrenstyp die Hoffnung, operanten Verhaltensanteilen eher Manifestationsgelegenheiten gegeben zu haben, als es sonst bei direkt arbeitenden Verfahren üblich ist. Danach können Vpn unterschiedliche Situationen in höchst unterschiedlicher Weise strukturieren, und dennoch Gemeinsamkeiten in der Zielausrichtung ihres Verhaltens aufweisen. Dies entspricht einer Konzeption, wie wir sie oben in kognitiven Interaktionsmodellen dargestellt haben.

Ein solches Verfahren wird unseres Wissens zum ersten Mal zur Motiverfassung herangezogen, wenngleich es einige ältere methodische Verwandte gibt. Diese sind das Repertory Grid Kelly's (1955), das semantische Differential (Osgood et al., 1957), sowie das S-R Ängstlichkeitsinventar (Endler, Hunt & Rosenstein, 1962; Endler & Hunt, 1966, 1969) bzw. das S-R Inventar für Feindseligkeit (Endler & Hunt, 1968).

Die Situationen

Wie wir oben gezeigt haben, spielen Situationen in unserem Ansatz eine wichtige Rolle. Meß- und Verhaltensinferenzen in einem Interaktionsmodell der Motivation, die Bestimmung von Motiv-Intensitäten und -Extensitäten und schließlich die methodische Notwendigkeit, Möglichkeiten zur individuellen Ausgestaltung diverser Person-Umwelt-Beziehungen zu schaffen, verlangen analog zum System personeigener Konstrukte ein System der äußeren Verhaltensbedingungen (Jäger, 1966, S. 107; Spitznagel, 1968). Gerade dieser Aspekt erscheint jedoch bislang in der Psychologie kaum gewürdigt worden zu sein:

„In our haste thus far there are few things that we have neglected to bring with us. In particular, there has been a rather serious neglect of situational veriables" (Abelson, 1962, S. 241; vgl. Miller, 1963, S. 700; Sells, 1963a, b; Wolf, 1964; Spitznagel, 1968; Magnusson, 1971, S. 851; Frederiksen, 1972; Fiske, 1974).

Dieser Aspekt tritt jedoch zunehmend als notwendige Forderung an die empirische Forschung in den Vordergrund:

„In so much as it is shown that behavior varies greatly with variations in the situational conditions, the problem of sampling observational situations will be important for the possibility of generalizing in respect to the presence of personality traits and in respect to prediction of behavior" (Magnusson, Gerzen & Nyman, 1968, S. 296—297).

Es gibt auch bereits einige Systematisierungsversuche, die folgenden drei Ansätzen zuzuordnen sind:

1. Eine systematisch-deduktive Ableitung von Situationsparametern, die zu Veränderungen im Systemgeschehen (Motivierungsgeschehen)

führen. Innerhalb der Leistungsmotivationstheorie hat diese Rolle weithin der Parameter objektive Aufgabenschwierigkeit übernommen. Auf Erweiterungsversuche sind wir oben ausführlich eingegangen.

2. Eine zweite Möglichkeit besteht darin, sich der Dimensionalität von Situations*perzepten* zuzuwenden, und Situationsbeschreibungen mit Bündeln von subjektiven Bedeutungsdimensionen vorzunehmen. Magnusson (1971) hat solche Strukturen für einzelne Individuen bzw. homogene Gruppen eruieren können und verweist auf die Bedeutung solch unterschiedlicher kognitiver Strukturierungen für die Verhaltensdeterminierung:

„... to relate changes in individual behavior from situation to situation to information about how the individual himself perceives those situations" (S. 864; vgl. Heckhausen, 1973; Mischel, 1969, 1973).

Nystedt (1972a, b) hat auf dem Brunswik'schen Linsenmodell (1956) aufbauend, ein Interaktionskonzept ökologischer (objektiv-situationaler) und perzeptiv-kognitiver Systeme vorgelegt und den Akt der Bedeutungsverleihung durch mathematisch faßbare Korrespondenzregeln zu beschreiben versucht.

Moos und seine Mitarbeiter (zusammenfassend: Insel & Moos, 1974) haben sich darum bemüht, die psycho-sozialen „Eigenschaften" bestimmter typischer Umwelten (psychiatrische Stationen, militärisches Trainingslager, Studenten-Wohnheim, Arbeitsplatz etc.) auf bestimmten Dimensionen (climate scales) zu beschreiben und zu messen.

3. Eine letzte Möglichkeit besteht darin, dieser systematischen Deduktion relevanter Situationsparameter bzw. der Abbildung von Situationen in subjektiv verbindlichen Kognitionsräumen quasi „von außen her" entgegenzukommen und einen Katalog von Situationen zu erstellen, in dem die Situationen durch die in ihnen notwendig werdenden Verhaltensweisen (behavior requirements, Hackmann, 1969) gekennzeichnet sind (vgl. Frederiksen, 1972, S. 120–123).

Da uns kein verbindliches System von einzelnen Situationsparametern mit leistungsmotivationaler Relevanz bekannt ist, aus dem sich durch entsprechende Kombination von Parametern auf „synthetischem" Wege ein Katalog von Leistungssituationen mit Repräsentativitätscharakter gewinnen ließe, haben wir den unter 3. beschriebenen Weg beschritten und haben uns bemüht, einen Katalog von Situationen zu erstellen, in denen die unterschiedlichsten Arten von Leistungsaktivitäten notwendig werden.

Wir befragten hierzu insgesamt 3 Volksschulklassen des 3. und 4. Grundschuljahres (N = 88) dahingehend, was sie besonders gerne tun, wobei sie sich besonders anstrengen, was sie überhaupt nicht gerne tun etc.. Es ergaben sich insgesamt 40 Situations- bzw. Tätigkeitsbeschreibungen (etwa: Schularbeiten machen, Fahrrad fahren, im Haushalt helfen etc.). Wir wählten davon 18 Situationen für das GITTER aus; und zwar nach folgenden Kriterien:

Sie sollten für möglichst viele Kinder eine bekannte und auch bedeutungsvolle Situation darstellen; sie sollten ein hinreichend großes Spektrum von Person-Umwelt Bezügen thematisieren, und sie sollten schließlich nicht geschlechtsspezifisch sein.[1] Die 18 Einzelsituationen wurden zu insgesamt 6 Situationsbereichen (zu jeweils 3 Einzelsituationen) zusammengefaßt. Diese apriorisch zusammengefaßten Situationsbereiche gliedern sich wie folgt:

A) Manuelle Tätigkeit (MANUELL) (lfd. Nr.: 1, 7, 18)
B) Musikalische Tätigkeiten (MUSIK) (lfd. Nr.: 2, 5, 13)
C) Schulische Tätigkeiten (SCHULE) (lfd. Nr.: 3, 11, 16)
D) Selbständigkeit und Selbstbehauptung (SELBST) (lfd. Nr.: 6, 8, 10)
E) Hilfe-gewährende Tätigkeiten (HELFEN) (lfd. Nr.: 4, 9, 15)
F) Sportliche Tätigkeiten (SPORT) (lfd. Nr.: 12, 14, 17)

Wir haben diesen Katalog von Situationen noch zusätzlich anhand des Kriteriums differenziert, inwieweit die in den Situationen notwendig werdenden Tätigkeiten Bezug nehmen auf sozial-normativ oder individuell-autonom verankerte Gütemaßstäbe. Übereinstimmend berichten etwa K a g a n & M o s s (1962), V e r o f f (1965, 1969) und auch S m i t h (1969), daß Situationen des ersten Typs vor allem solche sind, die etwas mit Schule und Sport zu tun haben. Wir haben hier zunächst einmal für eine recht grobe Klassifikation diese globalen Kriterien angelegt, wiewohl man damit rechnen muß, daß hier feinere Unterscheidungen möglich (und notwendig) werden. So unterscheidet etwa W i n t e r (1973) bei sportlichen Tätigkeiten noch nach Wettkampfsituationen vom Typ „man vs. man" (sozialbezogene Standards) und vom Typ „man vs. clock" (autonome Standards). Nach diesen bereits vorliegenden Hinweisen und zusätzlichen Plausibilitätsüberlegungen haben wir die folgenden beiden Situationskomplexe gebildet:

---

[1] Dieses letzte Kriterium verfehlen die beiden Situationen 9 und 10. Situation 9 wird fast ausschließlich von Mädchen, Situation 10 fast ausschließlich von Jungen genannt. Wegen der hohen absoluten Anzahl von Nennungen haben wir diese beiden Situationen dennoch aufgenommen.

1) Situationen mit involvierten sozialen Bezugsnormen (soz): Bereiche C (SCHULE) (3, 11, 16) und E (HELFEN) (4, 9, 15), sowie aus dem Bereich F (SPORT) die Situationen 12 und 14 und aus Bereich D (SELBST) die Situation 10.

2) Situationen mit involvierten autonomen Bezugsnormen (aut): Bereiche A (MANUELL) (1, 7, 18) und B (MUSIK) (2, 5, 13), sowie aus dem Bereich D (SELBST) die Situationen 6 und 8 und Situation 17 aus Bereich F (SPORT).

Die 18 Situationen wurden grafisch dargestellt und in zufälliger Reihenfolge im Test verteilt (S c h m a l t, 1976).

Ein Überblick über diese Situationen zeigt, daß es bei diesem Angebot einige kritische Punkte gibt:

1. Als erstes stellt sich die Frage nach der Repräsentativität der angebotenen Situationen. Hiervon hängt ganz wesentlich der Wert eines Maßes für die Motivextensität ab; es kann nur valide sein, wenn alle untersuchten Vpn Gelegenheit gehabt haben, jene für sie mit leistungsthematischen Anregungen verbundenen Situationen in einem vorgegebenen Situationsraum aufzufinden. Es wird daraus schon deutlich, daß die Verwirklichung einer solchen Zielvorstellung nur approximativ gelingen kann, da die Annahme der Repräsentativität in jedem individuellen Fall überprüft werden müßte. Auf relativ sicherem Boden darf man sich jedoch fühlen, wenn man Repräsentativität zumindest für jenen Vp-Typ unterstellt, der auch den ursprünglichen Situationskatalog geliefert hat.

2. Neben der unter 1. angesprochenen „Repräsentativität nach außen" erscheint auch die „Repräsentativität nach innen" einige Probleme aufzuwerfen. Während unter 1. die kritische Frage gestellt wird, ob alle Areale eines gegebenen Lebensraums repräsentiert sind, wird hier gefragt, ob sich diese Repräsentativität über alle Areale gleichverteilt oder ob einige Areale unter- oder überrepräsentiert sind.

3. Kritisch dürften auch die auf apriorischem Wege vorgenommenen Einteilungs- und Zusammenstellungsversuche der Situation sein. Einige der Situationen sind hinsichtlich der in den Einteilungskriterien für die 6 Situationsbereiche enthaltenen impliziten Dimensionen mehrdimensional und vielleicht mehrfach klassifizierbar.

4. Es gibt in dem Angebot Situationen mit unterschiedlichen allgemeinen Vertrautheitsgraden, denen sich möglicherweise individualtypische Vertrautheitsgefälle überlagern.

Diese allgemeinen Problembereiche, die im übrigen nur einen detaillierten Problemkanon beschreiben, mit dem man generell bei der Entwicklung eines Extensitätsmaßes für das Leistungsmotiv rechnen muß (H e c k h a u s e n, 1968, S. 113), müssen z. T. zunächst per Annahme eines geringen oder doch zumindest unsystematischen Störeffekts überbrückt werden; z. T. erwarten sie empirische Überprüfungen.

Spezielle Probleme werden schließlich durch die grafische Darstellung der Situation aufgeworfen. Diese Probleme beziehen sich vor allem wohl auf die folgenden drei Bildparameter (vgl. B i r n e y, 1958; M u r s t e i n, 1963, S. 167ff; H ö r m a n n, 1964b, S. 84ff):

1) Struktur: Physikalische Eigenschaften der Reizvorlage in bezug auf folgende Fragen:
   a) Wer ist Träger der Handlung? b) Was wird getan?
2) Ambiguität: Interpretative Eigenschaften der Reizvorlage. Wieviel Thematiken erscheinen?
3) Thematischer Anregungsgehalt: Wie stark ist der Anregungsgehalt in bezug auf eine bestimmte Thematik?

Als Träger der Handlung sind in den Bildern Kinder ausgewiesen. Es ist versucht worden, diese hinsichtlich ihrer Geschlechtszugehörigkeit indifferent zu halten. Bezogen auf das TAT-Verfahren war man zunächst davon ausgegangen, daß Ähnlichkeit zwischen der Erzählerpersönlichkeit und den dargestellten Personen die diagnostische Bedeutsamkeit des thematischen Materials erhöhe (M u r r a y, 1943), eine Vermutung, die sich experimentell nicht hat bestätigen lassen (M u r s t e i n, 1963, S. 206–209). Wir hatten die Vermutung, daß dieses Bemühen um geschlechtstypische Indifferenz der dargestellten Personen dann ein ökonomisches Vorgehen sein könnte, wenn es komplexe Interaktionen zwischen der Erzählerpersönlichkeit und dem Geschlecht der dargestellten Personen geben sollte (etwa: V e r o f f, W i l c o x & A t k i n s o n, 1953), da man dann mit einem einzigen Bildersatz für beide Geschlechter auskommen kann. S a d e r & S p e c h t (1967) scheinen geschlechtsspezifische Bildersätze empfehlen zu wollen und begründen dieses mit geschlechtstypischen, bereichsspezifischen Situationsvalenzierungen (etwa: K a g a n & H e n k e r, 1966, S. 28; K a g a n & M o s s, 1962, S. 120–121, für Schul- bzw. Sportsituationen). Aufgrund eines Vergleichs einer Jungen-Bilderreihe (M e y e r et al., 1965) und einer Mädchen-Bilderreihe (W e i n g a r t e n, 1967) kann S a d e r (1967) jedoch keinen Grund sehen, die Jungen-Bilderreihe zur Erhebung der LM bei Mädchen grundsätzlich abzulehnen (S. 547; vgl. M u r s t e i n, 1963, S. 208:

„To women the prototype of achievement in our society the male, is much more important in stimulating themes of fantasy achievement than is the presence of a figure of the same sex as the perceiver".).

Danach sieht es so aus, als würde die geschlechtlich indifferente Darstellung der Personen einige der Probleme umgehen können und darüberhinaus auch aus verfahrensökonomischen Gründen empfehlenswert sein.

Den Gesichtsausdruck der dargestellten Personen haben wir ebenfalls indifferent gelassen („leere" Gesichter), um hierdurch nicht bestimmte Motivierungsrichtungen zu präjudizieren.

Im Hinblick auf das „Was?" der Handlung sind die Bildsituationen deutlich strukturiert.

Den in den Punkten 2 und 3 beschriebenen Stimulus Eigenschaften wenden wir uns später zu.

Die leistungsthematischen Aussagen

Von weiterreichender Tragweite für das Verfahren ist die Güte jenes Satzes von Aussagen, mit denen das Leistungsmotiv erfaßt werden soll. Wir beabsichtigten dabei, dem Vorgehen Heckhausens (1963b) zu folgen und für die beiden Tendenzen des Leistungsmotivs „Hoffnung auf Erfolg" (HE) und „Furcht vor Mißerfolg" (FM) getrennte Skalen zu entwickeln. Wir wollten in diesen Aussagen die kognitiven Korrelate einiger empirisch belegter „typischer" Verhaltens- und Erlebnisweisen Erfolgs- und Mißerfolgsmotivierter darstellen. Wir gehen davon aus, daß den hier einbezogenen Aussagen der Status motivationstheoretischer Konstrukte zukommt. Der Konstruktcharakter der Aussagen ist durch oftmals abgesicherte Befunde und auch durch die validierten Kategorien des TAT-Inhaltsschlüssels (Heckhausen, 1963b, S. 287ff) belegt. Sie lassen sich im übrigen auch als „Schaltstellen" in einem Algorithmus für die Verrechnung leistungsbezogener Fantasieinhalte aufweisen (Smith, 1970, S. 122).

Eine solche Strategie, bei der Entwicklung von Item-Inhalten theorie- und empiriegeleitet vorzugehen, ist in letzter Zeit, insbesondere von Fiske (1963), Hase & Goldberg (1967) und Jackson (1970, 1971) gefordert worden. Zuerst ist auf die Notwendigkeit einer solchen Verfahrensweise wohl im Zusammenhang mit Angstskalen von

Loevinger (1957), Jessor & Hammond (1957) und Endler et al. (1962) hingewiesen worden. In neuerer Zeit haben Mehrabian (1968, 1969) und auch Hermans (1970) eine solche Vorgehensweise bei der Konstruktion von Fragebogenverfahren für das Leistungsmotiv mit einigem Erfolg angewendet. Ein solches Theorieprimat bei der Konstruktion von Items ist jedoch nicht unwidersprochen geblieben. So haben etwa Pervin (1970) und auch Goldfried & Kent (1972) darauf hingewiesen, daß eine solche Strategie die Validität einer bestimmten Persönlichkeitstheorie voraussetze. Diese Voraussetzung, so meinen die Autoren, könne jedoch bislang keine Persönlichkeitstheorie für sich als verwirklicht ansehen, was der Rechtfertigung einer theoretisch orientierten Itemerstellung die Grundlage entziehe. Die oftmals in Fortsetzung dieser Argumentation empfohlene „empirische" („externale") Strategie der kriteriumsorientierten Itemselektion scheint hingegen die ungeeignetste Strategie zu sein. Sie erweist sich hinsichtlich ihrer Reliabilität und Validität selbst rein intuitiver Itemselektion durch Psychologie-Studenten als unterlegen (Ashton & Goldberg, 1973). Im übrigen werden bei bestimmten Meßverfahren nicht Persönlichkeitstheorien in toto operationalisiert, sondern allenfalls gewisse ausgezeichnete Teilbereiche daraus, die hinlänglich empirische Evidenz auf sich vereinigen können.

Im Falle der Leistungsmotivationstheorie sind solche ausgezeichneten Teilbereiche wohl jene, die sich auf die Antizipation von Erfolg und Mißerfolg beziehen, auf das Engagement bei der Übernahme von Leistungsaktivitäten, auf Zielsetzungs- und Risikoverhalten und schließlich auf Intensität und Ausdauer bei der Bearbeitung leistungsbezogener Aufgaben (Atkinson, 1957, 1964; Heckhausen, 1963b, 1967; Weiner, 1972; Weiner et al., 1971; Veroff, 1973). Auf diese Bereiche werden wir uns bei der Itemkonstruktion insbesondere stützen.

Wir haben uns entschlossen, insgesamt 18 Aussagen (Items) zu formulieren, von denen jeweils 7 erfolgs- bzw. mißerfolgsbezogen und 4 leistungsthematisch irrelevant („neutral") sind. Diese nicht leistungsbezogenen Aussagen wurden mit einbezogen, damit die Vpn Gelegenheit haben, auch ihr mögliches Desinteresse an bestimmten Situationen zu thematisieren und dieses nicht etwa nur dadurch ausdrücken müssen, daß sie leistungsbezogene Aussagen *nicht* als verbindlich angeben. Darüberhinaus dient dies der Verunklärung der Untersuchungsabsicht.

Als problematisch erwies sich die konkrete Form der Formulierung des Items. Infinitive oder unpersönlich gehaltene Formulierungen erwiesen sich in Vorversuchen als schwerfällig und waren auch von den jüngeren Kindern nicht zu verstehen. Wir haben deshalb auf eine persönliche Formulierung zurückgreifen müssen.

In psychometrischer Hinsicht scheint die Formulierung in der 3. Person von Vorteil, weil hier die Kennwertvarianz und damit die Möglichkeiten für interindividuelle Differenzierungen gegenüber anderen Formulierungen erhöht ist (K l o c k a r s, 1972). Auch wenn durch diese Formulierungen die Bemühungen um geschlechtstypische Indifferenz der dargestellten Person teilweise aufgehoben werden, kann der Bildersatz dennoch für beide Geschlechter verwendet werden (vgl. oben, M u r s t e i n, 1963, S. 208).

Tabelle 2 enthält die 18 in das LM-GITTER aufgenommenen Aussagen.

Tab. 2: Die 18 im LM-GITTER für Kinder enthaltenen Aussagen in der Originalreihenfolge

1	n	Er fühlt sich wohl dabei.
2	FM	Er denkt: „Wenn das schwierig ist, mache ich lieber ein anderes Mal weiter."
3	HE	Er glaubt, daß er das schaffen wird.
4	HE	Er denkt:„Ich bin stolz auf mich, weil ich das kann."
5	FM	Er denkt: „Ob auch nichts falsch ist?"
6	FM	Er ist unzufrieden mit dem, was er kann.
7	n	Er wird dabei müde.
8	FM	Er denkt: „Ich frage lieber jemanden, ob er mir helfen kann."
9	HE	Er denkt: „Ich will das einmal können."
10	HE	Er glaubt, daß er alles richtig gemacht hat.
11	FM	Er hat Angst, daß er dabei etwas falsch machen könnte.
12	n	Das gefällt ihm nicht.
13	FM	Er will nichts verkehrt machen.
14	HE	Er will mehr können als alle anderen.
15	HE	Er denkt: „Ich will am liebsten etwas machen, was ein bißchen schwierig ist."
16	n	Er will lieber gar nichts tun.
17	HE	Er denkt: „Wenn das schwer ist, versuche ich das bestimmt länger als andere."
18	FM	Er denkt, er kann das nicht.

Die HE-Items 3 und 10, sowie die FM-Items 5, 11 und 13 beschreiben die phänomenalen Prävalenzen der kritischen Ereignisse Erfolg und Mißerfolg in deren erlebnismäßiger Vorwegnahme bzw. in der bewertenden Retrospektive durch Erfolgs- und Mißerfolgsmotivierte, sowie die Tatsache, daß Erfolgsmotivierte bei unbekannten Aufgaben erfolgszuversichtlicher als Mißerfolgsmotivierte sind und ihre Aussichten günstiger beurteilen (P o t t h a r s t, 1955; K a u s l e r & T r a p p, 1958; A t k i n s o n et al., 1960).

Die Items 15 (HE) und 17 (HE) beziehen sich auf die Tatsache, daß Erfolgsmotivierte die Bearbeitung von Aufgaben eines mittleren Schwierigkeitsbereichs bevorzugen, während Mißerfolgsmotivierte (Item 2 (FM)) dies eher nicht tun, und außerdem zu ausdauernderer Zielverfolgung neigen als letztere (F r e n c h & T h o m a s, 1958; V u k o v i c h et al., 1964, zit. nach H e c k h a u s e n, 1967; K a r a b e n i c k & Y o u s e f, 1968), um sich dementsprechend auch länger in jenem für Mißerfolgsmotivierte extrem konfliktinduzierenden Schwierigkeitsbereich aufzuhalten (F r e n c h & T h o m a s, 1958; vgl. zusammenfassend: H e c k h a u s e n, 1967), vorausgesetzt, daß die Aufgabe während der Bearbeitung nicht den Charakter einer schwierigen Aufgabe einbüßt und in den Bereich sehr hoher Schwierigkeiten abwandert (F e a t h e r, 1961).

Item 8 (FM) kennzeichnet die Bereitschaft der Mißerfolgsmotivierten, eher Hilfeleistungen von anderen anzunehmen (H e c k h a u s e n, 1963b; F e a t h e r, 1966; T e s s l e r & S c h w a r t z, 1972).

Einen gesonderten Aspekt berücksichtigen die Items 6 (FM) und 18 (FM) bzw. 4 (HE), 9 (HE) und 14 (HE). In ihnen sind negative und positive Konzepte der eigenen Fähigkeit thematisiert, und zwar in verschiedenen Formen. Als Ansicht über die eigene Fähigkeit (18), als positive und negative Begleitemotionen guter bzw. schlechter eigener Fähigkeitskonzepte (4, 6), bzw. auch als Vornahme, die eigene Fähigkeit auf ein hohes Niveau anheben zu wollen (9, 14). Dies ging aus von einer Beobachtung von W e i n e r & K u k l a (1970), daß sich Erfolgsmotivierte für begabter halten als Mißerfolgsmotivierte (höhere internale Erfolgsattribuierungen aufweisen). K u k l a (1972b, 1974) und M e y e r (1973) haben die Konzepte guter bzw. mangelnder eigener Fähigkeit als konstitutive Komponenten der beiden richtungsspezifischen Komponenten des Leistungsmotivs konzipiert.

Darüberhinaus haben wir folgenden allgemeinen Konstruktionsmerkmalen Beachtung geschenkt:

1. Erfolgs- und mißerfolgsbezogene Aussagen sollten sich auf äquivalente Verhaltens- bzw. Erlebniskorrelate beziehen, d. h. es sollten in ihnen jeweils analoge kognitive Elemente thematisiert sein, um ein systematisches Ungleichgewicht in den Aussagen zu vermeiden.

2. Alle Aussagen sollten so formuliert sein, daß sie sich potentiell auf alle Situationen beziehen können.

3. In unserem Kulturkreis verläuft von den erfolgs- zu den mißerfolgsbezogenen Aussagen ein Erwünschtheitsgefälle. Wir haben uns in den Formulierungen der Aussagen bemüht, dieses Gefälle so klein wie möglich zu halten.

4. Die im Zusammenhang mit den Situationen aufgeworfene Frage der Repräsentativität nach innen und außen wird auch in diesem Zusammenhang bedeutsam. Wir haben uns bemüht, alle wichtigen kognitiven Knotenpunkte des Konstrukts „Leistungsmotiv" anzubieten.

Die Berechnung der Kennwerte

Das Verfahren besteht aus zwei Grundparametern, nämlich den Situationen und den thematischen Aussagen, die miteinander zu verflechten sind. Wir haben die 18 Situationen über 18 Blätter verteilt und jeweils darunter die 18 Aussagen gesetzt. Die Reihenfolge der Aussagen war stets identisch.

Die anfallenden Daten können in einer Matrix angeordnet werden, deren Parameter die Variablen „Situationen" und „Leistungsthematische Aussagen" bilden. Entsprechend eröffnet die Auswertung mehrere Möglichkeiten: Die Analyse von Ankreuzmustern, die Aufsummierung von Ankreuzungen über die Situationen und die Aufsummierung von Ankreuzungen über die erfolgs- und mißerfolgsbezogenen Aussagen.

Entsprechend unseren oben formulierten Meßintentionen berechnen wir drei Kennwerttypen, die sich zunächst nur durch Aufsummieren über verschiedene Dimensionen ergeben. Solche Summierungen erscheinen unproblematisch, solange sie innerhalb eines thematisch zusammengehörenden Bereichs — hier etwa innerhalb der erfolgs- und mißerfolgsbezogenen Aussagen — vorgenommen werden, da wir davon ausgehen, daß es sich bei diesen Aussagen um unterschiedliche Artikulationsformen zugrundeliegender Basaltendenzen, Erfolg zu erlangen bzw. Mißerfolg zu meiden, handelt (H e c k h a u s e n, 1972a). Welche der Aussagen diesen beiden Basaltendenzen zuzurechnen sind, haben wir bereits oben aufgrund theoretischer Herleitungen entschieden.

Die Aufsummierung über Situationen entspricht dem oben formulierten Extensitätsaspekt motivbezogener Konzepte.

Dementsprechend ergeben sich die folgenden Motivkennwerte:

1. *Kennwert für die situationsspezifische Intensität*

   Hier wird in einem eng umschriebenen Bereich von Situationen die Anzahl der als zutreffend angegebenen erfolgs- und mißerfolgsbezogenen Aussagen ermittelt. Dem Vorgehen H e c k h a u s e n s (1963b) folgend, berechneten wir darüberhinaus noch jeweils einen Kennwert für die Gesamtmotivation (GM = HE + FM) sowie für Netto-Hoffnung (NH = HE - FM). Für das hier vorliegende LM-GITTER wird diese Kennwertkombination für alle 6 apriorischen Situationsbereiche ermittelt.

2. *Kennwert für die Motivextensität*

   Hier wird ausgezählt, in wie vielen Situationen eine Aussage mit motivationalem Konstruktcharakter als zutreffend angegeben wird. Wir haben oben bereits darauf hingewiesen, daß wir Kennwertberechnungen im Hinblick auf die Generalisierungsbreite bestimmter Motivkomponenten vornehmen wollen, sodaß sich hier zunächst für jedes der 14 motivationalen Konzepte ein Extensitätsmaß ergibt.

Diese Operationalisierungen der Aspekte „Intensität" und „Extensität" sind jenen analog, die M c C l e l l a n d et al. (1953, S. 213—214) für den TAT vorschlagen, nämlich für die Intensität die Anzahl von Unterkategorien, die bei Vorliegen von Leistungsthematik ausgezählt werden und für die Extensität die Anzahl von Geschichten, bei denen überhaupt Leistungsthematik feststellbar ist.

3. *Kennwert für ein Intensitäts-Extensitätsmaß*

   Bei diesem Kennwert werden einfach alle als verbindlich angegebenen erfolgs- bzw. mißerfolgsbezogenen Aussagen über alle 18 Situationen aufsummiert. Entsprechend wie unter 1. gibt es auch hier vier Kennwerte (HE, FM, GM, NH).

Auch diese Operationalisierung steht in einem Analogieverhältnis zum TAT-Verfahren (de C h a r m s, 1968; H e c k h a u s e n, 1968).

Bei diesen Kennwertermittlungen sind wir von fixen Gruppierungen im Bereich der Situationen und leistungsbezogenen Aussagen ausgegangen. Es wäre denkbar, daß diese aufgrund theoretischer oder apriorischer Erwägungen vorgenommenen Einteilungen nicht den Lebens- und Erlebnisräumen verschiedener Vpn-Gruppen entsprechen. In diesem Fall kann über empirisch ermittelte Gruppierungen von Situationen und/oder leistungsbezogenen Aussagen aufsummiert werden (s. u.).

7. Kapitel

DIE ANALYSE DES LM-GITTERS

Wir haben hier von insgesamt 405 Kindern GITTER-Daten vorliegen. Diese waren zusammengefaßt in Gruppengrößen zwischen 35 und 140, die wir jeweils zur Beantwortung spezifischer Fragestellungen herangezogen haben. Eine Übersicht über die Zusammensetzung der einzelnen Stichproben gibt Tab. 3. Die ersten drei Stichproben setzen sich aus Dritt- und Viertklässlern zusammen. Kinder der gleichen Schuljahrgänge haben uns unseren Situationskatalog geliefert, sodaß wir hier auch zuvorderst Gültigkeit des Verfahrens für diese Stichprobe annehmen wollen. Stichprobe 4 setzt Kinder älterer Jahrgangsklassen ein und erlaubt u. a. Rückschlüsse auf die Generalisierbarkeit der Befunde.

Tab. 3: Übersicht über die Stichproben, die mit dem LM-GITTER untersucht wurden

	N			Klassen				Alter
	Ges.	Jungen	Mädchen	3. u. 4.	5.	6.	7.	
Stichprobe 1	35	19	16	35	–	–	–	9–11 J.
Stichprobe 2	139	60	79	139	–	–	–	9–11 J.
Stichprobe 3	140	61	79	140	–	–	–	9–12 J.
Stichprobe 4	91	91	–	–	21	24	46	

Kennwertinterkorrelationen

Wir haben hier zunächst die situationsspezifischen HE- und FM-Kennwerte untereinander in Beziehung gesetzt. Die Stärke der Beziehung gibt Auskunft über den Grad der konstruktspezifischen Affinität zwischen jeweils zwei Situationen. Es zeigt sich, daß die Korrelationen im mittleren bis hohen Bereich liegen. Sie haben für die HE-Kennwerte eine Streubreite von .67 bis .77 bei einem Median von .70 und für die FM-Kennwerte eine Streubreite von .54 bis .69 bei einem Median von .59. Tab. 4 enthält die Korrelationen der HE mit den FM-Kennwerten in den 6 Situationsbereichen. Wie sich dort zeigt, sind die situationsspezifischen Tendenzen der LM in einigen Situationsbereichen unabhängig voneinander erfaßt, in anderen (vor allem Bereich F; Sport) positiv miteinander verbunden.

Tab. 4: Korrelationen von HE mit FM-Kennwerten in den 6 Situationsbereichen des GITTERs (Stichprobe 3, N = 140)

A	B	C	D	E	F
.08	.02	.11	$.18^+$	$.18^+$	$.29^{++}$

$^+p<.05$; $^{++}p<.001$

Von größerer Tragweite für das Verfahren ist die Frage, ob denn die Motivmaße für das Gesamt-GITTER unabhängig voneinander sind. Da diese Frage auch von besonderer Bedeutung für die Interpretation von Validierungsbefunden ist, haben wir hier die Interkorrelationen für alle Stichproben berechnet, für die wir auch Validierungsbefunde vorlegen werden.

Danach liegt die HE/FM-Korrelation in den Stichproben 1 bis 4 (für 2 eine Unterstichprobe von N = 57) bei −.01(1), .00(2), .21(3) und .43(4).

Diese Ergebnisse zeigen kein ganz einheitliches Bild. Die GITTER-Kennwerte sind z. T. zu Null miteinander korreliert, so, wie man es bei der Unabhängigkeitsannahme beider Motivationstendenzen erwartet. Eine leichte positive Korrelation, wie wir sie hier in Stichprobe 3 gefunden haben, wäre als ein zunächst nicht replizierter Effekt noch mit der Annahme einer unabhängigen Erfassung beider Tendenzen zu vereinbaren, ohne diese Annahme allzusehr zu belasten. Die Korrelationen zeigen jedoch für die Jungen des 5. bis 7. Schuljahrgangs (Stichprobe 4) eine recht erhebliche Korrelation zwischen den HE- und FM-Kennwerten. Es sieht so aus, als würde diese mit zunehmendem Alter ansteigen. Die Differenz zwischen der Korrelation bei Jungen aus der dritten Klasse (r = .19, N = 60) und Siebtklässlern (r = .49, N = 46) ist fast signifikant (z = 1.69, p = .09).

Der Einfluß von Verfälschungstendenzen
— Zustimmungstendenz

Strukturierte Verfahren zur Messung von Persönlichkeitsvariablen gelten als mehr oder weniger verfälschbar durch Tendenzen, die eher stilistische denn inhaltliche Eigenschaften von Items betreffen. Jackson & Messick (1958) haben auf die Notwendigkeit einer Trennung von Stil und Inhalt bei einzelnen Items aufmerksam gemacht und sind in ihrer Kritik an etablierten Instrumenten (MMPI, CPI) so weit gegangen zu behaupten, daß die Kennwerte eher im Lichte stilistischer Variablen als im Lichte inhaltlicher Merkmale interpretiert werden müßten (S. 247). Dennoch ist ein Nachweis solcher extra-inhaltlicher Antwortdeterminationen äußerst schwierig und hat auch bislang nur zu widersprüchlichen Resultaten geführt (Rorer, 1965, S. 145; Rundquist, 1966; Roeder, 1972, S. 595–605). Einen wichtigen Grund für die Erklärung dieses Sachverhalts hat bereits Cronbach (1946, S. 476) genannt: es ist nahezu unmöglich, den Testinhalt von der spezifischen Form (Stil), in der er angeboten wird, abzutrennen.

Die Zustimmungstendenz, auf die wir hier die Diskussion beschränken wollen, hat Cronbach (1942) wohl als einer der ersten als eine Tendenz bezeichnet, die dahingeht, eher mit „stimmt" als mit „stimmt nicht" zu antworten. Jackson (1967a) hat auf die Vieldimensionalität dieser Tendenz hingewiesen und als deren Gemeinsamkeit die für die Vp bestehende Veranlassung hervorgehoben, mehr oder weniger Items als für sich selbst verbindlich anzugeben.

Sollte nun diese Tendenz im LM-GITTER wirksam werden, so sollte sie sich in einer generellen Erhöhung der Kennwerte und in einer zunehmenden Korrelation unabhängiger Dimensionen niederschlagen (Samelson, 1972). Jedoch gilt dieser Schluß nicht in umgekehrter Richtung. Relativ hohe Kennwerte und positive Korrelationen zwischen als unabhängig konzipierten Variablen indizieren noch nicht schlüssig den Einfluß einer Zustimmungstendenz. Hohe Kennwerte können ebensogut inhaltlich determiniert sein, also hohe Motivation indizieren, und eine positive Korrelation zwischen „unabhängigen" Dimensionen lassen sich — allerdings nicht bei situations-spezifischen Maßen — durch den Extensitätscharakter der Kennwerte erklären. Der mögliche Einfluß der Zustimmungstendenz muß deshalb durch ein gesondertes Verfahren kontrolliert werden.

Wir haben deswegen einen Kontrollkennwert (K) für das GITTER berechnet und zwar auf der Grundlage der folgenden Vorgehensweise: Wir haben die Anzahl aller vorgenommenen Ankreuzungen gewichtet durch einen Faktor, der die Ankreuzungen bei leistungsbezogenen Aussagen relativiert auf die Ankreuzungen bei neutralen Aussagen.

$$K = G \times \frac{n}{G-n}$$

wobei:
G = Anzahl aller Ankreuzungen
n = Anzahl der Ankreuzungen bei neutralen Items

Wie sich leicht demonstrieren läßt, variiert dieser Index positiv mit der Gesamtzahl aller Ankreuzungen und ebenso mit der Höhe des relativen Anteils neutraler Ankreuzungen. In dieser Strategie findet der Grundgedanke Ausdruck, daß eine Vp, die viele Ankreuzungen vornimmt, dies jedoch in der Hauptsache bei leistungsthematischen Aussagen tut, „leistungsmotiviert" ist, wohingegen eine Vp, die sehr viel ankreuzt und dies gleichermaßen bei leistungsthematischen wie neutralen Aussagen tut, eher von der Zustimmungstendenz beeinflußt ist. Das gleiche gilt in umgekehrter Weise für Vpn, die eher wenig Ankreuzungen vornehmen.

Tab 5: Korrelationen der Motivationskennwerte aus den 6 Situationsbereichen des GITTERs mit dem K-Index (Stichprobe 1, N = 35)

	A	B	C	D	E	F
HE	−.13	.02	−.16	−.09	−.18	−.02
FM	.27	.18	.28	.18	.23	.28
GM	.11	.13	.09	.03	−.01	.15
NH	−.26	−.09	−.30	−.19	−.26	−.21

Tab. 5 enthält die Korrelationen der situationsspezifischen GITTER-Motivationskennwerte mit dem K-Index. Keiner dieser Koeffizienten erreicht statistische Vertrauensgrenzen, so daß wir davon ausgehen können, daß die Zustimmungstendenz, in der Form wie wir sie hier operationalisiert haben, keinen Einfluß auf die Beantwortung des GIT-

TERs nimmt. Ein weiterer Hinweis, der in die gleiche Richtung geht, ist die Unabhängigkeit der Tendenzen HE und FM. Wenn eine inhaltlich ungerichtete Zustimmungstendenz wirksam wäre, hätten sich hier stets positive Korrelationen ergeben sollen.

Jackson (1967a, S. 92ff) hat eine Reihe von Möglichkeiten erörtert, die Auswirkungen von Antworttendenzen zu kontrollieren bzw. herabzumindern: Etwa die Verwendung ausbalancierter Skalen, die Verwendung spezieller Berechnungsformeln (wie wir es hier durchgeführt haben), die Verwendung verschiedener Skalen für Inhalt und Zustimmungstendenz oder die Verwendung von Mehrfachwahl- oder Zwangswahlaufgaben. Die Verwirklichung jeder dieser Möglichkeiten stößt jedoch auf erhebliche Schwierigkeiten. Insbesondere die letzte Möglichkeit, die durch eine Begrenzung der Anzahl anzukreuzender Aussagen bei gleichzeitiger Erweiterung des thematischen Bereichs, der durch die Aussagen abgedeckt wird, leicht für das vorliegende Verfahren zu verwirklichen zu sein scheint, stößt auf zwei Schwierigkeiten: Die Vp müßte zusätzlich zu der ohnehin großen Belastung bei der Bearbeitung des GITTERs noch alle Aussagen in eine Rangreihe bringen, um die zutreffendsten auszusondern. Dieses erscheint kaum zumutbar. Im übrigen geben die anfallenden Daten dann lediglich Aufschluß über den *relativen* Ausprägungsgrad der gemessenen Tendenzen gegenüber den anderen jeweils angebotenen Alternativen, sodaß interindividuelle Vergleiche im strikten Sinne nicht mehr zulässig sind (Hicks, 1970; Horst, 1971, S. 144). Die Interpretation und statistische Verarbeitung ipsativer Daten ist auch sehr problematisch (Radcliffe, 1963; Jackson, 1967a). Eine solche Strategie erscheint deshalb kaum verheißungsvoll (vgl. etwa zum EPPS: Poe, 1969; Sherman & Poe, 1972; Scott, 1968). Darüber hinaus scheinen einfache Ja-Nein Items auch bei einem direkten Vergleich mit Mehrfachwahl-Items diesen hinsichtlich Reliabilität und Validität überlegen zu sein (Jackson et al., 1973).

Der Einfluß von Verfälschungstendenzen
– Soziale Wünschbarkeit

Fragebogenähnliche Persönlichkeitstests gelten als mehr oder weniger in Richtung auf eine sozial erwünschte Antwort verfälschbar (Edwards, 1957). Um diesen Einflüssen entgegenzuwirken hat man sich verschiedener Techniken bedient: Man hat Zusatzinstruktionen gegen Verfälschungsabsichten entwickelt (Hoeth & Köbler, 1967; Healy, 1971); man hat bei Tests mit Mehrfach-Wahl-Aufgaben hinsichtlich sozialer Wünschbarkeit sorgfältig parallelisierte Items angeboten (Edwards, 1953); und man hat schließlich Zusatzskalen entwickelt, die Auskunft geben über das Ausmaß, in dem die Itembeantwortung durch Wünschbarkeitstendenzen beeinflußt ist und die eine dementsprechende Korrektur erlauben (Cattell, 1968; Eysenck et al., 1974; Hüneke & Hoeth, 1974). Eine Ausbalancierung der Skalen hinsichtlich sozialer Wünschbarkeit ist ein eleganter Weg, jedoch scheint die Validität bei einer solchen Vorgehensweise eher abzusinken als anzusteigen (Feldman & Corah, 1960; Scott, 1963, 1968; Heilbrun & Goodstein, 1961). Ein Grund für die geringe Wirksamkeit ausbalancierter Skalen ist wohl der, daß man diese Gleichstellung von verschiedenen Items nur immer für den Gruppendurchschnitt vornehmen kann. Es gibt offensichtlich jedoch individualisierte Wünschbarkeitsgefälle, die auch bei ausbalancierten Skalen Einfluß auf die Beantwortung von Einzelitems nehmen können (Goodstein & Heilbrun, 1959; Scott, 1963). In gleicher Weise argumentieren Atkinson & Litwin (1960) bei der Diskussion fehlender Konstruktvalidität des EPPS.

Wir entschlossen uns deshalb, auf eine empirisch fundierte Parallelisierung der Items nach sozialer Wünschbarkeit zu verzichten und deren Auswirkungen durch die Anwendung einer Lügen-Skala zu kontrollieren. Wir gingen dabei von der Annahme aus, daß Vpn, die in der Lügen-Skala sozial erwünschte Antworten geben, auch dazu neigen, das GITTER in dieser Richtung zu verfälschen.

Wir gaben deshalb bei insgesamt 3 Schulklassen des 3. und 4. Grundschuljahres (N = 86; 40 Jungen, 46 Mädchen; Unterstichprobe aus Stichprobe 3) in einem einwöchigen Abstand das GITTER und die Lügen-Skala von Aschersleben (1971). Die Interkorrelationen sind in Tab. 6 dargestellt.

Tab. 6: Interkorrelationen der GITTER-Motivationskennwerte mit der Lügen-Skala[1] (N = 86)

HE1	FM1	FM2	GM1	GM2	NH1	NH2
−.07	−.23[+]	−.20	−.18	−.17	.13	.07

[+] $p < .05$

[1] vgl. zur Differenzierung der Maße FM1 und FM2 Kap. 8

Die oben formulierte Annahme der Beeinflussung der GITTER-Kennwerte durch Wünschbarkeitstendenzen sollte sich, bei der plausiblen Annahme eines von den erfolgs- zu den mißerfolgsbezogenen Items verlaufenden Wünschbarkeitsgefälles, in einer Erhöhung der HE-Werte und einer Verringerung der FM-Werte niederschlagen. Wie Tab. 6 zeigt, ist die Beantwortung der HE-Items von Verfälschungstendenzen völlig unabhängig, dagegen tendieren Vpn mit eher stärkeren Verfälschungstendenzen dazu, weniger mißerfolgsbezogene Items als für sich zutreffend anzukreuzen. Dies wird für den GITTER-FM1-Wert gerade signifikant ($r = -.23$, $p < .05$).

Der Anregungsgehalt der Bildsituationen

Wir haben oben bereits darauf hingewiesen, daß der Anregungsgehalt der einzelnen Bildsituationen als eine wesentliche Determinante des Antwortverhaltens angesehen werden muß.

Für die Ermittlung des Anregungsgehalts haben wir in zwei Klassen des 3. Grundschuljahres die 18 Situationen des GITTERs im Hinblick auf unterschiedliche Aspekte verschiedener Motive skalieren lassen. Die Frage, auf die wir hier zurückgreifen, bezieht sich auf die Relevanz von Gütemaßstäben und deren unterschiedlicher Verankerung in autonomen bzw. sozialen Bezugsnormen.

Die Frage, die wir zu jeder der 18 Bildsituationen gestellt haben, sah so aus:

4. Stell Dir einmal vor, daß Du in dieser Lage wärst und kreuze entsprechend an!
    (a) Hier kommt es darauf an, besser zu sein als die anderen Kinder:
    (b) Hier kommt es darauf an, besser zu sein, als Du es sonst immer warst:

Die Antworten wurden jeweils von 1 (ist ganz unwichtig) bis 4 (ist sehr wichtig) gewichtet. Von insgesamt 32 Vpn lagen zu allen 18 Bildern sämtliche Informationen vor. Auf sie beziehen sich die mitgeteilten Daten.

Tabelle 7 enthält die entsprechenden Mittelwerte für die 18 Situationen sowie einen Differenz- und einen Summenwert aus beiden. Im zweiten Teil der Tabelle sind die Mittelwerte für die Motivationskennwerte in den einzelnen Situationen aufgeführt (aus Stichprobe 2, N = 139).

Tab. 7: Anregungsgehalt der 18 Situationen des LM-GITTERs

	N = 32				N = 139			
1	2	3	4	5	6	7	8	9
Situation	(4a)soz	(4b)aut	soz-aut	soz+aut	HE	FM	GM	NH
aut 1	1.88	2.56	−.69	4.44	4.59	3.05	7.65	1.54
aut 2	2.16	2.63	−.47	4.78	4.60	2.57	7.17	2.03
soz 3	2.59	2.97	−.38	5.57	4.60	3.08	7.68	1.52
soz 4	2.03	2.13	−.10	4.26	4.39	2.86	7.24	1.53
aut 5	2.22	2.63	−.41	4.84	4.76	3.12	7.87	1.64
aut 6	2.09	2.28	−.19	4.38	4.39	2.13	6.50	2.26
aut 7	2.31	2.81	−.50	5.13	4.61	2.88	7.50	1.70
aut 8	1.94	2.31	−.38	4.25	4.39	3.09	7.49	1.29
soz 9	1.90	2.09	−.19	4.00	3.78	2.37	6.15	1.42
soz 10	2.50	2.78	−.28	5.28	4.50	2.61	7.12	1.89
soz 11	2.50	2.56	−.06	5.06	4.53	3.15	7.68	1.38
soz 12	2.78	2.84	−.06	5.63	4.47	2.23	6.70	2.24
aut 13	2.09	2.31	−.22	4.41	4.42	3.14	7.55	1.28
soz 14	2.44	2.47	−.03	4.91	4.70	2.64	7.36	2.06
soz 15	2.06	2.31	−.25	4.38	4.36	2.95	7.32	1.41
soz 16	2.47	2.56	−.09	5.03	4.41	3.58	7.97	.81
aut 17	2.53	2.72	−.19	5.25	4.80	2.50	7.30	2.29
aut 18	2.06	2.50	−.44	4.56	4.53	3.37	7.90	1.17

Die in Spalte 5 enthaltenen Summenwerte dürften am ehesten als Indikator des Anregungsgehalts angesehen werden können, weil in ihnen beide Aspekte der Bezugsnormorientierung von Gütemaßstäben enthalten sind. Faßt man diese Werte nach den 6 Situationsbereichen zusammen, so ergeben sich die folgenden Zahlen:

A (MANUELL) = 14.01; B (MUSIK) = 14.03;
C (SCHULE) = 15.56;   D (SELBST) = 13.91;
E (HELFEN) = 12.94;   F (SPORT) = 15.79.

Danach sind die Sport- und Schulbilder hoch anregend gegenüber den Bereichen Selbstständigkeit und Hilfe-gewährende Tätigkeiten, was in Übereinstimmung mit Plausibilitätsüberlegungen steht.

Darüberhinaus haben wir hier die Möglichkeit, die Triftigkeit der oben vorgeschlagenen Zweiteilung der Situationen anhand der unterschiedlichen Herkunft von Gütemaßstäben (sozial und autonom) zu überprüfen. Wie die in Tabelle 7 mitgeteilten Differenzwerte (Spalte 4) zeigen, wird generell die Einschlägigkeit individuell-autonomer Bezugsnormen höher als die der sozialen Bezugsnormen beurteilt. Jedoch zeigt sich bei einem relativen Vergleich, daß dies bei den Bildern, bei denen wir bereits die Verbindlichkeit individuell-autonomer Bezugsnormen angenommen hatten (Spalte 1) deutlicher ausgeprägt ist ($z = 2.65$, $p = .004$, eins. Fragest.; nach W i l c o x o n - W h i t e). Dies unterstreicht die Tunlichkeit und Richtigkeit der von uns zunächst aufgrund von Plausibilitätsüberlegungen vorgenommenen Differenzierung.

Der zweite Teil von Tabelle 7 enthält die Mittelwerte der Motivkennwerte in den einzelnen Situationen. Rangkorrelationen zwischen diesen und dem Anregungsgehalt der Bildsituationen ergaben die folgenden Werte:

für HE: .64 ($p < .01$)   für FM: −.01 (n. s.)
für GM: .21 (n. s.)   für NH: .36 (n. s.).

Dies zeigt, daß ein nennenswerter determinierender Einfluß des Bildanregungsgehalts auf die situationsspezifischen Motivierungsmaße lediglich in Bezug auf die HE-Komponente festzustellen ist.

Diskussion

Die Korrelationen der situationsspezifischen HE- und FM-Maße lagen in einem mittelhohen Bereich, was durchaus der Erwartung auf der Grundlage eines Interaktionsmodells von Person und Situation entspricht, wenngleich auch dieses Resultat nicht als stringenter Beleg für diese Position zu werten ist. Hierzu müßte man etwa *direkt* den zu Lasten von Interaktionen gehenden Varianzbetrag ermitteln, wie dies etwa E n d l e r et al. (1962, 1966; E n d l e r, 1973) mit ihren Instrumenten getan haben.

Die Erfassung der Tendenzen HE und FM kann als voneinander unabhängig angesehen werden. Die Tatsache, daß die Unabhängigkeit mit zunehmendem Alter verloren geht, könnte an dem zunehmenden Einfluß einer Zustimmungstendenz liegen, jedoch sind uns keine Befunde bekannt, nach denen eine altersabhängige Wirksamkeit der Zustimmungstendenz zu erwarten wäre. Betrachtet man die Interkorrelationen der 18 Aussagen (S c h m a l t, 1976) so zeigt sich, daß sich hohe HE/FM- Interkorrelationen vor allem bei den FM-Items 11 und 13 finden, sodaß hier ein selektiv wirkender Prozeß in Rechnung zu stellen ist.

Die Kontrolle des Einflusses von Verfälschungstendenzen zeigte in bezug auf die von uns operationalisierte Zustimmungstendenz nur unbedeutende Einflüsse. In die gleiche Richtung weist die Unabhängigkeit der Tendenzen HE und FM. In bezug auf die soziale Wünschbarkeit zeigte sich, daß Wünschbarkeitstendenzen die erfolgs- und mißerfolgsbezogenen Dimensionen des LM-GITTERs nicht in gleichem Ausmaß beeinflussen. Während es uns gelungen ist, die erfolgsbezogenen Aussagen von einem Bewertungsgefälle frei zu halten, zeigt sich bei den mißerfolgsbezogenen Aussagen eine leichte Tendenz zu wünschbarkeitskonformen Ankreuzungen. Der von diesen Simulationstendenzen und den FM-Aussagen gemeinsam gehaltene Varianzbetrag von ca. 5 % erscheint einer motivbezogenen Interpretation der FM-Kennwerte jedoch nicht entgegenzustehen. Eine Korrelation in der gleichen Größenordnung mit der C r o w n e & M a r l o w e SD Skala (1960) berichtet M e h r a b i a n (1969) und bezeichnet diese als unbedeutend („... not to be disconcerting", S. 449). In der Tat muß man gerade bei Ängstlichkeitsskalen mit sehr viel höheren Korrelationen rechnen (C o h e n, 1965; M u k h e r j e e & S i n h a, 1967).

Eine andere Möglichkeit der Interpretation besteht darin, die in der Skala von A s c h e r s l e b e n (1971) auftretende Meßwertvarianz nicht im Sinne stilistisch-strategischer, wünschbarkeitskonformer Antworttendenzen zu interpretieren, sondern in inhaltlicher Weise im Sinne des Konstrukts „Bedürfnis nach sozialer Anerkennung" (C r o w n e & M a r l o w e, 1964; C r a n d a l l et al., 1965). Einen Zusammenhang zwischen diesem letzten Konstrukt und der LM-Komponente „Furcht vor Mißerfolg" vermutet V e r o f f (1969):

„... the major concern of a person with fear of failure is to avoid standing out in social evaluation — to avoid disapproval" (S. 58).

Eine Skalierung des Bildanregungsgehalts der 18 im GITTER dargestellten Situationen ergab schließlich hohe Werte für die Sport- und Schulsituationen. Der Anregungsgehalt erwies sich mit den erfolgsbezogenen Motivationskennwerten korreliert.

Eine getrennte Analyse nach der Verbindlichkeit sozial- oder autonom verankerter Gütemaßstäbe ergab schließlich eine deutliche Unterstützung für die bereits apriorisch vorgenommene Einteilung der 18 im GITTER enthaltenen Situationen.

Zusammenfassung

Die situationsspezifischen HE- bzw. FM-Werte waren untereinander in mittlerer Höhe korreliert. Dies wurde im Hinblick auf ein interaktionistisches Motivationsmodell diskutiert. Die Korrelationen zwischen HE- und FM-Kennwerten zeigten, daß beide Tendenzen weitgehend unabhängig voneinander erfaßt wurden, wenngleich hier auch einmal mit leichten positiven Korrelationen gerechnet werden muß. Dies betrifft jedoch nicht alle HE- und FM-Aussagen gleichermaßen. Zustimmungstendenzen waren schließlich in der hier operationalisierten Form nicht mit dem Antwortverhalten bei der Beantwortung des GITTERs verbunden. Interpretiert man die hier angewendete Lügen-Skala von A s c h e r s l e b e n (1971) im Sinne sozialer Wünschbarkeit, so zeigen die Ergebnisse, daß hiervon allenfalls die FM-Komponenten betroffen sind, diese jedoch auch nur zu einem sehr geringen Anteil. Auf alternative Erklärungsansätze für die gefundenen Zusammenhänge wurde hingewiesen. Letztlich wurde der Bildanregungsgehalt der 18 GITTER-Situationen ermittelt. Bereits vorgenommene Differenzierungen des Bildersatzes ließen sich hierbei bestätigen.

8. Kapitel

DIMENSIONSANALYSEN DES LM-GITTERS

Die bei der GITTER-Technik anfallenden Daten lassen sich in einem Datenquader anordnen, dessen drei Dimensionen durch die Parameter „Vpn", „Situationen" und „leistungsthematische Aussagen" gebildet werden. Die simultane Analyse solcher multimodaler Datenpopulationen stellt große Probleme, sodaß man sich dabei in der Regel durch Reduktion auf mehrere zweidimensionale Datenfelder, die durch herkömmliche Analyseprozeduren zu verarbeiten sind, beholfen hat. Diese Reduktion der Daten geschah meist so, daß man über den am „unwichtigst" erscheinenden Faktor aufsummiert hat (vgl. L e v i n, 1965 S. 442). Bei der Analyse des bereits oben erwähnten S–R-Ängstlichkeitsinventars (E n d l e r et al., 1962), das ja eine ähnliche Datenpopulation liefert wie das LM-GITTER, ist man ebenfalls diesen Weg gegangen.

Wir haben uns entschlossen, bei der Analyse des LM-GITTERs in gleicher Weise vorzugehen und haben den Datenquader zunächst in zwei Datenfelder durch Aufsummieren über jeweils eine Dimension aufgelöst: 1. Aussagen x Vpn und 2. Situationen x Vpn. Jedes dieser Datenfelder wurde einer getrennten Analyse unterworfen.

Wir erwarten, daß bei der Analyse der 18 Aussagen des LM-GITTERs entweder eine 2- oder 3-faktorielle Rotationslösung zu akzeptieren sein wird, in denen die Komponenten „Hoffnung auf Erfolg" und „Furcht vor Mißerfolg" als unabhängige Faktoren auftreten. Der Status der mit in die Analyse einbezogenen neutralen Aussagen war nicht an explizite Erwartungen gebunden, so daß auch damit gerechnet werden muß, daß sich diese in einer 3-faktoriellen Lösung neben den leistungsmotivbezogenen Faktoren HE und FM als eigenständiger Faktor konsolidieren. Darüberhinaus sollten die gefundenen Faktorenstrukturen invariant gegenüber Veränderungen in der Stichprobenzusammensetzung sein (J a c k s o n, 1970, 1971; N e i l l & J a c k s o n, 1970) und ebenso unverändert bei wiederholter Testdurchführung bleiben. Diese Erwartungen beziehen sich sämtlich auf die Analyse der

Aussagen (Datenfeld 1). Die Analyse der Situationen (Datenfeld 2) geschah mit einer mehr explorativen Absicht. Es sollten auf empirischem Wege jene Situationsbereiche gefunden werden, für die möglicherweise spezifische Intensitätsmaße berechnet werden können.

Methodik

Faktorenanalytische Techniken bergen einige Probleme (Rotation, Abbruchkriterien, Signifikanzbestimmungen für Ladungen etc.), die die Interpretation faktorenanalytischer Untersuchungen mit einer gewissen Unsicherheit ausstatten (vgl. K a l l i n a, 1967). Um diese soweit wie möglich zu reduzieren, bedarf es einer exakten Fassung der durchgeführten Operationen sowie der Interpretationsgrundlagen. Alle Faktorenanalysen wurden am RZ der Ruhr-Universität Bochum auf einer TR 440 berechnet. Das verwendete PAFA-Programm (S c h n e l l & G e b h a r d t) arbeitet nach der Hauptachsenmethode und rotiert nach dem VARIMAX-Kriterium (K a i s e r, 1959). Den Kommunalitätenschätzungen lagen die Quadrate der multiplen Korrelationen mit anschließender 6-facher Iteration zugrunde.

Die Bestimmung der Anzahl zu interpretierender Faktoren stellt ein besonderes Problem in der FA dar. Zwar gibt es eine Reihe von Mindestrang-Schätzmethoden für die Bestimmung der zu unterstellenden Anzahl gemeinsamer Faktoren, die allesamt auf eine Arbeit von G u t t m a n (1954) zurückgehen, jedoch zeigt sich, daß in den seltensten Fällen durch die Bestimmung der signifikant voneinander unterschiedenen Faktoren die Frage nach den bedeutsamen und psychologisch sinnvoll zu interpretierenden Dimensionen eines gegebenen Merkmalsraums mitbeantwortet ist. F ü r n t r a t t (1969) hat einen Kriterienkatalog entwickelt, der es gestattet, aufgrund einheitlicher und objektiver Vorschriften, „eine für die Interpretation optimale Faktorenzahl eindeutig zu bestimmen" (F ü r n t r a t t, 1969, S. 63).

Diese Kriterien, die wir auch der Interpretation unserer Untersuchungen zugrunde legen wollen, lassen sich wie folgt zusammenfassen:

1. Die mathematisch „richtige" und psychologisch „richtige" Faktorenlösung sind in der Regel nicht identisch. Die psychologisch optimale Faktorenlösung ist meist von geringerer Dimensionalität als die mathematisch „richtige".

2. Ein Faktor soll nur dann als sinnvoll gelten, wenn er durch mindestens 3 Variablen gekennzeichnet ist.

3. Eine Variable soll nur dann als einen Faktor kennzeichnend angesehen werden, wenn ein wirklich nennenswerter Teil, d. h. mindestens 50 % ihrer Kommunalität, durch den Faktor aufgeklärt wird.
Darüberhinaus haben wir festgelegt, daß eine zur Interpretation herangezogene Variable auch absolut einen nennenswerten Varianzbetrag abdecken soll. Dies ist der Fall, wenn die Ladung .30 übersteigt und die Kommunalität der Variablen größer als .20 ist.

4. Ceteris paribus ist die Faktorenlösung als die beste anzusehen, die die meisten Variablen eindeutig einem Faktor zuordnet.[1]

Andere Verfahren zur Festlegung der Anzahl zu interpretierender Faktoren berücksichtigen die Eigenwertverläufe. Als unterste Schranke für die Anzahl der Faktoren wird dabei oft die Anzahl von Eigenwerten, die $\geqslant 1$ sind, angegeben. P a w l i k (1968, S. 126) spricht von einer oft ausgeprägten Diskontinuität in den Eigenwertverläufen und empfiehlt, die Ordnungszahl desjenigen Eigenwertes, der als letzter im nichtlinearen Teil der Eigenwertkurve erscheint, als Schätzung für die Anzahl zu interpretierender Faktoren anzusehen. Man kann auch die Differenzen benachbarter Eigenwerte betrachten. Die Ordnungszahl der „letzten größeren Differenz" zwischen aufeinanderfolgenden Eigenwerten ist dann mit der Zahl bedeutsamer Faktoren identisch (F ü r n t r a t t, 1969). C a t t e l l (1966) schließlich empfiehlt die graphische Darstellung der Eigenwerte als Funktion ihrer Ordnungszahl, dann im rechten Teil der Verlaufskurve eine Gerade anzupassen und die Ordnungszahl des letzten Eigenwertes links auf dieser Geraden als Maßzahl für die zu extrahierenden Faktoren anzusehen (Scree Test).

Wir haben uns entschlossen, diese 3 Eigenwertcharakteristika als Zusatzkriterien zu verwenden.

Zusammenfassend gilt also für die Bestimmung der optimalen Faktorenzahl folgende Leitvorstellung: Die größte der überprüften Lösungen, in der alle Faktoren durch wenigstens drei Variablen mit bedeutsamen Ladungen ($\frac{a^2}{h^2} \geqslant .50$) definiert sind, sollte als optimal angesehen werden (F ü r n t r a t t, 1969, S. 69). Diese Entscheidung verdient insbesondere dann Gewicht, wenn die Zusatzkriterien ebenfalls auf diesen Wert hin konvergieren.

---

[1] Naturgemäß ist die zweifaktorielle Rotationslösung immer in der Lage, jedes Item eindeutig einem Faktor zuzuordnen. Wir werden deshalb dieses Kriterium beim Vergleich mit zweifaktoriellen Rotationslösungen nicht anlegen.

Die Analysen der Aussagen

Tabelle 8 enthält die Entscheidungskriterien für die hier durchgeführte Analyse der Aussagen aufgrund der Daten aus den Stichproben 2 und 3 (N = 279). Wie sich dort zeigt, ist die 3-faktorielle Lösung als die optimale zu akzeptieren. Sie kann insgesamt 16 Aussagen eindeutig einem und nur einem Faktor zuweisen. Die Rotationslösungen höherer Ordnung enthalten bereits Faktoren, die nur noch durch 2 Aussagen gekennzeichnet sind. Die Annahme einer 3-faktoriellen Rotationslösung wird gleichzeitig von dem von P a w l i k (1968) und F ü r n - t r a t t (1969) empfohlenen Eigenwert-Differenzkriterium (1 und 2) nahegelegt. Die restlichen beiden Kriterien (3 und 4) empfehlen die Extraktion von 4 bzw. 5 Faktoren, jedoch ist auch dieses mit der Annahme einer 3-faktoriellen Lösung prinzipiell nicht unvereinbar, da

Tab. 8: Entscheidungskriterien für die Faktorenanalyse der Aussagen aus dem LM-GITTER (N = 279)

1	.56 — .79 — .77 — .40 — .03									
	.30 — .01 — .10 — .03 — .01									
2	3									
3	4									
4	5									
5	a	1F	2F	3F	4F	5F	6F	b Σ		c
									26.62	26.62
	2–F–L	5	10					15	22.06	48.68
	3–F–L	7	5	4				16	15.45	64.15
	4–F–L	6	5	4	2			17	9.02	73.17
	5–F–L	6	2	4	2	3		17	5.74	78.91
	6–F–L	4	0	3	2	4	2	15	5.51	84.42

1 Differenzen aufeinanderfolgender Eigenwerte;
2 Danach zu akzeptierende Faktorenzahl;
3 Anzahl der Eigenwerte ≥ 1;
4 Nach dem „Scree-Test" empfohlene Anzahl zu extrahierender Faktoren;
5 a) Anzahl der die Faktoren kennzeichnenden Variablen in der 2- bis 6-faktoriellen Rotationslösung,
   b) Gesamtzahl kennzeichnender Items,
   c) Anteile an der Gesamtkommunalität einzeln und kumulativ.

Tab. 9: Rotierte Faktorenmatrix der Aussagen des LM-GITTERs (3—F—L) (N = 279)

				F.1	F.2	F.3	h^2	a^2/h^2
1		n	Er fühlt sich wohl dabei.	.05	.21	−.04	.05	.88
2	FM	FM1	Er denkt: „Wenn das schwierig ist, mache ich lieber ein anderes Mal weiter."	.59	.12	.31	.47	.74
3	HE		Er glaubt, daß er das schaffen wird.	−.54	.43	.26	.55	.53
4	HE	HE1	Er denkt: „Ich bin stolz auf mich, weil ich das kann."	−.06	.68	.00	.47	.98
5	FM	FM2	Er denkt: „Ob auch nichts falsch ist?"	−.07	.02	.85	.73	.99
6	FM	FM1	Er ist unzufrieden mit dem, was er kann.	.58	.14	.07	.37	.91
7		n	Er wird dabei müde.	.27	−.08	.45	.28	.72
8	FM	FM1	Er denkt: „Ich frage lieber jemanden, ob er mir helfen kann."	.50	.12	.08	.28	.89
9	HE	HE1	Er denkt: „Ich will das einmal können."	−.05	.50	.16	.28	.89
10	HE		Er glaubt, daß er alles richtig gemacht hat.	−.46	.47	.25	.50	.44
11	FM	FM2	Er hat Angst, daß er dabei etwas falsch machen könnte.	.24	−.05	.76	.63	.92
12		n	Das gefällt ihm nicht.	.65	.05	.02	.43	.98
13	FM	FM2	Er will nichts verkehrt machen.	−.16	.18	.61	.43	.87

				F.1	F.2	F.3	h^2	a^2/h^2
14	HE	HE1	Er will mehr können als alle anderen.	.19	.72	−.01	.55	.94
15	HE	HE1	Er denkt: „Ich will am liebsten etwas machen, was ein bißchen schwierig ist."	.21	.59	−.04	.39	.89
16	n	FM1	Er will lieber gar nichts tun.	.74	.06	−.07	.56	.98
17	HE	HE1	Er denkt: „Wenn das sehr schwer ist, versuche ich das bestimmt länger als andere."	.17	.54	.05	.32	.91
18	FM	FM1	Er denkt, er kann das nicht.	.63	.12	.07	.41	.97

diese Kriterien oftmals zur Bestimmung einer oberen Grenze sinnvoll zu interpretierender Faktoren angesehen werden (P a w l i k, 1968).

Die ersten 3 Faktoren kommen für insgesamt 64,15 % der Gesamt-Kommunalität auf. Die Varianzverhältnisse der aufgeklärten Varianz verteilen sich zwischen den ersten 3 Faktoren wie folgt: 40.31 % : 36.66 % : 28.03 % (nach der Rotation). Die 3 Faktoren klären 42.8 % der Gesamtvarianz.

Tab. 9 enthält die 3-faktorielle Rotationslösung (3-F-L) der Aussagen. Wie daraus hervorgeht, setzen sich erfolgs- und mißerfolgsbezogene Aussagen deutlich voneinander ab. Es gibt einen Faktor (F.2), der mit unserem Konzept der *Hoffnung auf Erfolg* deutlich übereinstimmt. Auf ihm haben alle erfolgsbezogenen Items substantielle Ladungen, alle anderen Items weisen hier nur unbedeutende Ladungen auf. Die Faktoren F.1 und F.3 bringen eine Aufspaltung unseres Konzepts der „Furcht vor Mißerfolg". F.1 beschreibt eher ein *Konzept mangelnder eigener Fähigkeit*, während F.3 eher *Mißerfolgsbefürchtungen* thematisiert. In beiden Faktoren sind auch Items eingeschlossen, die wir ursprünglich als leistungsthematisch „neutral" eingestuft hatten, die aber — unbeabsichtigt — eher negativ formuliert sind, so daß sie hier als negative Begleitemotionen von Handlungsvollzügen in eine gewisse Nachbarschaft zu mißerfolgsbezogenen Items rücken.

F.1, den wir kurz mit einem Konzept mangelnder eigener Fähigkeit umschrieben haben, weist für zwei Items (3 und 10), die dem Bündel der erfolgsbezogenen Items angehören, noch negative substantielle Ladungen auf. Diese Items sind offensichtlich mehrfaktoriell determiniert und sollten zukünftig besonders berücksichtigt werden.

Wir haben oben bereits darauf hingewiesen, daß eine über verschiedene Items aufsummierende Kennwertberechnung Homogenität bzw. faktorielle Geschlossenheit der Skalen verlangt. Die hier eruierten drei Faktoren können eine Basis für die Kennwertberechnung in solch faktoriell geschlossenen Skalen abgeben. Danach müßten die Items 1 (Er fühlt sich wohl dabei), 3 (Er glaubt, daß er das schaffen wird) und 10 (Er glaubt, daß er alles richtig gemacht hat) von der Kennwertberechnung ausgeschlossen werden, da sie entweder eine nur unbedeutende Kommunalität aufweisen (Item 1) oder aber multifaktoriell determiniert sind (Items 3 und 10), bzw. den negativen Pol des FM1-Faktors markieren (Item 3).

Eine Kennwertberechnung nach Maßgabe der faktorenanalytischen Ergebnisse würde demnach die folgenden Skalen umfassen (vgl. Tab. 9, Spalte 3):

Skala HE1: Konzept guter eigener Fähigkeit und erfolgszuversichtliche Bewältigung eher „schwieriger" Aufgaben (Items 4, 9, 14, 15, 17) (F.2).

Skala FM1: Konzept mangelnder eigener Fähigkeit und Initiation von Handlungen zur Abwendung von Mißerfolg. (Items 2, 6, 8, 12, 16, 18) (F.1).

Skala FM2: Furcht vor Mißerfolg (Items 5, 7, 11, 13) (F.3).

Zur Überprüfung der Invarianz der gefundenen Faktorenstruktur gegenüber zufälligen Variationen in der Stichprobenzsammensetzung haben wir die 3-faktoriellen Rotationslösungen aus den Stichproben 2 (N = 139) und 3 (N = 140) miteinander verglichen. Beide Stichproben sollen für die Zielpopulation, nämlich Schüler des 3. und 4. Grundschuljahrs, repräsentativ sein. Nach T u c k e r (1951) berechnete Faktorkongruenzkoeffizienten ergaben Werte von .98 (F.1), .95 (F.2) und .91 (F.3) zwischen jeweils „identischen" Faktoren und Koeffizienten von —.04 bis .25 zwischen „nicht identischen" Faktoren. Die Faktorenstruktur kann damit als stabil angesehen werden.

Die Dimensionalität eines Meßverfahrens sollte ferner auch bei wiederholter Anwendung invariant bleiben, d. h. ein Verfahren sollte auch bei der zweiten Durchführung die gleichen Dimensionen messen, wie bei der ersten Durchführung. Wir haben von insgesamt 84 Vpn aus Stichprobe 3 (42 Vpn nach 2 Wochen, 42 Vpn nach 8 Wochen) Daten aus einer 2. Testdurchführung vorliegen. Die 3-faktorielle Rotationslösung für diese Daten ist wiederum mit der entsprechenden Lösung in der Original-Stichprobe bei der ersten Testdurchführung nahezu identisch. Für die Faktoren 1 bis 3 ergeben sich Faktorkongruenzkoeffizienten von .97, .98 und .94, während die Koeffizienten für nicht identische Faktoren von —.09 bis .21 reichen.

Wir haben hier ein Verfahren entwickelt, das für beide Geschlechter gleichermaßen Gültigkeit besitzen soll. Das Verfahren sollte deshalb bei Jungen und Mädchen Identisches messen und gleiche Faktorenstrukturen aufweisen. Wir haben deshalb in der Gesamtstichprobe noch einmal getrennt für Jungen (N = 121) und Mädchen (N = 158) Faktorenanalysen berechnet. Auch hier belegen die Ergebnisse die Gleichheit der Faktorenstrukturen. Dies zeigen wiederum auch die Kongruenzkoeffizienten. Sie liegen für die Faktoren 1 bis 3 bei .97,

.96 und .89. Die Koeffizienten für nicht identische Faktoren liegen zwischen −.18 und .30.

In Stichprobe 4 haben wir das Verfahren auch bei einer älteren Jungenstichprobe angewendet. Wir prüften hier, ob man eine identische Faktorenstruktur der Aussagen auch bei dieser Stichprobe unterstellen darf. Die Ergebnisse der Faktorenanalyse bestätigen dies. Ein Vergleich mit der 3-faktoriellen Rotationslösung der Jungen aus Stichprobe 2 ergab für alle drei Faktoren Kongruenzkoeffizienten von .91. Jedoch scheint es zwischen den Faktoren 2 (HE1) und 3 (FM2) einen gewissen Überlappungsbereich zu geben (Kongruenzkoeffizienten: .33 bzw. .38), was bereits bei den mit zunehmendem Alter ansteigenden HE/FM-Korrelationen vermerkt wurde.

Berechnet man nun auf der Grundlage der hier vorgenommenen faktoriellen Aufspaltung der Konzepte nochmals Skaleninterkorrelationen, so ergeben sich die folgenden Werte: HE1/FM1: .04 bis .14; HE1/FM2: −.11 bis −.18 und FM1/FM2: −.28 bis −.36 (Stichproben 1 bis 3). Danach kann man auch für die revidierten Skalen Unabhängigkeit erfolgs- und mißerfolgsbezogener Tendenzen annehmen; jedoch existiert eine deutliche negative Beziehung zwischen den beiden empirisch fundierten FM-Skalen. In Stichprobe 4 erhöhen sich diese Korrelationen auf die folgenden Werte: HE1/FM1: .18; HE1/FM2: .40. Diese unterschiedlichen Beziehungen lassen die oben in Erwägung gezogene Interpretation eines Wirksamwerdens der Zustimmungstendenz unwahrscheinlich erscheinen und sprechen eher für spezifische Konzeptaffinitäten in dieser Stichprobe.

Wir sind in den oben dargelegten Befunden der Frage nachgegangen, durch welche Faktorenstruktur denn die Gesamtheit der im GITTER enthaltenen Items möglichst eindeutig beschrieben werden kann. Unter der Annahme, daß diese Items bedeutungsvolle motivbezogene Konzepte darstellen und gleichzeitig für diese einen gewissen Grad an Repräsentativität aufweisen, war intendiert worden, der Kennwertberechnung eine empirisch fundierte Basis zu verschaffen.

Eine Frage, die über diesen Ansatz hinausführt ist die, wieviele Faktoren denn überhaupt in dem LM-GITTER unterscheidbar sind, wobei man an die Möglichkeit denkt, daß es vielleicht einige isolierbare Motivkomponenten gibt, die lediglich bei Anlegen unserer Kriterien in der 3-faktoriellen Rotationslösung keine Möglichkeit zur Verselbständigung gefunden haben. Wir entschlossen uns, für diesen eher explorativen Ansatz die 5-faktoriellen Rotationslösungen aus den Stichproben

2 und 3 (N = 279) heranzuziehen. Die Faktorenmatrix ist in Tabelle 10 dargestellt. Ein Überblick über die Tabelle zeigt, daß die Faktoren F.1 und F.3 mit den bereits bekannten Faktoren FM1 und FM2 nahezu identisch sind, während die übrigen Faktoren eine Aufspaltung des ursprünglichen HE-Konzepts bringen. Sichtet man diese Faktoren unter dem Aspekt einer möglichst vielfältigen, wenn auch hypothetischen Aufspaltung motivbezogener Konzepte, könnte man etwa zu einem Ordnungsschema, wie in Tabelle 11 dargestellt, gelangen. In diesem Schema sind alle Komponenten faktoriell belegt. Lediglich die auf Vermeidung von Mißerfolg gerichteten handlungsbezogenen Kognitionen sind hypothetisch und allein aufgrund Symmetrieüberlegungen aufgenommen.

Diskussion

Die als optimal anerkannte 3-faktorielle Rotationslösung der im GITTER enthaltenen Aussagen konnte in motivationstheoretisch relevanten Termini beschrieben werden, war jedoch mit einer 2-Faktoren-Annahme der LM nicht vereinbar. Entgegen dieser Annahme erwies sich das FM-Konzept als in zwei Komponenten aufgeteilt. Diese Differenzierung kann im übrigen nicht als ein Spezifikum dieser speziellen Rotationslösung angesehen werden. Sie ist ganz im Gegenteil sehr konservativ und bis in die 5-faktorielle Lösung hinein verfolgbar.

Ebensowenig erwartet worden war das Auftreten eines bipolaren Faktors, der an seinem positiven Pol durch ein „Konzept mangelnder eigener Fähigkeit und Initiation von Handlungen zur Abwendung von Mißerfolg" (FM1) gekennzeichnet ist, aber an seinem negativen Pol noch eine Komponente „Erfolgszuversicht" aufweist. Es ist durchaus noch mit Besonderheiten der Rotationslösung zu erklären, wenn hier Gefühle der Erfolgszuversicht in eine Ausschließlichkeitsrelation zu Konzepten mangelnder eigener Fähigkeiten rücken.

Was die Zweiteilung der FM-Komponente anbetrifft, so gibt es in der LM-Theorie noch keinen festen theoretischen Bezugsrahmen, in dem sich dieses einordnen ließe, jedoch bereits einige Hinweise, die eine Mehrdimensionalität von FM erwarten lassen. So unterzogen etwa S a d e r & K e i l (1968) die im Schlüssel von H e c k h a u s e n (1963b) enthaltenen Inhaltskategorien einer Faktorenanalyse und fanden, „daß eine Drei-Faktorenannahme die bestmögliche Beschreibung des Schlüssels darstellt" (S. 28). Auch hier erwies sich das FM-Konzept

Tab. 10: Rotierte Faktorenmatrix der Aussagen des LM-GITTERs (5–F–L) (N = 279)

			F.1	F.2	F.3	F.4	F.5	h^2
1	n		Er fühlt sich wohl dabei.	.15	−.16	−.11	.16	.27	.16
2	FM	FM1	Er denkt: „Wenn das schwierig ist, mache ich lieber ein anderes Mal weiter."	.48	.10	.37	.28	−.21	.50
3	HE		Er glaubt, daß er das schaffen wird.	−.30	.09	.13	−.03	.73	.65
4	HE	HE1	Er denkt: „Ich bin stolz auf mich, weil ich das kann."	.07	.50	−.05	.22	.48	.53
5	FM	FM2	Er denkt: „Ob auch nichts falsch ist?"	−.02	−.20	.80	.03	.25	.75
6	FM	FM1	Er ist unzufrieden mit dem, was er kann.	.60	.05	.07	.13	−.03	.38
7	n	FM2	Er wird dabei müde.	.21	.20	.50	−.13	−.15	.38
8	FM	FM1	Er denkt: „Ich frage lieber jemanden, ob er mir helfen kann."	.50	−.09	.08	.22	−.03	.31
9	HE	HE1	Er denkt: „Ich will das einmal können."	.08	.03	.08	.31	.48	.34
10	HE		Er glaubt, daß er alles richtig gemacht hat.	−.20	.20	.13	−.10	.75	.67
11	FM	FM2	Er hat Angst, daß er dabei etwas falsch machen könnte.	.20	−.14	.76	.08	−.00	.65
12	n	FM1	Das gefällt ihm nicht.	.70	.07	−.02	−.04	−.06	.51

				F.1	F.2	F.3	F.4	F.5	h²
13	FM	FM2	Er will nichts verkehrt machen.	−.17	.21	**.62**	.05	.18	.48
14	HE	HE1	Er will mehr können als alle anderen.	.17	**.72**	.02	.38	.19	.73
15	HE	HE1	Er denkt: „Ich will am liebsten etwas machen, was ein bißchen schwierig ist."	.07	.15	−.01	**.82**	.01	.71
16	n	FM1	Er will lieber gar nichts tun.	**.81**	.26	−.05	.18	−.09	.76
17	HE	HE1	Er denkt: „Wenn das sehr schwer ist, versuche ich das bestimmt länger als andere."	.10	.11	.05	**.65**	.14	.47
18	FM	FM1	Er denkt, er kann das nicht.	**.68**	.08	.05	.12	.03	.49

Tab. 11: 6–faktorielles Klassifikationsschema von Motivkomponenten

	Handlungsbezogene Kognitionen	Bezogen auf die affektiven Vorwegnahmen von Handlungsausgängen	Bezogen auf Selbstkonzepte der eigenen Fähigkeit
Auf die Erlangung von Erfolg gerichtet	Ansichten über bevorzugte Formen von leistungsbezogenen Handlungen, die zur Erlangung von Erfolg führen. Items 15, 17 (hier: Ausdauer und Zielsetzungen betreffend) F.4	Erfolgszuversicht. Items 3, 10 F.5	Konzept guter eigener Fähigkeit. Items 4, 14 F.2
Auf die Vermeidung von Mißerfolg gerichtet	Ansichten über instrumentelle Handlungen zur Vermeidung von Mißerfolg. Items 2, 8 (hier: Aufschub von Handlungen, Annahme fremder Hilfe) hypothetisch	Furcht vor Mißerfolg. Items 5, 7, 11, 13 F.3	Konzept mangelnder eigener Fähigkeit. Items 6, 18 (Dies ist verbunden mit Kognitionen, die sich auf Handlungsmeidung, bzw. instrumentelle Handlungen zur Vermeidung von Mißerfolg beziehen) Items 2, 8, 12, 16 F.1

als in 2 Faktoren zerlegbar. L i e b e r t & M o r r i s (1967) haben kognitive und emotionale Komponenten von Prüfungsängstlichkeit ausgesondert und haben erstere als Sorge (worry) gefaßt und mit mangelndem Selbstvertrauen, Besorgnis im Hinblick auf die Güte eigener Leistung und in bezug auf die Konsequenzen von Mißerfolg, sowie mit dem kritischen Abschätzen der eigenen Fähigkeit beschrieben. Emotionale Komponenten (emotionality) beinhalten eher Anzeichen autonomer Erregungsprozesse und affektive Reaktionen auf die Prüfungssituation selbst. Unterschiedliche Verhaltenskorrelate beider Komponenten konnten in den Untersuchungen von L i e b e r t & M o r r i s (1967), S p i e g l e r et al. (1968), D o c t o r & A l t m a n (1969) und M o r r i s & L i e b e r t (1970) gesichert werden. In unserem Kontext erscheint wichtig, daß die kognitive Komponente (worry) eher negativ auf Leistungen und Erfolgserwartungen bezogen ist. Bei der affektiven Komponente (emotionality) sind diese Beziehungen dagegen kaum ausgeprägt. Gorsuch (1966) schließlich fand bei einer Faktorenanalyse des TAQ zwei Faktoren zweiter Ordnung, die er als „Emotionalität" und „ängstliche Vermeidungen von Prüfungen" beschreibt. Bei einer deutschen Übersetzung des TAQ fanden sich Faktoren, die ebenfalls ganz im Sinne dieser Konzepte interpretiert werden können (Fisch & Schmalt, 1970). Die hier gefundenen Komponenten der GITTER-FM lassen eine gewisse Verwandtschaft zu den Test-Angst-Faktoren erkennen. In den kognitiv orientierten Motivationsmodellen von Weiner et al. (1971), Weiner (1974), Kukla (1972b) und auch von Meyer (1973) sind Konzepte der eigenen Fähigkeit (F.1) zu bedeutsamen theoretischen Konstrukten geworden.

Ein weiterer Hinweis auf die mögliche Mehrdimensionalität des FM-Konstrukts ergibt sich aus den komplexen Zusammenhängen mit Leistungsmaßen (Birney et al., 1969). Atkinson (1964, S. 244–246; S. 285–292; Atkinson & Feather, 1966, S. 333–337) hat generell der FM-Komponente eine inhibitorische Funktion in Leistungssituationen zugeschrieben, jedoch scheint es, daß dies nicht uneingeschränkt gilt und mit der jeweiligen versuchssituativen Einbettung und verschiedenartigen Aufgabencharakteristika variiert (Heckhausen, 1963b, 1967; Schneider, 1973). Es wäre denkbar, daß diese Uneinheitlichkeit z. T. auch darin begründet ist, daß in den verschiedenen Meßinstrumenten unterschiedliche Aspekte des FM-Konzepts, die ihrerseits unterschiedliche Verhaltensimplikationen besitzen, zur Vorhersage herangezogen werden, bzw. daß diese unterschiedlichen Aspekte im TAT, in dem offensichtlich beide Komponenten konfundiert sind (Meyer, 1972; Heckhausen, 1974a), in unterschiedlichen Gewichtungsverhältnissen vorlagen. Die GITTER-Aussagen, die sich auf hemmende Prozesse in leistungsbezogenen Handlungsvollzügen beziehen (12 und 16), sind stets mit dem Konzept mangelnder eigener Fähigkeit (6 und 18) im Faktor FM1 verbunden. Man könnte deshalb vermuten, daß letzterer mit der inhibitorischen Tendenz bei Leistungsvollzügen verbunden ist, das Konzept „Furcht vor Mißerfolg" (FM2) jedoch nicht.

Die Feststellung der Angemessenheit der Unterscheidung von drei motivbezogenen Faktoren bezieht sich in dieser Form lediglich auf die 18 im GITTER enthaltenen Aussagen, und beantwortet in keiner Weise die Frage nach der „wahren" Dimensionalität des Leistungsmotivkonstrukts gleichzeitig mit. Extrapolationen dieser Art sind dann und nur dann gestattet, wenn sichergestellt ist, daß das in die Analyse einbezogene Itembündel den gegebenen Merkmalsraum adäquat abbildet; was jedoch in einem bestimmten Fall „adäquate Abbildung" bedeutet, bedürfte wiederum erst faktorieller Aufklärung — das Dilemma der Faktorenanalyse. Befreiung aus diesem Dilemma erscheint allenfalls durch Prozesse sukzessiver Approximation denkbar. Ein solcher Annäherungsprozess könnte durch die Betrachtung einer Rotationslösung höherer Ordnung eingeleitet werden, wobei man von der Vermutung ausgeht, daß jene der „wahren" Merkmalsstruktur näher kommt, als diejenige niedrigerer Ordnung, bei gleichzeitig größerer hypothetischer Belastung einzelner Faktoren.

Die Analyse der Situationen

Analog zur Dimensionsanalyse der im GITTER enthaltenen Aussagen haben wir Analysen über die 18 Situationen berechnet und hierbei die HE- und FM-Werte zugrunde gelegt. Da diese Analysen sehr umfangreich und komplex waren, um schließlich dennoch nicht zu dem erwarteten Resultat zu führen — nämlich einer deutlich ausgeprägten Faktorenstruktur, die der Berechnung situationsspezifischer Motivationskennwerte hätte zugrunde gelegt werden können —, werden wir diese Ergebnisse nur zusammenfassend berichten und verweisen im übrigen auf die detaillierte Darstellung in S c h m a l t (1974, S. 261—278).

Wir waren bei der Analyse der Situationen von der Erwartung ausgegangen, daß sich Situationsbündelungen ergeben würden, die *inhaltlicher* Interpretation gegenüber offen sind. Die Ergebnisse zeigten jedoch, daß es für jede der beiden Kennwerttypen (HE und FM) zwei formale Faktoren von hohen Stabilitätsgraden gibt, die als Testverlaufsfaktoren interpretiert werden müssen. Die Verlaufsfaktoren stehen in einem sich doppelseitig kompensierenden Verhältnis, insofern, als in jeder Testhälfte jeweils ein varianzstarker und ein varianzschwacher HE- bzw. FM-Faktor die Ähnlichkeitsrelationen jeweils benachbarter Bildsituationen determiniert. Diese dreifache Interaktion zwischen Position im Test, Kennwerttyp und Varianzstärke des Faktors war über eine Chi-Quadrat-Zerlegung (S u t c l i f f e, 1957) abzusichern (Chi-Quadrat = 24.00, $p < .001$).

Die Existenz dieser unerwartet auftretenden Serialeffekte erschwert natürlich in hohem Maße die intendierte Zusammenfassung der Bildsituationen nach inhaltlichen Gesichtspunkten, wenngleich es in einer 5-faktoriellen Rotationslösung auch Faktoren gibt, die in sehr plausibler Weise inhaltlich beschrieben werden können. Diese Inhaltsfaktoren waren nicht kongruent mit den von uns vorgenommenen apriorischen Einteilungen, waren jedoch auf diese bezogen, weil oft mehrere Situationen eines Bereichs deutlich einen Faktor charakterisieren. Bereiche, die sich in dieser Hinsicht als voneinander absetzbar erwiesen, waren die Bereiche B (MUSIK), D (SELBST), E (HELFEN) und F (SPORT). Außerdem ergab sich bei der Analyse der Situationen auf der Basis der mißerfolgsbezogenen Aussagen ein Hinweis für die Triftigkeit der von uns vorgenommenen Unterteilung der Situationen anhand der Art, der in ihnen relevant werdenden Bezugsnormen. Dies deutet auf die Tunlichkeit und Notwendigkeit einer differenzierten Betrachtung von Motivationskennwerten hin, wenngleich in dem vorliegenden Fall wegen des nur geringen Anteils der durch diese Inhaltsfaktoren aufgeklärten Varianz, die angestrebten Unterscheidungen die erforderliche Schärfe bei der Diskriminierung nicht erreichen können. Hinzu kommt, daß nicht alle Situationen die gleiche Chance haben, einem Inhaltsfaktor anzugehören, da die Varianz bei den reihungsersten und reihungsletzten Situationen im höheren Ausmaß durch die Verlaufsfaktoren aufgeklärt ist als bei Situationen in der Testmitte.

Zusammenfassung

Bei Faktorenanalysen der 18 im LM-GITTER enthaltenen Aussagen wurde eine 3-faktorielle Rotationslösung als die optimale akzeptiert. Die dabei isolierten Faktoren konnten als ein HE-Faktor und zwei FM-Faktoren identifiziert werden, wobei sich in letzteren zum einen ein Konzept mangelnder eigener Fähigkeit und zum anderen emotionale Komponenten der Mißerfolgsantizipation faktoriell zusammengeschlossen haben. Diese Faktorenstruktur ließ sich über verschiedenen Populationen und auch bei wiederholter Testdurchführung auffinden. In einem eher explorativen Ansatz gelangten wir zu einem 6-faktoriellen Klassifikationsschema leistungsbezogener Motivkomponenten, in dem jeweils für die Tendenzen HE und FM handlungsstrukturierende Kognitionen, Erfolgs- und Mißerfolgsantizipationen und Fähigkeitskonzepte getrennt werden. In den Faktorenanalysen der Situationen, die auf der Basis der HE- und FM-Werte vorgenommen wurden, erwiesen sich die jeweiligen 2 Hauptdimensionen als Testverlaufsfaktoren. Am Anfang des Tests stehende Situationen werden aufgrund der HE-Aussagen als ähnlich beurteilt, für Situationen, die am Ende des Tests stehen, gilt dieses entsprechend für FM-Aussagen. Implikationen für die angestrebte Differenzierung von LM-Kennwerten anhand des inhaltlich definierten situationalen Kontexts, in dem sie erhoben wurden, wurden diskutiert.

9. Kapitel

DIE RELIABILITÄT DES LM-GITTERS

Wir haben für das LM-GITTER zunächst die Retestkoeffizienten ermittelt, und zwar für Zeitintervalle von 2, 4 und 8 Wochen. Wir zogen hierzu Stichprobe 3 (N = 140) heran. Die Vpn-Zahlen verteilen sich wie folgt auf die drei Sitzungen:

2 Wochen (N = 42)
4 Wochen (N = 56)
8 Wochen (N = 42).

Da wir in der Stichprobe, in der die Testwiederholung nach 4 Wochen durchgeführt wurde, Zweifel an einer instruktionsgemäßen Durchfüh-

Tab. 12: Wiederholungszuverlässigkeiten für die Situationskomplexe des LM-GITTERs und für das Gesamt-GITTER

		2 Wo.	8 Wo.			2 Wo.	8 Wo.
	aut	.80	.69				
HE1	soz	.80	.73				
	ges	.85	.74				
	aut	.68	.67		aut	.76	.65
FM1	soz	.59	.81	FM2	soz	.82	.69
	ges	.67	.79		ges	.85	.70
	aut	.79	.76		aut	.77	.54
GM1	soz	.72	.81	GM2	soz	.82	.61
	ges	.78	.81		ges	.83	.60
	aut	.69	.58		aut	.81	.78
NH1	soz	.66	.71	NH2	soz	.79	.80
	ges	.73	.70		ges	.87	.83

rung hatten, teilen wir hier lediglich die Koeffizienten bei einem Wiederholungsintervall von 2 und 8 Wochen mit. Diejenigen für das 4-Wochen Intervall liegen durchweg niedriger und sind in S c h m a l t (1974, S. 239–240; 260–261) mitgeteilt. Tabelle 12 enthält die Reliabilitätskoeffizienten für die Situationskomplexe aut und soz sowie für das Gesamt-GITTER (ges). Zieht man insbesondere hier diese letzteren heran, so zeigt sich, daß die Zuverlässigkeit in einer Größenordnung liegt, die von vergleichbaren Verfahren kaum übertroffen wird (vgl. Tab. 1).

Tab. 13 enthält die Retestkoeffizienten für die 18 im GITTER enthaltenen Aussagen. Wie sich dort zeigt, gibt es recht deutliche Unterschiede in der Größenordnung der Zuverlässigkeit.

Diese Koeffizienten liegen erwartungsgemäß deutlich höher als diejenigen, die für den TAT berichtet werden. Zusammenfassend berichtet

Tab. 13: Wiederholungszuverlässigkeiten für die 18 Aussagen des LM-GITTERs nach 2 und 8 Wochen

lfd. Nr.	Skala	2 Wo.	8 Wo.
1		.41	.71
2	FM1	.49	.58
3		.77	.56
4	HE1	.65	.61
5	FM2	.73	.71
6	FM1	.67	.72
7	FM2	.59	.75
8	FM1	.58	.65
9	HE1	.75	.59
10		.67	.66
11	FM2	.72	.47
12	FM1	.65	.56
13	FM2	.75	.67
14	HE1	.87	.70
15	HE1	.90	.77
16	FM1	.80	.75
17	HE1	.72	.62
18	FM1	.56	.60

etwa McClelland (1971), daß nach einem Intervall von 1 Woche im Schnitt etwa Wiederholungszuverlässigkeiten von .15 bis .30 zu erwarten sind. Eine obere Grenze scheint jedoch bei etwa .60 zu liegen (Heckhausen, 1967; Sader & Specht, 1967; Haber & Alpert, 1958).

Wir haben schließlich über einen varianzanalytischen Versuchsplan (Hoyt, 1941) die Konsistenz des Verfahrens abzuschätzen versucht. Wir haben hierbei die Motivkennwerte aus den 6 Situationsbereichen zugrunde gelegt. Tab. 14 gibt die Konsistenzkoeffizienten für die einzelnen Motivkennwerte wieder. Wie sich zeigt, liegen auch diese Werte in einer Größenordnung, die von äquivalenten Verfahren kaum erreicht wird.

Tab. 14: Konsistenzschätzung nach HOYT für die verschiedenen Kennwerte des LM-GITTERs

HE1	FM1	FM2
.92	.91	.88

Demnach kann man die Qualitäten des LM-GITTERs im Hinblick auf die hier analysierten Aspekte der Reliabilität als vollauf befriedigend bezeichnen.

10. Kapitel

VALIDIERUNGSSTUDIEN I

Beziehungen zu validitätsnahen Variablen

In einem ersten Ansatz haben wir die korrelativen Beziehungen zu verschiedenen validitätsnahen Variablen bestimmt. Dabei wurden sowohl Verfahren herangezogen, die das identische Konstrukt erfassen wie das LM-GITTER, als auch solche, bei denen das gemessene Konstrukt lediglich in eine gewisse theoretische Nähe zum Leistungsmotiv gerückt wird.

Beziehungen zum TAT (M e y e r et al.): In Stichprobe 1 haben wir den TAT (M e y e r et al., 1965) und das LM-GITTER in einem etwa 4-wöchigen Abstand (in dieser Reihenfolge, verschiedene Vl) durchgeführt. Der TAT wurde in einer Gruppensitzung angewendet, die Bilder wurden mittels Dia projiziert. Die Vpn mußten ihre Geschichten auf hierzu vorbereiteten Formularen, auf denen die Standardfragen zur Strukturierung einer Geschichte abgedruckt waren (M e y e r et al., 1965, S. 305), niederschreiben. Versuchsdurchführung und Verrechnung der Kategorien erfolgte nach bekannten Vorgehensweisen (H e c k h a u s e n, 1963b, M e y e r et al., 1965).[1]

Die ermittelten Korrelationen zwischen den TAT-Kennwerten und den GITTER-Kennwerten, sowohl für die Situationsbereiche, wie für die Situationskomplexe und das Gesamtverfahren, sind in Tab. 15 dargestellt. Tab. 15 zeigt, daß sich die deutlichsten Korrelationen zu TAT-HE und TAT-GM ergeben. Bei den Situationsbereichen ergeben sich die deutlichsten Beziehungen in den Bereichen A (MANUELL) und E (HELFEN). Der M e y e r-TAT enthält insgesamt 4 Bildsituationen, in denen schulbezogene Tätigkeiten thematisiert sind. Aufgrund des gleichthematischen situationalen Hintergrundes wäre hier eine beson-

---

[1] Auswerter-Übereinstimmung: HE: .88, FM: .97, GM .91, NH: .88.

Tab. 15: Korrelationen zwischen den Kennwerten des TAT und den LM-GITTER-Kennwerten für die Situationsbereiche A–F, die Situationskomplexe aut und soz und das Gesamt-GITTER (ges)[b]

		TAT HE	TAT FM	TAT GM	TAT NH
A	HE1	.36[+]		.42[++]	
	FM1		−.33[+]		.31
	FM2				
	GM1	.38[+]		.24	.36[+]
	GM2	.40[+]		.44[+]	.23
	NH1		.32	.32	
	NH2			.24	
B	HE1	.29		.27	.21
	FM1				
	FM2	.22			.20
	GM1				
	GM2	.38[+]		.32	.29
	NH1	.23		.29	
	NH2				
C	HE1	.26			.22
	FM1				
	FM2				
	GM1	.28		.22	.23
	GM2	.21			.22
	NH1				
	NH2				

		TAT HE	TAT FM	TAT GM	TAT NH
D	HE1	.24		.25	
	FM1				
	FM2	.28		.30	
	GM1	.26			.23
	GM2	.36[+]		.38[+]	.23
	NH1				
	NH2				
E	HE1	.41[+]		.30	.36[+]
	FM1				
	FM2	.29		.22	.25
	GM1	.27		.38[+]	.24
	GM2	.52[++]		.33[+]	.45[++]
	NH1	.36[+]			.26
	NH2				
F	HE1	.21		.20	
	FM1				
	FM2				
	GM1	.27		.24	.20
	GM2			.21	
	NH1				
	NH2				

		TAT HE	TAT FM	TAT GM	TAT NH
aut	HE1	.28		.31	
	FM1		−.26		
	FM2	.22		.21	
	GM1	.23			.24
	GM2	.38[+]		.39[+]	
	NH1		.23	.32	
	NH2				
soz	HE1	.38[+]		.30	.31
	FM1				
	FM2				
	GM1	.33		.23	.29
	GM2	.43[++]		.32	.37[+]
	NH1	.25			.22
	NH2				
ges	HE1	.34[+]		.31	.25
	FM1				
	FM2	.21			
	GM1	.28			.28
	GM2	.42[++]		.38[+]	.32
	NH1	.22		.27	
	NH2		−.31		

+ p < .05; ++ p < .01

[b] (Korrelationen < .20 wurden fortgelassen)

ders deutliche Beziehung zu den Kennwerten aus Bereich C (SCHULE) zu erwarten gewesen. Eine solche Erwartung findet jedoch keine Bestätigung.

Keine der im LM-GITTER isolierten FM-Konzepte weist Beziehungen zu TAT-FM auf. FM2 scheint hingegen leicht mit TAT-HE korreliert zu sein. Diese Tatsache ist auch für die deutlichen Korrelationen zwischen GM2 und TAT-HE verantwortlich.

Die 18 aus dem LM-GITTER gewonnenen Extensitätsmaße weisen keine deutlichen Beziehungen zum TAT auf. Lediglich Item 4 (HE) korreliert mit TAT-GM bei .47 ($p < .01$) und Item 9 (HE) mit TAT-NH bei .33 ($p < .05$).

Beziehungen zum KAT (T h u r n e r & T e w e s): Der bereits oben beschriebenen Unterstichprobe aus Stichprobe 3, bei der wir die Lügen-Skala von A s c h e r s l e b e n (1971) applizierten, haben wir auch den Kinder-Angst-Test (KAT) von T h u r n e r & T e w e s (1969) gegeben.

Wegen der nur unzureichenden Konstruktvalidierung des KAT ist kaum eine konkrete Erwartung bezüglich des Zusammenhangs mit unseren Motivationskennwerten abzuleiten, jedoch zeigt die Erfahrung mit Angst-Skalen, daß sie zumindest geringfügig positiv miteinander korreliert sind (L e v i t t, 1967; H e r r m a n n, 1969; G ä r t n e r - H a r n a c h, 1972), gleichgültig, welchem theoretischen Bezugssystem die Skalen entstammen. Wir können deshalb hier schwache positive Korrelationen zwischen dem KAT und den GITTER-FM-Maßen erwarten.

Tab. 16: Korrelationen der Motivationskennwerte des LM-GITTERs mit dem KAT (N = 86)

HE1	FM1	FM2	GM1	GM2	NH1	NH2
.19	.23$^+$	.26$^+$	.27$^+$	.30^{++}	−.04	.01

$^+ p < .05$; $^{++} p < .01$

Tab. 16 bestätigt diese Erwartungen.

Beziehungen zu Attribuierungsvoreingenommenheiten: Die Leistungsmotivationstheorie in ihrer Ausformulierung von A t k i n s o n (1964) macht leistungsmotiviertes Verhalten von der Erwartung abhängig, daß eine Handlung zu einem bestimmten Ziel führt und von dem Anreizwert dieses Zielobjekts. Die Attribuierungstheorie hat jedoch belegen können, daß eben diese Modellparameter, nämlich Erwartungen und Anreizwerte, von den wahrgenommenen Ursachen von Handlungen abhängen, so daß es wichtig erscheint, Ursachenzuschreibungen in ein Modell leistungsmotivierten Verhaltens aufzunehmen (Weiner, 1972, 1974; Weiner et al., 1972).

Feather (1967a) hat unter Berücksichtigung von empirischen Befunden eine Modellrevision vorgeschlagen, in der eine moderierende Wirkung des Ausmaßes an Selbstverantwortlichkeit (C) auf die Beziehung von Anreiz und Erfolgswahrscheinlichkeit angenommen wird. Es gibt offensichtlich interindividuelle Unterschiede für die Intensität der Selbstverantwortlichkeit, und dies auch vor allem im Hinblick auf Erfolg und Mißerfolg. Es gibt Individuen, die sich eher für ihre Erfolge als für ihre Mißerfolge verantwortlich fühlen und sich dementsprechend auch belohnen – und den entsprechend umgekehrten Fall. Solche Asymetrien in der Selbstverantwortlichkeit für Erfolge und Mißerfolge (Feather, 1967a; Meyer, 1969, 1973) sollten mit unterschiedlichen Gerichtetheiten des Leistungsmotivs einhergehen. (Heckhausen, 1972b, S. 965). In ähnlicher Weise argumentieren Weiner & Kukla (1970) und auch Weiner et al. (1972). Von Hochmotivierten (Erfolgsmotivierten) wird eher als von Niedrigmotivierten (Mißerfolgsmotivierten) erwartet, daß sie Erfolge internal attribuieren, d. h. sich selbst dafür verantwortlich fühlen.

Der Grad der Selbstverantwortlichkeit wird oftmals mit einer von Rotter (1966) vorgestellten Methode gemessen. Für Kinder haben Crandall et al. (1965) ein Instrument entwickelt (Intellectual Achievment Responsibility Questionnaire, IAR), in dem zu erfolgs- und mißerfolgsbezogenen Handlungsausgängen Antwortalternativen vorgegeben sind, in denen eher persönliche (internale) oder aber äußere (externale) Verursachungsbegründungen angeboten werden.

Feather (1967b) und Gold (1968) finden keine Korrelation zwischen Leistungsmotivationsmaßen und Selbstverantwortlichkeitsdaten. Lichtman & Julian (1964) und Odell (1959) berichten geringe positive Korrelationen (zit. nach Meyer, 1973 S. 60), ebenso wie Powell & Vega (1972). Positive Beziehungen zwischen erfolgsbezogener Leistungsmotivation und Selbstverantwortlichkeit für Erfolge berichten Krug (1971), Meyer (1973) und auch Weiner & Potepan (1970) und Weiner & Kukla (1970). Dies gilt in der Regel für männliche Vpn. Die Befunde für weibliche Vpn sind generell inkonsistent. Ebenso sind die Befunde in bezug auf die mißerfolgsmeidende Motivkomponente und der Mißerfolgsverantwortlichkeit uneinheitlich. Wir erwarten deshalb hier insbesondere positive Beziehungen zwischen der Erfolgsverantwortlichkeit und HE. Da Selbstverantwortlichkeit im IAR hauptsächlich anhand schulischer Leistungen erfragt wird, sind positive Beziehungen insbesondere dann zu erwarten, wenn die LM ebenfalls zu gleichen Bildsituationen erhoben wird (vgl. W e i n e r, 1972, S. 339; M e y e r, 1973, S. 62).

In Stichprobe 1 wurde die Selbstverantwortlichkeit mit einer von M e y e r (M e y e r & W a c k e r, 1970; M e y e r, 1973) revidierten Fassung des IAR von C r a n d a l l et al. (1965) erfaßt. Folgende Kennwerte wurden berechnet: I+ (Anzahl der internalen Attribuierungen bei Erfolg), I− (Anzahl der internalen Attribuierungen bei Mißerfolg), Ig (= (I+) + (I−)) und In (= (I+) − (I−)). Das GITTER und der IAR wurden in einem Abstand von einer Woche vom gleichen Vl angewendet. Tab. 17 zeigt, daß sich unsere Erwartungen generell bestätigen. HE und I+ sind positiv miteinander korreliert, was jedoch zufallskritisch nicht abzusichern ist. Betrachtet man jedoch diese Beziehungen getrennt für Jungen und Mädchen, so ergibt sich eine deutliche Korrelation zwischen HE und I+ für Jungen ($r = .50$, $p < .05$) und keine Korrelation bei den Mädchen ($r = .09$, n. s.). Nur unbedeutende Beziehungen ergeben sich zwischen den 18 Extensitätsmaßen des GITTERs und dem IAR.

Diskussion: Die Korrelationsstudien haben im Hinblick auf den TAT gezeigt, daß bei HE eine befriedigende Übereinstimmung zwischen den beiden Verfahren besteht. Keine Übereinstimmung besteht jedoch zwischen den FM-Maßen. Dies könnte daran liegen, daß man beim GITTER bei der Messung von HE und FM mit unterschiedlichen Prozessen beim Bearbeiten des Verfahrens rechnen muß. Während in bezug auf das Erfolgsmotiv eine verfahrensübergreifende „Synchronisation" entsprechender Prozesse gelungen ist, ist dies für das Mißerfolgsmotiv ausgeblieben. Auf die Tatsache, daß bei der Messung des letzteren mit genuinen Prozessen zu rechnen ist, haben wir bereits oben hingewiesen. Die gleiche Konstellation − konvergente Validität lediglich in bezug auf die HE-Komponente − haben wir im übrigen auch bei gleicher Verfahrenskombination bei einer Erwachsenen-Form des hier vorgestellten Verfahrens gefunden (S c h m a l t, in Vorb.).

Wir haben oben bereits erwähnt, daß das TAT-Verfahren als ein kombiniertes Intensitäts- und Extensitätsmaß für das Leistungsmotiv ange-

Tab. 17: Korrelationen zwischen den Kennwerten des IAR und den LM-GITTER-Kennwerten für die Situationsbereiche A–F, die Situationskomplexe aut und soz und das Gesamt-GITTER (ges)[b]

		I+	I–	Ig	In
MANUELL	HE1				
	FM1				
	FM2				
	GM1				
	GM2	.21			
	NH1				
	NH2				
MUSIK	HE1	.31	–.21		.33+
	FM1		–.20		.27
	FM2	–.34+	–.30	–.42++	.42++
	GM1	.35+	–.28	–.30	.34+
	GM2		–.36+		.20
	NH1				
	NH2	.44+++		.22	
SCHULE	HE1		–.26		.27
	FM1				
	FM2				
	GM1		–.29	–.23	.28
	GM2		–.24	–.23	.20
	NH1				
	NH2				.21
SELBST	HE1	.26	–.21		.31
	FM1				
	FM2				
	GM1	.24			
	GM2	.24	–.22		.30
	NH1				
	NH2	.21			.26
HELFEN	HE1	.30	–.24		.35+
	FM1				
	FM2				
	GM1	.27	–.22		.32
	GM2	.25	–.26		.35+
	NH1				.20
	NH2	.23			.21
SPORT	HE1	.32			.24
	FM1				
	FM2				
	GM1	.21			
	GM2				.20
	NH1	.20			
	NH2	.33+			.20
aut	HE1	.31			.31
	FM1				
	FM2				
	GM1	.25			
	GM2		–.25		.28
	NH1				
	NH2	.31			.30
soz	HE1	.24	–.22		.31
	FM1				
	FM2				
	GM1				.24
	GM2		–.20		.25
	NH1				
	NH2	.23			.25
ges	HE1	.28	–.21		.32
	FM1				
	FM2				
	GM1	.20			.27
	GM2		–.24		.28
	NH1				
	NH2	.28			.23

+p <.05; ++p <.025; +++p <.01

b (Korrelationen < .20 wurden fortgelassen)

sehen wird (McClelland et al., 1953; Heckhausen, 1968; Birney et al., 1969). Unsere korrelationsstatistischen Befunde, in denen der TAT mit situationsspezifischen Maßen, Konstrukt-Extensitätsmaßen und Intensitäts-Extensitätsmaßen in Beziehung gebracht worden ist, bestätigen diese Auffassung. Die Motiv-Kennwerte für das Gesamt-GITTER, in denen wir ja beide Aspekte der Motivstärke verbunden sehen, sind deutlich mit den TAT-Kennwerten (hier stets bezogen auf die Komponente HE) verbunden. Bei den situationsspezifischen Maßen korrelieren einige noch deutlicher mit dem TAT, jedoch gerade solche, die keine gemeinsamen situationalen Dimensionen mit dem TAT teilen. Die reinen Extensitätsmaße korrelieren niedriger und in wenig konsistenter Weise mit dem TAT.

Vislie (1972) hat sich der Frage nach Intensität und Extensität TAT-intern zugewandt und kommt zu dem Schluß, daß das TAT-nach-Maß von McClelland am ehesten als ein Extensitätsmaß aufzufassen ist (S. 286). Die Autorin hat die n ach Werte (Standardprozedur) mit einem Extensitätsmaß (Anzahl von Bildsituationen, zu denen leistungsthematische Produktionen vorliegen) und einem Maß für die mittlere situationsspezifische Intensität (Gesamtanzahl von leistungsthematischen Produktionen) korreliert und fand ersteres deutlicher ($r = .87$) mit den n ach Kennwerten verbunden, als letzteres ($r = .69$). Die Ableitung des oben mitgeteilten Schlusses erscheint uns durch diese Resultate jedoch nicht in zwingender Weise belegt. Dieser Schluß hätte zumindest ein gewisses Maß an Repräsentativität des verwendeten Bildersatzes zur Voraussetzung gemacht. Die 6 von der Autorin benutzten Bilder können dem Repräsentativitätspostulat jedoch hinsichtlich der thematischen Breite der dargestellten Situationen kaum genügen und können dementsprechend auch kaum als Basis zur Gewinnung eines Extensitätsmaßes herangezogen werden.

Die mitgeteilten Korrelationen zur Selbstverantwortlichkeit bestätigen unsere Erwartung, daß Erfolgsmotivierte ihre Erfolge auf internale Faktoren attribuieren. Dieser Zusammenhang ist am deutlichsten, wenn die Motivationskennwerte für einzelne Situationsbereiche herangezogen werden. Diese sind jedoch thematisch nicht identisch mit den im IAR thematisierten Situationen. Generell ist dieses Resultat jedoch in großer Übereinstimmung mit den in der Literatur berichteten Zusammenhängen. Bei den verschiedenen mißerfolgsbezogenen Maßen ergab sich insbesondere im Bereich B (MUSIK) eine deutlich negative Beziehung zur Selbstverantwortlichkeit bei Erfolgen und der Gesamtverantwortlichkeit. Dies ist konsistent mit einem Befund von Teevan & Fischer (1974), die — allerdings für das „Hostile Press"-

Maß (B i r n e y et al., 1969) — eine höhere Externalität bei den Mißerfolgsmotivierten finden, was in Anschluß an B i r n e y et al. (1969) als ein Hinweis auf eine gewisse Defensivität bei der Perzeption eigener Mißerfolge interpretiert wird. W e i n e r & K u k l a (1970), W e i n e r et al. (1971) und W e i n e r et al. (1972) haben Ursachenelemente noch einmal nach dem Grad ihrer zeitlichen Stabilität unterschieden. Leider läßt der IAR eine solche nachträgliche Trennung nicht zu, sodaß hier keine differenzierten Aussagen darüber möglich werden.

Das Ausbleiben von Beziehungen zwischen den Selbstverantwortlichkeitskennwerten und den Extensitätsmaßen ist möglicherweise dadurch zu erklären, daß die Selbstverantwortlichkeit mit Hilfe eines sehr situationsspezifischen Maßes erfaßt wurde.

Leistungsresultate

Intelligenz: H e c k h a u s e n (1967) resumiert nach einem Überblick über die einschlägige Literatur, daß Leistungsmotivation und Intelligenz gemeinhin als unkorreliert gefunden worden sind. Wir können deshalb hier ebenfalls Unabhängigkeit beider Variablen erwarten.

Bei Stichprobe 1 haben wir in einem 14-tägigen Abstand auf das LM-GITTER einen Intelligenztest (Hamburg–West-Yorkshire) angewendet (verschiedene Vl). Die Korrelationen des Testwerts mit den verschiedenen Motivationskennwerten des GITTERs sind in Tabelle 18 dargestellt. Hierbei zeigt sich, daß das Maß HE1 als unabhängig von der gemessenen Intelligenz gelten kann, nicht jedoch die beiden FM-Maße. Während das Maß FM1 leichte negative Beziehungen zum H-W-Y aufweist, neigt das Maß FM2 zu deutlicheren positiven Beziehungen. Von den Extensitätsmaßen weisen die Aussagen 3 (HE), 5 (FM2) und 13 (FM2) positive Beziehungen zu dem Intelligenzmaß auf (.39, .35, .39; $p < .05$), während Aussage 6 (FM1) negativ mit dem Intelligenzmaß korreliert ist ($-.47$; $p < .01$).

Schulleistungen: H e c k h a u s e n (1967) berichtet zusammenfassend, daß der Regel positive Beziehungen zwischen einer hohen und erfolgsbezogenen Leistungsmotivation und Leistungsresultaten (Schul- und Studienleistung) entsprechen. Dies gilt sowohl dann, wenn die Motivation mit Hilfe projektiver Verfahren bestimmt wird (auf diese bezieht sich H e c k h a u s e n), als auch dann, wenn dies mit direkten Verfahren geschieht (vgl. Tab. 1).

Tab. 18: Korrelationen zwischen dem Kennwert des HAMBURG-WEST-YORKSHIRE (H-W-Y) und den Kennwerten des LM-GITTERs (Stichprobe 1, N = 35)[b]

		H–W–Y				
MANUELL	HE1	.21	SELBST		aut	
	FM1	−.21		−.22		−.30
	FM2	.21		.32		.42[++]
	GM1					
	GM2	.35[+]		.29		.31
	NH1	.29		.22		.25
	NH2					−.21
MUSIK	HE1		HELFEN		soz	
	FM1	−.25		−.26		
	FM2	.42[++]		.38[+]		.28
	GM1	−.23				
	GM2			.21		
	NH1					.22
	NH2	−.32		−.20		
SCHULE	HE1		SPORT		ges	
	FM1			−.35[+]		−.25
	FM2			.31		.36[+]
	GM1			−.26		
	GM2			.20		.25
	NH1			.27		.26
	NH2			−.24		

[+]p <.05; [++]p <.025 b (Korrelationen < .20 wurden fortgelassen)

Die LM-Theorie sagt solche Beziehungen auch vorher, jedoch nur dann, wenn situative Gegebenheiten realisiert sind, die gegenüber dem Leistungsmotiv Anreizeigenschaften haben und wenn gleichzeitig situative Gegebenheiten, die gegenüber anderen Motiven Anreizeigenschaften haben, keine dominante Rolle spielen.

Da in den meisten Korrelationsstudien die situationalen Bedingungen, unter denen Leistung erbracht wird, nicht kontrolliert werden (Ausnahmen hiervon etwa: McKeachie, 1961; McKeachie et al., 1968; Hermans, 1970; Gjesme, 1971); muß auch stets damit gerechnet werden, daß die zu erwartenden Beziehungen ausbleiben oder — bei Vorliegen bestimmter Anreizmuster — sich auch umkehren. Negative Resultate können deshalb zunächst weder einem Verfahren zur Messung der LM angelastet werden (wie dies etwa W a s n a, 1972 und E n t w i s l e, 1972 tun) noch etwa der Theorie. Andererseits sind auch positive Resultate kein stringenter Beleg für die Gültigkeit eines Motivmeßinstruments, da auch etwa das Konstrukt „Allgemeine Hochschätzung von Leistung" (v ach) positive Beziehung zu Leistungsmaßen durchaus erwarten läßt. Insgesamt kann deshalb ein Verfahren zur Messung der LM kaum ausschließlich an solchen Leistungsmaßen (Schul-, Studien- und Prüfungsleistungen) validiert werden (vgl. oben und M c C l e l l a n d, 1972; B r o d y & S m i t h, 1973).

Wir haben für Stichprobe 1 das Zensurenmittel für die Fächer Rechnen, Deutsch und Heimatkunde erhoben. Die Korrelationen mit dem LM-GITTER sind in Tab. 19 dargestellt. Hierbei zeigte sich, daß die beiden FM-Maße des GITTERs in gegenläufiger und oftmals abzusichernder Weise auf die schulischen Leistungsmaße bezogen sind. Die erwartete negative Beziehung zu Leistungsmaßen konnte lediglich für das Maß FM1, in dem Konzepte mangelnder eigener Fähigkeit thematisiert sind, gesichert werden; während FM2, in dem affektive Antizipationen von Mißerfolg thematisiert sind, positiv mit den Leistungsmaßen verbunden ist.

Bereich C (Schule), dem wir besonders valide Prädiktoren zu entnehmen hofften, erweist sich hier deutlich von allen anderen Situationsbereichen abgesetzt, insofern als er keine einzige bedeutsame Beziehung zu den schulischen Leistungsmaßen ergibt.

Tab. 20 schließlich enthält die Korrelationen der 18 Extensitätsmaße zu den Leistungsmaßen. Wie sich dort zeigt, ergeben sich positive Beziehungen zu dem Notendurchschnitt bei den Aussagen 3 und 10 (HE), die die Komponente „Erfolgszuversicht" (vgl. Tab. 11) thematisieren. Positive Beziehungen weisen außerdem die der Komponente „Furcht vor Mißerfolg" (Tab. 11) zugewiesenen Aussagen 5 und 13 (FM2) auf, wohingegen das Konzept mangelnder eigener Fähigkeit, erfaßt in den Aussagen 6 und 18 (FM1), deutliche negative Beziehungen zu dem Notendurchschnitt aufweist.

Diskussion: Die Beziehungen der verschiedenen Motivationskennwerte des GITTERs zu schulischen Leistungsmaßen erwiesen sich als komplexer als erwartet. Die HE1-Kennwerte waren unkorreliert mit der

Tab. 19: Korrelationen zwischen den Leistungsmaßen und den Kennwerten des LM-GITTERs (Stichprobe 1, N = 35)[a, b]

			Noten			
MANUELL	HE1		SELBST		aut	
	FM1	−.31+		−.25		−.37++
	FM2	.28		.39+		.40++
	GM1					
	GM2	.38+		.36+		.38+
	NH1	.35++		.26		.36++
	NH2					
MUSIK	HE1		HELFEN	.21	soz	
	FM1	−.32+		−.38++		−.24
	FM2	.28		.37+		.33+
	GM1					
	GM2	.25		.38+		.34+
	NH1	.30+		.41++		.39++
	NH2					
SCHULE	HE1		SPORT		ges	
	FM1			−.33++		−.32+
	FM2			.39+		.38+
	GM1					
	GM2			.33+		.37+
	NH1			.31+		.40++
	NH2			−.22		

+p<.05; ++p <.025; (eins. Fragest.; für FM2, GM2 und HN2: zweis. Fragest.)

a Die Korrelationen für den Notendurchschnitt sind mit (−1) multipliziert, so daß eine positive Korrelation bessere Noten bei ansteigender Motivation bedeutet.
b Korrelationen <.20 wurden fortgelassen.

Schulleistung. Dies geht zurück auf die Tatsache, daß die deutlichsten Beziehungen bei jenen HE-Aussagen liegen, die bei der Berechnung des HE1-Maßes ausgeschlossen wurden. Diese beiden Aussagen (3 u. 10) erwiesen sich bei einer differenzierteren Analyse als Konstituenten der sich verselbständigenden Motivkomponente „Erfolgszuversicht" (F.5, Tab. 11).

Tab. 20: Korrelationen zwischen den Leistungsmaßen und den 18 GITTER-Extensitätsmaßen (Stichprobe 1, N = 35)[a]

1	2	3	4	5	6	7	8	9
	FM1		HE1	FM2	FM1	FM2	FM1	HE1
Noten								
.11	.01	.44++	.22	.35+	−.56+++	.14	−.18	.19

10	11	12	13	14	15	16	17	18
FM2	FM1	FM2	HE1	HE1	FM1	HE1	FM1	
Noten								
.48++	.14	.01	.45++	.08	−.04	−.13	.13	−.37+

+p < .05; ++p < .01; +++p < .001   [a] siehe Tab. 19

Bei der Bestimmung der Beziehungen von FM-Maßen zu Leistungsmaßen waren wir von einer generell inhibitorischen Funktion der FM-Komponente ausgegangen (A t k i n s o n, 1964, S. 245; A t k i n s o n & F e a t h e r, 1966, S. 335) und konnten dies anhand des Maßes FM1 und hier besonders für die in der Motivkomponente „Konzept mangelnder eigener Fähigkeit" vereinigten Aussagen 6 und 18 (F.1, Tab. 11) belegen. Jedoch nicht anhand des Maßes FM2; es erwies sich als positiv auf Leistungsresultate bezogen.

Auf die Notwendigkeit einer Einschränkung des Postulats einer generell dämpfend wirkenden FM-Komponente hat bereits S c h n e i d e r (1971, 1973, Kap. 2) aufgrund eigener und fremder Befunde hingewiesen. Wenngleich sich auch die These der Leistungsüberlegenheit Erfolgsmotivierter generell hat bestätigen lassen (vgl. zusammenfassend: H e c k h a u s e n, 1967), so gibt es doch eine Reihe von Befunden, die eher das Gegenteil belegen: H e c k h a u s e n (1963b), B e r k u n & B u r d i c k (1963) und dies unter einigen spezifischen situationalen Bedingungen auch R y a n & L a k i e (1965) und W e i n e r (1965, 1966) (vgl. zusammenfassend: B i r n e y et al., 1969, S. 188–189). Eine Leistungsüberlegenheit der Mißerfolgsmotivierten konnte fernerhin auch in den Arbeiten von B ä u m l e r & W e i s s (1967) und B ä u m l e r & D v o r a k (1969) belegt werden. In bezug auf Schulleistungen fand sich dieses auch in den Arbeiten von S a d e r & S p e c h t (1967) und W a s n a (1972).

Schneider (1971, S. 306ff) nennt hierfür eine Reihe möglicher Verursachungsmechanismen. Danach könnte man die verschiedenen Möglichkeiten, die gefundenen Leistungsüberlegenheiten oder Leistungsunterlegenheiten der Mißerfolgsmotivierten den folgenden Erklärungsansätzen zuordnen:

1) Mißerfolgsmotivierte sind leistungsüberlegen
   a) aufgrund einer höheren „Funktionsaktivierung" (Heckhausen, 1963b),
   b) aufgrund vermehrter Anstrengung, die zur Vermeidung eines Mißerfolgs investiert wird (Birney et al., 1969).

2) Mißerfolgsmotivierte sind leistungsunterlegen
   a) aufgrund einer überoptimalen Aktivierung,
   b) aufgrund der Aktivierung von aufgabenirrelevanten Reaktionen (Mandler & Sarason, 1952),
   c) aufgrund mangelnder Anstrengung (Weiner & Kukla, 1970; Kukla, 1972b; Meyer, 1973).

Die Erklärung unserer Befunde innerhalb dieses Kanons erscheint uns nun recht unproblematisch zu sein. Weiner & Kukla (1970), Weiner et al. (1971), Kukla (1972b) und Meyer (1973) (Ansatz 2c) haben das Vorliegen schlechter Leistungsresultate aufgrund mangelnder Anstrengung von stabilen Verursachungsfaktoren abhängig gemacht. Der Faktor FM1, der hier mit negativen Leistungsresultaten einhergeht, war durch ein Konzept mangelnder eigener Fähigkeit (also ein stabiles Verursachungselement) charakterisiert worden. Danach müßten die durch FM1 gekennzeichneten Mißerfolgsmotivierten sich selbst für unbegabt halten, deswegen Anstrengung für schulische Aufgaben als nicht lohnend erleben und aufgrund der geringeren Anstrengung schlechte Leistungen erzielen. Daß die Korrelationen von FM1 tatsächlich zu Lasten des Konzepts mangelnder eigener Fähigkeit (und nicht etwa zu Lasten der restlichen in diesem Faktor eingeschlossenen Aussagen) geht, belegen eindeutig die Korrelationen der einzelnen konstruktbezogenen Konzepte zu dem Leistungsmaß (Tab. 20).

Von den unter 1 angebotenen Ansätzen erscheint in bezug auf das Maß FM2 der von Birney et al. (1969) der zunächst einschlägige zu sein, da er speziell auf schulische Leistungssituationen bezogen ist. Die Autoren gehen davon aus, daß in einer Situation mit klar definierten Erfolgs- und Mißerfolgskriterien, unter Ausschluß der Möglichkeit, diese Situation zu verlassen, eine Strategie der Mißerfolgsmeidung darin bestehen kann, durch vermehrte Anstrengung den Erfolg sicherzustellen (Birney et al., 1969, S. 108). Die Autoren formulieren dieses hypothetische Wirkungsgefüge im Hinblick auf das von ihnen entwickelte Maß „Hostile Press" (HP), in dem ja eher sozial orientierte Formen von Mißerfolgsbefürchtungen thematisiert sind (B i r n e y et al., 1969, S. 200). Die hieraus abgeleitete Erwartung einer positiven Beziehung zwischen HP und Schulleistungen fand sich in den Untersuchungen von T e e v a n (1962), T e e v a n & C u s t e r (1965) und H a n c o c k (1964) bestätigt.

Ein problematischer Punkt bezieht sich auf die Validität der situationsspezifischen Maße: Bedeutsame Beziehungen ergaben sich bei den Kennwerten aus sämtlichen Situationsbereichen, ausgenommen Bereich C (SCHULE), bei dem wir die höchste Validität erwartet hatten, und zwar auf der Grundlage der von A t k i n s o n (1958b) und M c C l e l l a n d et al. (1953) geäußerten Vorstellungen, daß Motivationsmaße gerade dann valide Prädikatoren abgeben, wenn die dargestellten Bildsituationen den Lebenssituationen sehr ähnlich sind (V e r o f f, 1961, S. 96). Unsere Ergebnisse sind dagegen eher im Sinne von Befunden von V e r o f f, F e l d & C r o c k e t t (1966) zu interpretieren, wonach es gerade die aus dem alltäglichen Rahmen herausfallenden Bildsituationen sind, die die validesten Motivationsmaße abgeben. Die Autoren erklären das damit, daß es bei den Lebenssituations-ähnlichen Bildvorlagen eher zu Abwehrvorgängen und zur Schilderung nichtmotivationaler Routineverrichtung kommt.

Ein anderer wichtiger Reizparameter ist die Stärke des leistungsthematischen Anregungsgehaltes der Bildsituationen. M u r s t e i n (1963a, 1965) hat gezeigt, daß stark leistungsthematisch anregende Bildvorlagen die wenigst validen Motivationsmaße ergeben. Die oben (Tab. 7) durchgeführte Analyse des Bildanregungsgehalts bestätigt, daß die Bildsituationen des Bereichs C (SCHULE) relativ hohen leistungsthematischen Anregungsgehalt besitzen. In noch ausgeprägterer Weise tut dies jedoch der Bereich F (SPORT), der hier deutliche Korrelationen zu Schulnoten aufweist, so daß ein Einklärungsansatz, der ausschließlich den Bildanregungsgehalt berücksichtigt, den hier mitgeteilten Resultaten nicht gerecht zu werden vermag.

Die oben mitgeteilten Korrelationen zu den Intelligenztest-Kennwerten entsprechen in ihrem Muster den Korrelationen zu Schulnoten, wenngleich sie insgesamt nicht so deutlich ausgeprägt sind wie letztere. Man muß deshalb hier davon ausgehen, daß der etwa 90 Minuten dauernde Test bereits von motivationalen Variablen — hier insbesondere von den Maßen FM1 und FM2 — (mit-) determiniert ist und dementsprechend nicht als Fähigkeitstest (test of ability) sondern als

Leistungstest (test of achievement) interpretiert werden muß. Im Übrigen haben auch A t k i n s o n & L i t w i n (1960, S. 58) darauf hingewiesen, daß die generellen Bedingungen, unter denen Leistung erbracht werden muß, bei sog. Intelligenztests und bei schulischen Leistungen gemeinhin identisch sind, so daß die Beziehungen von Motivationsvariablen zu beiden Leistungsmaßen von identischer Struktur sein müßten. A t k i n s o n (1974) hat jüngst auch daurauf hingewiesen, daß unter Berücksichtigung von motivanregenden Bedingungen bei der Bearbeitung von Intelligenz- und Fähigkeitstests, individuellen Unterschieden bei den Testkennwerten ebensogut eine motivationale wie Intelligenz-abhängige Interpretation gegeben werden kann. Eine Vermutung, die bei unseren Befunden volle Unterstützung findet.

Zusammenfassung

In einem ersten Ansatz einer Konstruktvalidierung haben wir die Ergebnisse einer Reihe von korrelationsstatistischen Befunden mitgeteilt. Die aufgewiesenen Beziehungen zu validitätsnahen Tests (TAT, KAT, IAR) waren sämtlich mit der Annahme vereinbar, daß die durch das GITTER erfaßten Variablen mit verschiedenen Aspekten des Konstrukts „Leistungsmotiv" identisch sind. Beim TAT zeigte sich vor allem Übereinstimmungsvalidität für die erfolgsbezogene Komponente der LM, nicht jedoch für die mißerfolgsbezogenen Komponenten. Die Beziehungen zum KAT und IAR waren insgesamt nicht sehr ausgeprägt, jedoch erwartungskonform und in Richtung und Höhe mit den in der Literatur berichteten Koeffizienten, bei denen verschiedene Motivationsmeßverfahren eingesetzt wurden, übereinstimmend. Die konstruktbezogenen Extensitätsmaße des GITTERs erwiesen sich als weitgehend unabhängig von den 3 anderen Verfahren. Die unterschiedlichen Korrelationen zwischen den TAT-Kennwerten und den Kennwerttypen aus dem LM-GITTER (Intensitäts-, Extensitätsmaße und Intensitäts-Extensitätsmaß) verstärkten die Vermutung, daß das TAT-Maß als ein kombiniertes Intensitäts-Extensitätsmaß zu interpretieren ist.

Die Beziehungen zu Leistungsmaßen ergaben einige unerwartete Befunde, vor allem im Hinblick auf die Kennwerte FM1 und FM2. Die bei FM1 auftretenden negativen Beziehungen zu Leistungsmaßen konnten über das Konzept mangelnder eigener Fähigkeit erklärt werden. Die positiven Beziehungen bei FM2 konnten damit erklärt werden, daß in bestimmten Situationen mit dem Konzept FM2 hohe Anstrengungsinvestition zur Vermeidung von Mißerfolg einhergeht. Diese

Zusammenhänge nehmen auch B i r n e y et al. (1969) für das von ihnen entwickelte „Hostile Press"-Maß an. Die in diesem Maß mitenthaltene Furcht vor den sozialen Konsequenzen von Mißerfolg haben wir zunächst hypothetisch an das Maß FM2 angekoppelt. Die erwartete, jedoch nicht zustande gekommene Beziehung von Kennwerten aus dem Bereich C (SCHULE) vor allem zum TAT, zum IAR und zu schulischen Leistungsmaßen gaben Anlaß, die Rolle von Reizparametern von Bildvorlagen in bezug auf die entsprechende Diskussion zu TAT Bildvorlagen zu erörtern. Hierbei spielten die Dimension „Anregungsgehalt" und „Inhaltliche Affinität zur Kriteriumssituation" eine bedeutsame Rolle.

11. Kapitel

VALIDIERUNGSSTUDIEN II
ANSPRUCHSNIVEAUSETZUNGEN

Einleitung

Verhalten in Situationen, in denen mehrere unterschiedlich bewertete und unterschiedlich wahrscheinliche Handlungsausgänge nebeneinanderstehen, ist unter verschiedenen entscheidungs- und motivationstheoretischen Aspekten analysiert worden. In dem ersten ausformulierten Modell solchen Wahlverhaltens wird Entscheidungsverhalten von den objektiven Größen „Wert" und „Auftretenswahrscheinlichkeit" eines bestimmten Ereignisses abhängig gemacht (*expected value*, EV). Dieses Modell ist jedoch bislang empirisch nicht bestätigt worden (vgl. zusammenfassend: Atkinson, 1964; Edwards et al., 1965; Kogan & Wallach, 1967).

Edwards (1954, 1962a, b) hat schließlich ein Modell vorgeschlagen, in dem die Entscheidungsparameter nicht mehr objektiv sondern subjektiv verankert sind. Demnach wird nicht die Handlungsalternative mit dem höchsten erwarteten Wert gewählt, sondern jene, die den subjektiv erwarteten Nutzen maximiert:

„... that people choose among risky courses of action in such a way as to maximize what has come to be called *subjectively ecpected utility*". (SEU; Edwards, 1962b, S. 42).

Diese Form des Modells, so scheint es, hat jedoch verschiedene Formen von Schwierigkeiten, da es hinsichtlich verschiedener Punkte nicht hinreichend explizit ist. Es spezifiziert z. B. nicht die situationalen Kontexte, unter denen es Gültigkeit beanspruchen kann, und muß sich deshalb unter allen Bedingungen als valide erweisen. Es kann nicht angeben, in welcher Form die beiden Größen „Nutzen" (utility) und „subjektive Errreichenswahrscheinlichkeit" unabhängig von den Entscheidungen, die sie vorhersagen wollen, zu messen sind (Edwards, 1962b, S. 44). Es existieren fernerhin in den typischen Untersuchungen zu den SEU-Modellen ganz offensichtlich Varianz-Präferenzen (vgl. zusammenfassend: Kogan & Wallach, 1967, S. 117ff; Slovic, 1964, S. 223ff), die durch die Modellparameter nicht erklärt werden können. Ganz offensichtlich werden hier individuelle Differenzen wirksam, die keinen Platz in den SEU-Modellen haben. Angesichts dieser Tatsache zeigt sich auch E d w a r d s (1962, a) ratlos:

„If, as seems likely, experiments reveal that variance preferences exist, and are not reducible to utility and SP- (subjective probability) functions, what direction should theoretical endeavor take then? I don't know." S. 129).

Die Schule L e w i n s hat Entscheidungsprozesse bei der Wahl unterschiedlich schwieriger Aufgaben anhand des von D e m b o (1931) eingeführten Konzepts des Anspruchsniveaus (AN) analysiert. Dabei wird die Wahl bestimmter Aufgabenschwierigkeiten von den zugeordneten positiven Erfolgsvalenzen und negativen Mißerfolgsvalenzen determiniert, die ihrerseits noch durch die Erfolgs- und Mißerfolgswahrscheinlichkeiten gewichtet werden. Entscheidungsprozesse (im Anspruchsniveauversuch) sind demnach von folgenden vier Variablen abhängig: den Erfolgsvalenzen, den Mißerfolgsvalenzen, den subjektiven Erfolgs- und Mißerfolgswahrscheinlichkeiten (F e s t i n g e r, 1942, S. 239—240), wobei die subjektiven Erfolgs- und Mißerfolgswahrscheinlichkeiten und die jeweils entsprechenden Valenzen in inverser Weise voneinander abhängig sind (L e w i n et al., 1944).

A t k i n s o n (1957, 1964) schließlich hat diese Modellparameter auf einen leistungsthematischen Kontext bezogen und hat Valenzen und Wahrscheinlichkeiten, bzw. letztere und den Anreiz von Aufgaben, in ein linear komplementäres Verhältnis gerückt (A t k i n s o n, 1964; F e a t h e r, 1959) und damit strikter gefaßt als es in den L e w i n'schen Formulierungen der Fall war, da dort allgemein nur eine negative Beziehung angenommen wurde (vgl.: F e a t h e r, 1968a, S. 114). Eine Neuerung bringt das Modell A t k i n s o n s jedoch auch durch den Einbezug generalisierter und überdauernder Persönlichkeitsdispositionen, nämlich der Tendenzen, Erfolg zu erlangen und Mißerfolg zu vermeiden. Aus der Kenntnis der relativen Stärke dieser Tendenzen ist allein oder aber in Verbindung mit situationalen Variablen Anspruchsniveauverhalten beschreibbar und vorhersagbar.

Diese Form der Modellkonstruktion bringt eine Aufsplitterung des L e w i n'schen Valenzkonzepts, als dessen unabhängige Konstituenten hier die Motive und die zugeordneten Anreize fungieren (A t k i n s o n, 1958b, S. 303—304). Bereits H o p p e (1930), J u c k n a t (1937), F r a n k (1935), R o t t e r (1942) und auch L e w i n et al. (1944) haben auf die Rolle von Persönlichkeitsdispositionen bei der Erklärung von AN-Setzungen hingewiesen, haben ihnen jedoch bei experimentellen Untersuchungen wenig Beachtung geschenkt (Atkinson, 1964, S. 104).

Das Modell Atkinson's enthält drei Formen von Grundvariablen, nämlich (a) Motive (M) (als generalisierte Dispositionen), (b) Erwartungen (W) (als kognitive Antizipationen von Verbindungen von Handlungen und Handlungskonsequenzen) und (c) Anreize (A) (als relative Attraktivität spezifischer Ziele) (jeweils nach Atkinson, 1957, S. 360). Die Variablen sind in „doppelter Auslage" angelegt und erstrecken sich auf die kritischen Ereignisse Erfolg (e) und Mißerfolg (m). Die resultierende Tendenz (T_r) ergibt sich aus der multiplikativen Verknüfung der jeweils drei erfolgs- und mißerfolgsbezogenen Variablen und deren Aufsummierung:

$$T_r = T_e + T_m = (M_e \times W_e \times A_e) + (M_m \times W_m \times A_m)$$

Da der Mißerfolgsanreiz stets negativ ist ($A_m = -W_e$), wird der zweite Klammerausdruck negativ. Ist $M_m > M_e$, wird gleichzeitig die resultierende Tendenz (T_r) negativ, d. h., es werden keine leistungsbezogenen Aktivitäten unternommen, sofern nicht positive extrinsische Tendenzen (T_{ext}) hinzutreten (Atkinson, 1964, S. 242; Atkinson & Feather, 1966, S. 333).

Ist $M_e > M_m$, ist die Handlungstendenz positiv. Da $A_e = 1 - W_e$, $W_m = 1 - W_e$ und $A_m = -W_e$, ergeben sich aus der oben beschriebenen multiplikativen Verknüpfung der Variablen maximale Unterschiede zwischen Erfolgs- ($M_e > M_m$) und Mißerfolgsmotivierten ($M_m > M_e$), wenn die Erfolgswahrscheinlichkeit im mittleren Bereich liegt ($W_e = .50$). Erfolgsmotivierte werden den Bereich mittlerer Schwierigkeit bevorzugt aufsuchen, Mißerfolgsmotivierte eher meiden. Im AN-Versuch lassen sich diese Schwierigkeitsbereiche durch mehr oder minder große Abweichungen von dem bereits erreichten Leistungsstand fassen. Stimmt das bekanntgegebene AN mit dem erreichten Leistungsstand überein, d. h., ist das Mißerfolgsrisiko ausgeglichen (50:50), so wird die gewählte Aufgabe als mittelschwer bezeichnet. Wird jedoch mit der Anspruchsniveausetzung ein sehr hohes oder sehr niedriges Mißerfolgsrisiko verbunden, d. h. werden deutlich über oder unter der letzten Leistung bleibende ANs gesetzt, werden die selbstgewählten Aufgaben als „leicht" bzw. „schwierig" bezeichnet.

Obwohl nun das Motivationsmodell Atkinsons sehr auf risikobehaftete Wahlentscheidungen bezogen ist, ist die Gültigkeit des Modells für die Vorhersage von Risiko- und Anspruchsniveauverhalten oftmals in Frage gestellt worden.

Der erste Punkt der Kritik betrifft die oft beobachtete Tatsache, daß Erfolgsmotivierte nicht in dem für sie optimal anregenden Bereich mittlerer subjektiver Wahrscheinlichkeit ($W_e = .50$) wählen, sondern etwas darunter bleiben (vgl. Heckhausen, 1967a, 1968; Wendt, 1967; Schneider, 1971; Schneider & Meise, 1973; Hamilton, 1974). Atkinson selbst hat diesen Sachverhalt zunächst durch die empirisch belegte Überschätzung subjektiver Erfolgswahrscheinlichkeiten durch die Erfolgsmotivierten zu erklären versucht und später eine multiple Anreizbestimmung von Aufgaben durch das Hinzutreten sozialbezogener Motive angenommen (Atkinson & O'Connor, 1966), wodurch die Anreizfunktion ihr Maximum im Bereich $W_e < .50$ erhält (Schneider & Meise, 1973).

Eine Frage größerer Tragweite ist die, für welche Typen von Situationen denn das Modell Atkinsons Gültigkeit beanspruchen kann, denn neben der Verlagerung des Wahlmaximums durch die Erfolgsmotivierten zeigt sich auch oftmals, daß das von den Mißerfolgsmotivierten erwartete Ausweichen auf die extremen Enden der Schwierigkeitsverteilung ausbleibt und daß stattdessen eine Gleichverteilung der Wahlen über das gesamte Schwierigkeitsspektrum zu beobachten ist oder daß gar die gleichen Präferenzen wie bei den Erfolgsmotivierten auftreten — wenngleich in weniger ausgeprägter Form (vgl. Heckhausen, in Vorb.).

Dieser Sachverhalt ist zunächst damit erklärt worden, daß die deutlich Mißerfolgsmotivierten in den untersuchten Studenten-Stichproben bereits herausselegiert sind (Atkinson & Litwin, 1960). Dann ist auch das zusätzliche Wirksamwerden anschluß- bzw. anerkennungsbezogener Motive (T_{ext}) als Erklärung herangezogen worden (Atkinson & O'Connor, 1966). Diese sollen jedoch nur unter sehr spezifischen situativen Bedingungen wirksam werden.

Dem Problem solcher situationaler Merkmale war zunächst nur periphere Bedeutung zugeschrieben worden, da Atkinson (1957) in seinen ursprünglichen Formulierungen davon ausging, daß das Modell immer dann Gültigkeit besitzt, wenn in einer Situation Leistung gegen Gütestandards gemessen werden kann (S. 360–361), und daß dies auch bei Situationen mit zufallsabhängigen Leistungsresultaten (Spielsituationen) der Fall ist, da die Anreizwerte von Erfolg und Mißerfolg auch auf diese Typen von Situationen generalisieren und damit das Wahlverhalten Erfolgs- und Mißerfolgsmotivierter determinieren (Atkinson, 1957, S. 370–371; Atkinson & Litwin, 1960,

S. 35). Zwar sollten auch in solchen Situationen extrinsische Motivationstendenzen zu den leistungsbezogenen Motivationstendenzen hinzutreten, wobei man jedoch die implizite Voraussetzung machte, daß solche Tendenzen über verschiedene Aufgaben hinweg konstant bleiben (siehe: Feather, 1961) und nicht in *selektiver* Weise das Leistungsverhalten der Vpn beeinflussen (Atkinson & O'Connor, 1966, S. 317), so daß einer leistungsmotivbezogenen Interpretation der Befunde nichts im Wege steht (Atkinson & Reitman, 1956; Feather, 1961, 1963b; Smith, 1966), wiewohl mit einer Schwächung der Beziehung zwischen Motivations- und Verhaltensmaßen zu rechnen ist (Atkinson & Reitman, 1956; Smith, 1966).

Die Ergebnisse der Untersuchung von Atkinson & O'Connor haben jedoch darauf hingewiesen, daß auch der anschlußbezogene Anreiz bei tüchtigkeitsabhängigen Aufgaben in einer Situation, in der die Vpn mit dem Vl interagiert, in *systematischer* Weise auf die Aufgabenschwierigkeit bezogen sein kann: $A_{app} = 1 - W_e$ (S. 316; vgl. Schneider & Meise, 1973).

Nun hat man sich in neuerer Zeit der Frage nach den moderierenden Auswirkungen verschiedener situativer Einbettungen von Anspruchsniveausetzungen zugewendet. Dabei scheinen die folgenden Situationsparameter eine Rolle zu spielen:

1. Grad der Tüchtigkeitsabhängigkeit der vorgestellten Aufgabe („skill vs. chance").
2. Grad der leistungsbezogenen Thematisierung der Situation.
3. Modus der Handlung.
4. Ursprung der Bewertung von Handlungsresultaten.
5. Ursprung der Gütemaßstäbe zur Bewertung von Leistungsresultaten.
6. Anwesenheit von Autoritätspersonen (Vl).
7. Anwesenheit einer relevanten Bezugsgruppe.

Schmalt (1974, S. 324–331) hat anhand dieser Kriterien eine vergleichende Analyse der einschlägigen empirischen Arbeiten vorgenommen. Hierbei zeigte sich, daß es in keiner der Arbeiten gelungen ist, sämtliche Voraussagen aus der Theorie Atkinsons in stringenter Weise zu bestätigen. Es gibt allenfalls eine Reihe von Untersuchungen, die mit den Voraussagen, die die Atkinson-Theorie macht, vereinbar sind. Hierzu gehören die Arbeiten von McClelland (1958b), Atkinson et al. (1960), Atkinson & Litwin (1960), Heckhausen (1963b), Smith (1963), Meyer et al.

(1965), Moulton (1965), Litwin (1966), Raynor & Smith (1966), Schneider & Meise (1973) und Hamilton (1974).

Weinstein (1969) hat ebenfalls eine Klassifikation der einschlägigen empirischen Untersuchungen vorgenommen und kommt insgesamt zu einem sehr optimistischen Bild, als nur bei zwei Arbeiten (Raynor & Smith, 1966 und de Charms & Davé, 1965) eine — teilweise — den Erwartungen zuwiderlaufende Befundstruktur diagnostiziert wird. Tatsächlich sind auch in den Arbeiten von Hancock & Teevan (1964), Littig (1966), Damm (1968) und schließlich Weinstein (1969) selbst die Befunde inkonsistent mit den Modellannahmen, sodaß lediglich einer Reihe von *teilweise Modell-konsistenten Beziehungen* eine kleine Anzahl die Modellannahmen *nicht bestätigende Untersuchungen* gegenüberstehen.

Betrachtet man nun die verschiedenen Untersuchungen differenzierter unter dem Aspekt des obigen Kriterien-Kataloges, so ergibt sich das folgende Bild:

1. Die Versuchs-einbettenden Situationsfaktoren sind von großer Heterogenität. Direkte Vergleiche zwischen verschiedenen Untersuchungen sind deshalb nur selten möglich.

2. Die Modellannahmen gelten nur für tüchtigkeitsabhängige Aufgabensituationen (vgl. auch Kogan & Wallach, 1967, S. 181; Heckhausen, 1967; Meyer, 1973). Die Annahme der Gültigkeitsgeneralisierung auf zufallsabhängige Aufgabensituationen (Weinstein, 1969) ist auf nachweisbare Fehlklassifikationen von Arbeiten (s. o.) zurückzuführen.

3. Über den Grad der leistungsbezogenen Thematisierung der Versuchssituation ist oft ex post kaum etwas auszusagen, da Situationsperzepte nicht erfaßt wurden. Experimentelle Manipulation der einbettenden Bedingungen führte zu inkonsistenten Resultaten. (Smith, 1963; Raynor & Smith, 1966).

4. In den verschiedenen Versuchssituationen kommen in unterschiedlichem Maße individuell-autonome und sozial-normative Bezugsnormen zum Tragen. Autonome Standards kommen wohl vor allem dort ins Spiel, wo die Vp keine Möglichkeit der externen Verankerung von Güteskalen hat und auch weder durch die Anwesenheit eines Vl oder einer relevanten Bezugsgruppe in Versuchung gerät, ihr eigenes Bezugssystem in Richtung auf ein mutmaßlich beim Vl vorhandenes zu verfälschen oder aber gar das der Gruppe zu übernehmen. Die Frage, inwieweit letzteres gegenüber ersterem prävalent wird, scheint von

sozial-bezogenen Motiven abzuhängen (Atkinson & O'Connor, 1966; Damm, 1968; Schneider & Meise, 1973).

5. Die Wahlen im AN- bzw. Risikoversuch müssen sich auf stabilisierte subjektive Wahrscheinlichkeiten beziehen. Da der Bekanntheitsgrad der verwendeten Aufgaben für die Vpn oftmals variiert, besteht die Möglichkeit, daß die erwarteten Beziehungen von Über- bzw. Unterschätzungen der Erfolgswahrscheinlichkeiten überlagert sind (Atkinson et al., 1960; McClelland, 1961, S. 221ff; Kogan & Wallach, 1967; Hamilton, 1974).
Stabilisierte subjektive Erfolgswahrscheinlichkeiten sind wohl am ehesten in den Untersuchungen von de Charms & Davé (1965), Schneider (1973), Schneider & Meise (1973) und Hamilton (1974) operationalisiert worden, obwohl dieses in bezug auf die erste Arbeit auch nur mit Einschränkungen gilt. Eine elegante Methode, den Einbezug subjektiver Erfolgswahrscheinlichkeiten sicherzustellen, besteht in der Verwendung des Anspruchsniveau-Paradigmas mit Hilfe etwa der Labyrinthaufgabentechnik (oder Entsprechendem) (Heckhausen, 1963b; Meyer et al., 1965; Heckhausen, 1968, S. 154).

6. Modellgerechte Beziehungen scheinen sich am ehesten dann zu ergeben, wenn die Vp mit sich alleine ist (McClelland, 1961; Heckhausen, 1963b; Meyer et al., 1965; Hamilton, 1974), sowie in spielähnlichen Situationen ohne allzu starke leistungsthematische Strukturierung, in der durch die Anwesenheit mehrerer Vpn die Situation Wettkampfcharakter bekommt (Kogan & Wallach, 1967, S. 184–185).

Wir erwarten deshalb hier den Nachweis der vom Modell geforderten Bevorzugung mittlerer Schwierigkeitsgrade durch die Erfolgsmotivierten und das Ausweichen auf die Extrembereiche der Schwierigkeitsskala durch die Mißerfolgsmotivierten am ehesten dann, wenn die Situation leistungsthematisch strukturiert ist, wenn die Vp an tüchtigkeitsbezogenen Aufgaben arbeitet, subjektive Schwierigkeitsgrade verläßlich differenzieren und auf autonomen Bezugsnormen abbilden kann. Dieser Nachweis schien uns mit der von Heckhausen (1963b) beschriebenen Versuchstechnik am ehesten zu erreichen zu sein.

Versuchspersonen und Methodik

Versuchspersonen: An den AN-Versuchen nahmen insgesamt 133 Volksschüler des 3. und 4. Grundschuljahres teil (68 Mädchen, 65

Jungen). Von insgesamt 114 Vpn lagen sowohl GITTER- wie auch AN-Daten vor (aus Stichprobe 2).

Aufgabe: Wir haben die zu erwartenden Zusammenhänge in einem Anspruchsniveau-Versuch mit Hilfe einer Labyrinthaufgaben-Technik überprüft. Diese Technik verlangt, daß die Vp mehrere Aufgaben des gleichen Typs bearbeitet und für die jeweils nachfolgende Aufgabe angibt, wie weit sie bei dieser Aufgabe kommen will. Die Differenzen zwischen dem erreichten Leistungsstand und der nachfolgenden Zielsetzung werden als Zieldiskrepanzen bezeichnet; sie sind positiv, wenn der mittlere Zielsetzungswert über dem mittleren (vorhergehenden) Leistungswert liegt und entsprechend umgekehrt (vgl. Atkinson & Feather, 1966, S. 357ff).

Wir haben in dieser Untersuchung Labyrinthaufgaben benutzt, die von Krug (1971) (in Anlehnung an Heckhausen, 1963b) entwickelt worden sind. Das Testheft mit den Aufgaben enthält auf insgesamt 3 Seiten jeweils 10 Labyrinthe, von denen die ersten 5 Übungszwecken dienen.

Durchführung: Die Untersuchungen wurden jeweils in den Klassenräumen durchgeführt, der Lehrer war in keinem Fall anwesend. Der Zeitpunkt der Versuchsdurchführung lag bei allen Untersuchungen in einem Zeitraum von 2–4 Wochen nach der Erhebung der GITTER-Daten.

Das konkrete Vorgehen des Versuchs war sehr stark an Heckhausen (1963b) und Krug (1971) orientiert. Einzelheiten der Versuchsdurchführung, der verschiedenen Instruktionen und auch der Datenauswertung sind in Schmalt (1974) mitgeteilt.

Auswertung: Sowohl der erreichte Leistungsstand wie auch die Zielvornahmen wurden vermessen (in mm vom Ausgangspunkt). Darauf wurde die Zieldiskrepanz (ZD) als mittlere Differenz zwischen der letzten Leistung und dem AN für die nächste Bearbeitung bestimmt.

Bei der Auswertung zeigte sich, daß viele AN-Protokolle Zweifel an einer instruktionsgemäßen Bearbeitung der Labyrinthe aufkommen ließen. Insgesamt mußten Protokolle ausgeschieden werden, weil die Vpn ganz offensichtlich nicht bemüht waren, die Labyrinthaufgaben „richtig" zu lösen, d. h., daß oftmals einfach über Linien hinweggezeichnet wurde (41 Vpn); ferner wurden Vpn ausgeschieden, wenn sie bei mehr als 4 Aufgaben das ganze Labyrinth durchlaufen hatten (13 Vpn) und wenn in mehr als 10 Fällen die erreichte Leistung und das bekanntgegebene AN exakt übereinstimmten (3 Vpn) (vgl. Schmalt, 1974, S. 336–337). Es zeigt sich also, daß sich unsere Stichprobe auf genau 50% ihres ursprünglichen Umfangs reduziert.

Um übersehen zu können, ob bei diesem Schrumpfungsprozeß Motivationstendenzen eine Rolle spielen, haben wir die GITTER-Gesamtkennwerte der drei großen Gruppen auf Mittelwertsunterschiede hin geprüft. Keiner der Mittelwertsunterschiede zwischen der kritischen Gruppe (N = 57) und den beiden größeren ausgesonderten Gruppen ist signifikant oder auch nur in der Tendenz bedeutsam (sämtliche t < 1.1). Wir haben deshalb keinen Grund, daran zu zweifeln, daß die zurückbehaltene Vpn-Gruppe hinsichtlich der GITTER-Motivationskennwerte eine unausgelesene Stichprobe darstellt. Für die 57 Vpn (28 Jungen, 29 Mädchen) haben wir die Zieldiskrepanzen über 24 Versuche (das erste Labyrinth fällt aus, da hierfür noch kein AN vorliegt) aufsummiert und die Verteilung der Summenwerte in fünf etwa gleichstark besetzte Gruppen aufgeteilt (I, N = 12; II, N = 12; III, N = 11; IV, N = 12; V, N = 10). Hierbei zeigte sich, daß negative Zieldiskrepanzen bei weitem überwiegen. Dies ist in Übereinstimmung mit Meyer (1969), jedoch findet sich in der Regel eher das Gegenteil (Atkinson & Feather, 1966, S. 358). Möglich, daß die einbettende Schulsituation allgemein zu eher vorsichtigem Taktieren Anlaß gibt. Eine Schwierigkeit besteht darin, unter experimentellen Bedingungen, wie etwa auch den hier vorliegenden, den Bereich mittlerer Schwierigkeiten zu isolieren (Atkinson, 1964, S. 266; Atkinson & Feather, 1966, S. 356). Dies gilt umso mehr, weil die beiden Kriterien, die man heranziehen könnte, nähmlich der Skalennullpunkt und der Median der erhaltenen Verteilung, auseinanderfallen. Der Nullpunkt der Verteilung liegt oberhalb des Medians (in Bereich IV). Wir haben uns deshalb zunächst entschlossen, beide Bereiche (III und IV) als jene von mittlerer Schwierigkeit anzusehen.

Das Zieldiskrepanzmaß

Befunde: Abbildung 2 enthält die Verteilungen der Motivkennwerte über die 5 Bereiche der Zieldiskrepanzverteilung, sowie signifikante Unterschiede zwischen verschiedenen Kurvenpunkten. Um einen direkten Vergleich zwischen den verschiedenen Skalen, die unterschiedliche Itemanzahlen enthalten, zu ermöglichen, wurden die Kennwerte z-transformiert. Wie aus Abbildung 2 hervorgeht, entsprechen die Befunde weitgehend unseren Erwartungen. Bei den HE-Werten zeigt sich, daß der Zieldiskrepanzbereich um Null (IV) von Vpn mit deutlich erhöhten HE-Kennwerten bevorzugt wird. Deutliche FM-Ausprägung geht eher mit positiv überhöhten Zielsetzungen einher. Dies gilt in nahezu gleichem Ausmaß für beide FM-Maße (FM1, FM2), jedoch erscheint ein sich andeutender Unterschied erwähnenswert: Der ebenfalls erwartete Unterschied zwischen den Gruppen mit ausgewogenen und negativen Zieldiskrepanzen deutet sich alleine bei dem Maß FM2 an, ohne hier jedoch statistische Vertrauensgrenzen zu erreichen.

Die Kennwertverteilungen für die GM-Werte replizieren sehr exakt die entsprechenden, von Heckhausen (1963b) beigebrachten Befunde. Die Gruppen mit negativen Zieldiskrepanzen weisen gegenüber denjenigen mit positiven deutlich niedrigere Kennwerte auf. Die Kenn-

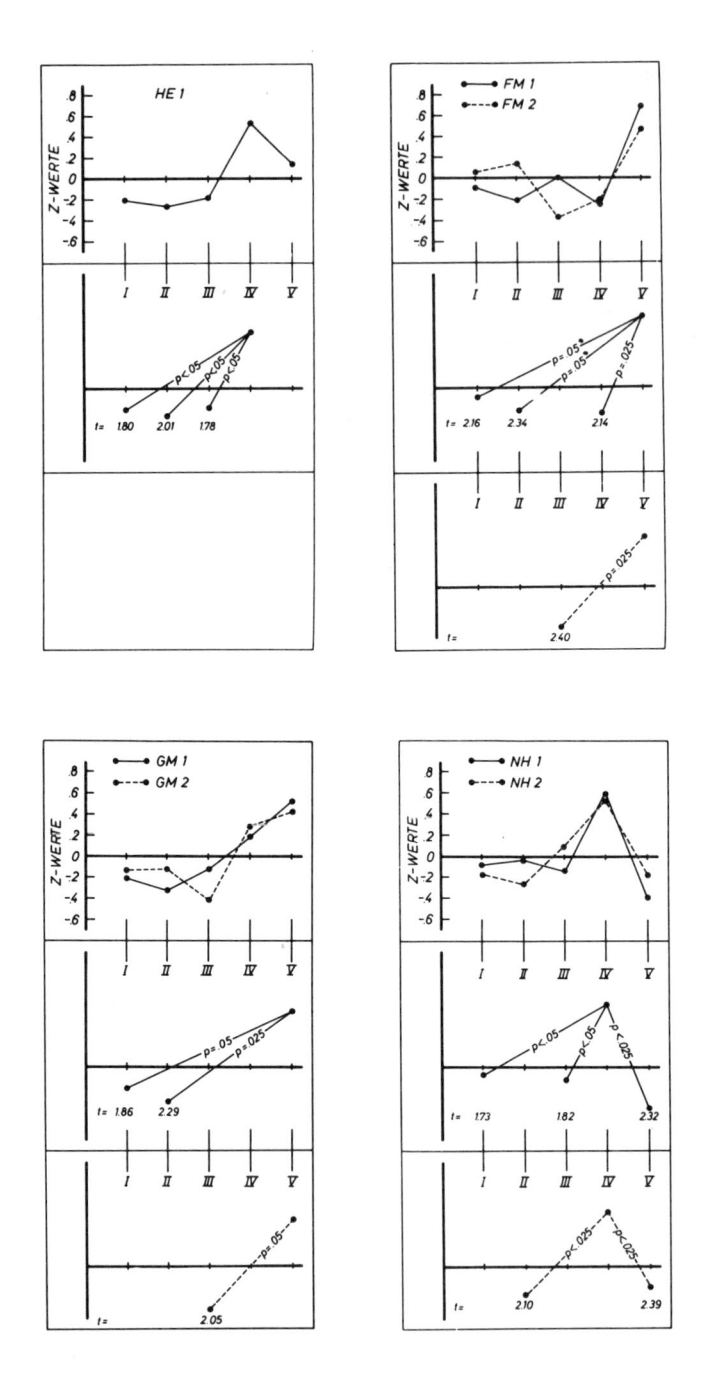

Abb. 2: Zusammenhang zwischen dem Zielsetzungsverhalten im AN-Versuch und den Motivkennwerten des LM-GITTERs

werte für NH schließlich erlauben die stringenteste Überprüfung der oben formulierten Erwartungen, da hier – modellgerecht – beide Tendenzen in Relation zueinander gebracht werden. Wie aus Abb. 2 hervorgeht, bestätigen sich unsere Erwartungen in hohen Graden: Deutlich Erfolgsmotivierte sind durch die Bevorzugung realistischer, d. h. am jeweils aktuellen Leistungsstand orientierter Zielsetzungen (Zieldiskrepanzen um Null) gekennzeichnet. Die Gruppen, die sich durch die Übernahme sehr niedriger oder sehr hoher Risiken (negative und positive Zieldiskrepanzen) eher für sehr leichte oder sehr schwierige Aufgaben entschieden haben, weisen deutlich niedrigere NH-Kennwerte auf. Dies gilt gleichermaßen für beide NH-Kennwerte.

Diskussion: Die hier referierten Befunde zeigen eine verblüffend exakte Übereinstimmung mit den von Heckhausen (1963b) und Meyer, Heckhausen & Kemmler (1965) berichteten Zusammenhängen. In diesen Untersuchungen zeigten Erfolgsmotivierte eine Bevorzugung ausgeglichener, vor allem aber leicht überhöhter Zielsetzungen (Bereiche III und IV). In unseren Untersuchungen sind die Präferenzen der Erfolgsmotivierten deutlicher auf den Bereich ausgeglichener Zielsetzungen (Zieldiskrepanzen um Null) zentriert, der jedoch reihungsidentisch mit dem Bereich leicht erhöhter positiver Zieldiskrepanzen in den oben zitierten Untersuchungen ist. Die Vergleichbarkeit der Resultate beruht also hier auf dem relativen Ausprägungsgrad der Zieldiskrepanzen. Diese Einschränkung der Vergleichbarkeit der Befunde beruht darauf, daß hier nicht, wie bei Heckhausen (1963b) und Meyer et al. (1965), der Bereich mit den Zieldiskrepanzen um Null in den mittleren Bereich der Verteilung fällt.

Heckhausen (1963b, 1967a, 1968) hat, (u. a.) aufgrund der von ihm gefundenen Bevorzugung leicht erhöhter Zieldiskrepanzen durch die Erfolgsmotivierten, eine Revision des Atkinson-Modells vorgeschlagen, in dem eine asymmetrische Verteilung der Anreiz x Schwierigkeits-Produkte über der Schwierigkeitsskala von .70 bis .0 bei einem Maximum zwischen .30 und .40 vorgesehen ist.

Berücksichtigt man, daß Zieldiskrepanzen „um Null" ein etwa gleich häufiges Vorliegen von Erfolg und Mißerfolg bedeuten, und daß sich die Vpn an diesen bei der Etablierung von subjektiven Wahrscheinlichkeiten orientieren, so scheinen unsere Befunde, im Gegensatz zu denen von Heckhausen (1963b), für eine Bevorzugung mittlerer Schwierigkeitsgrade (um .50) durch die Erfolgsmotivierten zu sprechen.

Eine Möglichkeit, unsere Befunde innerhalb des revidierten Modells zu erklären, könnte darin bestehen, die oben bereits erwähnten Einflüsse der einbettenden Versuchssituation heranzuziehen. Oben waren diese Einflüsse — unter Einbezug der Annahme der symmetrischen Verteilung der Zielsetzungswerte um den mittleren Zieldiskrepanzbereich bei „idealen" Bedingungen — für das Vorherrschen negativer Zieldiskrepanzen in Anlehnung an M e y e r (1969) verantwortlich gemacht worden. Danach könnte das oben als „vorsichtiges Taktieren" bezeichnete Zielsetzungsverhalten von einer selektiven Beachtung eigener Mißerfolge und damit verbunden, einer konstanten Unterschätzung der eigenen Erfolgswahrscheinlichkeiten, herrühren; oder aber diese werden richtig geschätzt, das *bekanntgegebene* AN bleibt jedoch um einen konstanten Betrag darunter. In beiden Fällen würde der hier ermittelte Zieldiskrepanzbereich „um Null" mit dem Bereich leicht erhöhter Zielsetzungen bei H e c k h a u s e n in Übereinstimmung zu bringen sein. Im übrigen kann uns hier nicht daran gelegen sein, die Kontroverse zwischen dem Modell A t k i n s o n s und der von H e c k - h a u s e n vorgeschlagenen Revision zu „entscheiden". Es ging uns vielmehr darum, aufzuzeigen, daß sich einige gute Gründe finden lassen, die vorliegenden Befunde in beiden Modellversionen darzustellen.

Vergleicht man die hier vorliegenden Befunde mit denen von H e c k - h a u s e n (1963b, Tab. 9, 10) auf der Basis jeweils reihungsgleicher Zieldiskrepanzbereiche, so zeigen beide Befundkomplexe große Übereinstimmung. Diese Übereinstimmung bezieht sich nicht nur auf die bedeutungsvollen Auf- und Abstiege der NH-Kurve, sondern auch auf deren Konstituenten: Die HE-Kennwerte im Bereich IV erwiesen sich vor allem gegenüber denjenigen aus den Bereichen mit negativen Zieldiskrepanzen erhöht, ebenso wie die FM1-Kennwerte aus dem Bereich V gegenüber allen anderen Bereichen. Das zu erwartende Absinken der HE-Werte im Bereich positiver (überhöhter) Zieldiskrepanzen war ebenso wie das Ansteigen der FM-Werte im Bereich negativer Zieldiskrepanzen nicht mit hinlänglicher Sicherheit zu belegen. Dies entspricht nicht, ebenso wie die nachgewiesene deutlichere FM-Ausprägung (FM1) im Bereich V gegenüber den Bereichen extrem negativer Zieldiskrepanzen, dem Modell.

Demnach ergeben sich die modellkonsistenten Resultate bei den NH-Werten aufgrund eines deutlichen Absinkens der HE-Werte im Bereich negativer Zieldiskrepanzen und eines deutlichen Anstieges der FM-Werte im Bereich positiver Zieldiskrepanzen. Dies schlägt sich auch in den GM-Kennwerten nieder. Sie sind, wie bei H e c k h a u - s e n (1963b), im Bereich positiver Zieldiskrepanzen deutlich höher als im Bereich negativer Zieldiskrepanzen. A t k i n s o n (1957, 1964) kann nicht das von den Mißerfolgsmotivierten gezeigte Ausweichen auf die Extrembereiche der Schwierigkeitsskala in der Richtung vorhersagen und hält die FM-Gruppen mit unterschiedlichen Zielsetzungsverhalten für phänotypisch unterscheidbare Formen des gleichen Genotyps. Die vorliegenden Befunde deuten darauf hin, daß die bei den Mißerfolgsmotivierten vorfindbaren Präferenzen für unterschiedliche Extrembereiche des Schwierigkeits-Kontinuums auf unterschiedlichen *absoluten* Gewichtungsfaktoren erfolgs- und mißerfolgsbezogener Motive beruhen können.

Konstruktbezogene Extensitätsmaße

Wie bereits oben erwähnt, haben wir konstruktbezogene Extensitätsmaße gewonnen, indem wir für jede der Aussagen (mit Konstruktcharakter für das Leistungsmotiv) ermittelt haben, in wievielen Situationen sie als verbindlich angegeben werden. Unsere Erwartungen bezüglich des Risikoverhaltens von Vpn mit unterschiedlich hoch generalisierten, motivnahen Konzepten waren hier global orientiert an denjenigen, die wir bereits in bezug auf die zuvor bearbeiteten Kennwerttypen gehegt hatten. Spezifische Erwartungen, insbesondere auch im Hinblick auf die Konzepte, die auf faktorenanalytischem Wege getrennt werden konnten, haben wir hier nicht entwickelt.

Befunde: Tabelle 21 enthält für die 18 Aussagen des GITTERs die Mittelwerte in den 5 Zieldiskrepanzbereichen. Legt man der Betrachtung die faktorenanalytisch ermittelten Skalen zugrunde, so ergibt sich das folgende Bild: Bei den Konzepten, die den Faktor HE1 definieren (vgl. Abb. 3), findet sich bei Konzept 14 (Er will mehr können als alle anderen) die bekannte Erhöhung des Kennwertes im Bereich IV („um Null") gegenüber den Bereichen mit eher extremen Zielsetzungen, was z. T. statistisch abzusichern ist (I/IV, $t = -2.32$, $df = 22$, $p < .05$; II/IV, $t = -1.97$, $df = 22$, $p < .10$; III/IV, $t = -1.85$, $df = 21$, $p < .10$; diese, wie auch alle folgenden Angaben bei zweiseitiger Fragestellung). Die gleiche Konstellation zeigt Konzept 15 (Er denkt: „Ich will am liebsten etwas machen, was ein bißchen schwierig ist."), jedoch mit geringerer Deutlichkeit (I/IV, $t = -1.74$, $df = 22$, $p < .10$). Das Konzept 4 (Er denkt: „Ich bin stolz auf mich, weil ich das kann"), zeigt für den Zieldiskrepanzbereich IV ebenfalls eine Erhöhung des Kennwertes gegenüber den Bereichen mit negativen Zieldiskrepanzen, was jedoch statistisch nicht abzusichern ist. Deutlicher dagegen sind die Unterschiede in der Generalisierungsbreite des Konzep-

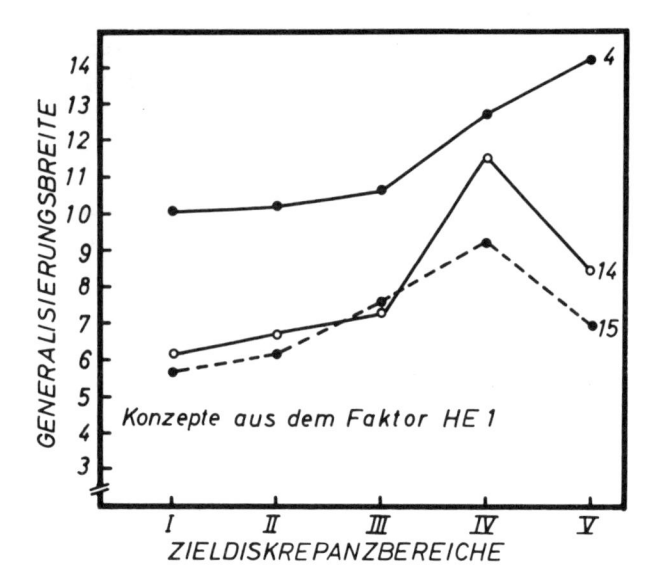

Abb. 3: Zusammenhänge zwischen dem Zielsetzungsverhalten im AN-Versuch und der Generalisierungsbreite von Konzepten aus dem Faktor HE1

tes zwischen den Bereichen mit positiven und extrem negativen Zieldiskrepanzen (I/V, t = −1.97, df = 10, p < .10; II/V, t = −2.45, df = 20, p < .05). Dieses steht im Widerspruch zu den übrigen erfolgsbezogenen Maßen.

Bei den Konzepten, die den Faktor FM1 kennzeichnen, deuten sich zwei unterschiedliche Konstellationen an. Die Items 6 (Er ist unzufrieden mit dem, was er kann) und 18 (Er denkt, er kann das nicht), die wir beide als Konzepte mangelnder eigener Fähigkeit angesprochen hatten, zeigen über die 5 Zieldiskrepanzbereiche die gleichen Verlaufsstrukturen wie das Motivmaß FM1. Hier werden positive Zielsetzungen gegenüber mittleren und negativen von Vpn mit einem eher generalisierten Konzept mangelnder eigener Fähigkeit bevorzugt (Item 6: I/V, t = −4.71, df = 10, p < .001; II/V, t = −4.63, df = 10, p < .001; III/V, t = −3.92; df = 19, p < .001; IV/V, t = −2.96, df = 20, p < .01; Item 18: II/V, t = −2.19, df = 20, p < .05; IV/V, t = −2.00, df = 20, p < .10). Das Konzept 16 (Er will lieber gar nichts tun) zeigt, wenngleich auch weniger deutlich, die gleiche Verlaufsstruktur. Vpn mit einem eher generalisierten Konzept bevorzugen eher positive gegenüber extrem negativen Zieldiskrepanzen (I/V, t = −.2.14, df = 20, p < .05).

Tab. 21: Mittelwerte der 18 im GITTER enthaltenen Konzepte für die 5 Bereiche der Zieldiskrepanzverteilung

			I(N=12)	II(N=12)	III(N=11)	IV(N=12)	V(N=10)
n		1	8.33	9.00	9.91	10.92	9.70
FM	FM1	2	5.75	5.83	6.00	4.75	5.70
HE		3	15.85	14.92	15.00	15.17	14.40
HE	HE1	4	10.08	10.25	10.64	12.83	14.30
FM	FM2	5	12.42	10.17	9.00	8.33	11.70
FM	FM1	6	3.42	3.67	3.64	4.67	11.10
n	FM2	7	8.92	8.58	7.64	8.92	9.20
FM	FM1	8	7.92	5.00	6.55	3.67	4.70
HE	HE1	9	14.75	13.08	13.36	14.42	14.40
HE		10	13.73	12.92	13.09	15.17	13.70
FM	FM2	11	9.33	10.50	9.27	7.83	12.80
n	FM1	12	4.17	4.83	5.18	5.17	6.60
FM	FM2	13	9.75	12.25	8.36	11.33	12.50
HE	HE1	14	6.17	6.83	7.27	11.58	8.50
HE	HE1	15	5.67	6.17	7.55	9.33	7.00
n	FM1	16	3.25	4.08	4.55	4.25	6.40
HE	HE1	17	9.17	8.58	7.45	10.33	7.60
FM	FM1	18	5.00	3.92	5.18	4.25	7.70

$^+p<.10$; $^{++}p<.05$; $^{+++}p<.02$; $^{++++}p<.01$; $^{+++++}p<.001$ (jeweils zweis. Fragest.)

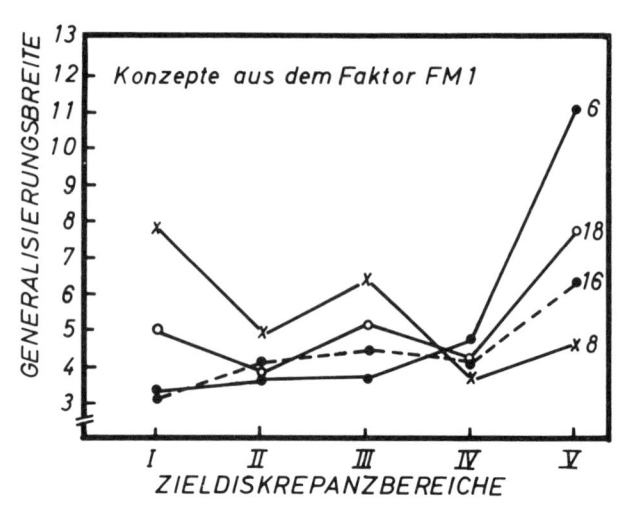

Abb. 4: Zusammenhänge zwischen dem Zielsetzungsverhalten im AN-Versuch und der Generalisierungsbreite von Konzepten aus dem Faktor FM1

Demgegenüber hebt sich das ebenfalls diesem Faktor zugehörige Konzept 8 (Er denkt: „Ich frage lieber jemanden, ob er mir helfen kann") deutlich ab. Die Bevorzugung extrem negativer Zielsetzungen geht gegenüber ausgeglichenen Zielsetzungen mit höherer Konzeptgeneralisierung einher (I/IV, t = 2.62, df = 22, p < .025). Dies gilt ebenso für erstere gegenüber den Vpn aus den Zieldiskrepanzbereichen II und V, ist dort jedoch nur in der Tendenz nachzuweisen: (I/II, t = 1.83, df = 22, p < .10; I/V, t = 1.73, df = 20, p < .10).

Die den Faktor FM2 charakterisierenden Konzepte unterscheiden sich von den den Faktor FM1 charakterisierenden mißerfolgsbezogenen Konzepten dadurch, daß sie entweder in dem Zieldiskrepanzbereich „Um Null" (IV) oder in dem reihungsmittleren Bereich (III) ihre Kurvenminima erreichen. Die Bevorzugung der Randbereiche der Zieldiskrepanzverteilung durch Vpn mit eher generalisierten Konzepten ist im einzelnen wie folgt zu belegen: Konzept 5 (Er denkt: „Ob auch nichts falsch ist?") (I/IV, t = 2.19, df = 22, p < .05; I/III, t = 1.88, df = 21, p < .10; IV/V, t = −1.80, df = 20, p < .10), Konzept 11 (Er hat Angst, daß er dabei etwas falsch machen könnte) (III/V, t = −2.01, df = 19, p < .10; IV/V, t = −2.57, df = 20, p < .025; I/V, t = −1.86, df = 20, p < .10) und Konzept 13 (Er will nichts verkehrt machen) (III/V, t = −1.76, df = 19, p < .10).

Die Konzepte, die hier in bedeutsamer Weise auf das Zielsetzungsver-

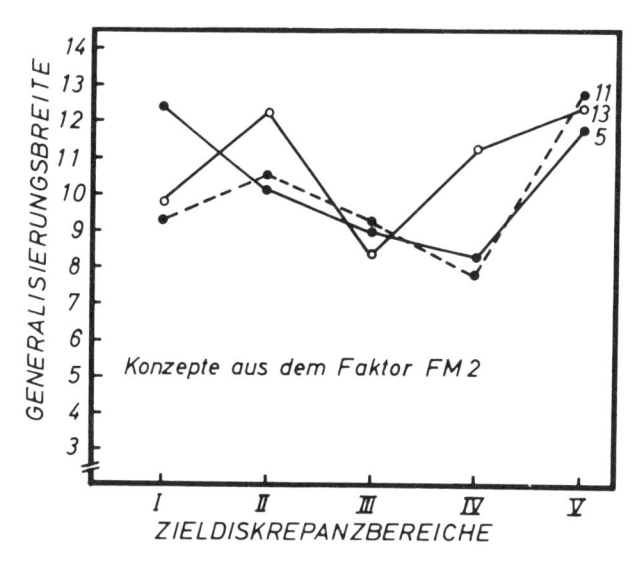

Abb. 5: Zusammenhänge zwischen dem Zielsetzungsverhalten im AN-Versuch und der Generalisierungsbreite von Konzepten aus dem Faktor FM2

halten bezogen sind, sind auch diejenigen, die in den dimensionsanalytischen Untersuchungen am deutlichsten die einzelnen Faktoren charakterisierten.

Diskussion: Aus den dargestellten Befunden wird deutlich, daß sich die in den drei Faktoren zusammengefaßten Items als Konzepte mit jeweils faktorenspezifischen Verhaltensimplikationen im Hinblick auf Zielsetzungsverhalten ausweisen, was jedoch generell identisch ist mit Zielsetzungsverhalten, das sich auch auf der Grundlage von faktoriell determinierten Motivmaßen ergeben hatte. Dies bestätigt unsere globale Erwartung, die wir im Hinblick auf die hier operationalisierten Extensitätsmaße gehegt hatten. Es gibt hierzu jedoch auch einige Ausnahmen. Von den Items, die den Faktor HE1 charakterisieren, zeigen die Konzepte 14 und 15 die erwartete Bevorzugung ausgeglichener Zielsetzungen. Item 15 haben wir in dem oben entwickelten Schema von Konzeptinhalten (Tab. 11) den handlungsbezogenen Kognitionen zugeordnet; es thematisiert direkt die von Erfolgsmotivierten zu erwartende Bevorzugung mittelhoher Schwierigkeitsgrade. Vpn, die in relativ vielen Situationen der Ansicht sind, daß sie „am liebsten etwas machen, was ein bißchen schwierig ist", verhalten sich auch so bei dem hier durchgeführten AN-Versuch.

Von den Items 4 und 14 hatten wir angenommen, daß sie beide ein Konzept guter eigener Fähigkeit beinhalten und daß von daher die gleichen Auswirkungen auf das Verhalten zu erwarten seien. Die Befunde zeigen, daß dies nicht zutrifft. Vpn mit einem aus Item 14 gewonnenen, eher generalisierten Konzept guter eigener Fähigkeit, zeigen deutliche Vorliebe für mittlere Schwierigkeiten, jene mit einem aus Item 4 gewonnenen, eher generalisierten Konzept, zeigen Vorlieben für hohe Schwierigkeiten. Da Art und Richtung von Fähigkeitskonzepten mit bestimmten Tendenzen der Ursachenerklärung von Erfolg und Mißerfolg verbunden sind (Kukla, 1972b, 1974; Meyer, 1973), liegt es nahe, hier einen attributionstheoretischen Erklärungsansatz heranzuziehen.

Empirische Untersuchungen, die den attributionstheoretischen Ansatz auf Anspruchsniveau- und Risikoverhalten bezogen haben, haben dies meist hinsichtlich von AN-Verschiebungen getan. Lefcourt (1972) kommt, diese Arbeiten resümierend, zu der Ansicht, daß internal Kontrollierte in tüchtigkeitsabhängigen Aufgabensituationen ihr Verhalten deutlicher auf die gemachten Erfahrungen beziehen, als external Kontrollierte. Aber auch über Größe und Richtung von Zielabweichungen liegen einige Resultate vor. So hat Lefcourt (1967) gezeigt, daß internal Kontrollierte in sowohl gering- wie auch hoch-leistungsbezogenen Situationen „realistisches" Zielsetzungsverhalten (das ist hier: geringe bis mittelhohe Abweichungen vom Leistungsstand bei gleichzeitig mittelhäufigen AN-Verschiebungen ohne atypische Verschiebungen) zeigen, während external Kontrollierte dies in der ersten Situation eher weniger, in der zweiten Situation eher deutlicher als internal Kontrollierte tun. Der Autor erklärt dies damit, daß external Kontrollierte offenbar in hohem Maße von äußeren Hinweisreizen in bezug auf den Aufgabencharakter zu profitieren vermögen (Lefcourt, 1967, S. 377).

In einer Untersuchung von Liverant & Scodel (1960) gehen internal Kontrollierte bei einer zufallsabhängigen Aufgabe gegenüber den external Kontrollierten deutlich eher mittlere Risiken oder deutlich weniger hohe Risiken ein, während in einer tüchtigkeitsabhängigen Aufgabe internal Kontrollierte eher niedrige Risiken wählen (Julian, Lichtman & Rykman (1968). Das Gegenteil jedoch berichten Strickland, Lewicki & Katz (1966): hier bevorzugen internal Kontrollierte überhöhte Risiken. Lefcourt & Steffy (1970) berichten das Ausbleiben von entsprechenden Beziehungen. Zu unterschiedlichen Befunden gelangen auch Studien von Higbee & Streufert (1969) und Higbee (1972). Während in der erstgenannten Studie jene, die glaubten, Kontrolle über die Ergebnisse ihrer Entscheidungen zu haben, weniger risikoreiche Entscheidungen vorziehen, zeigt in der Untersuchung von H i g b e e (1972) die gleiche Gruppe eher Vorlieben für überhöhte Risiken. R i e d e l & M i l g r a m (1970) schließlich fanden bei Schülern der 6. Klasse eine deutlich höhere Internalität und ein realistischeres Risikoverhalten als bei Schülern der 3. Klasse und auch gegenüber älteren Kindern mit Entwicklungsverzögerungen. M e y e r (1973) und K r u g (1971) haben schließlich die Selbstverantwortlichkeit für Erfolge und Mißerfolge getrennt erfaßt und Zusammenhänge zwischen ersterer und der Bevorzugung ausgeglichener Risiken bei einer Labyrinthaufgaben- bzw. Additionsaufgabentechnik berichtet.

Dieser kurze Überblick zeigt bereits, daß dieser Forschungsansatz ein wenig kohärentes Befundmaterial zu Tage gefördert hat und kaum in der Lage sein kann, bei der Erklärung unserer Befunde weiterzuhelfen. Dies mag darin begründet liegen, daß zumeist Erhebungsmethoden (die R o t t e r I–E–Skala) mit sehr heterogenem Testinhalt herangezogen werden (G u r i n et al., 1969; C o l l i n s, 1974; M i r e l s, 1970; J o e, 1974), daß den Situations*perzepten* in ihrer verhaltsdeterminierenden Funktion keine Aufmerksamkeit geschenkt wird (L e f c o u r t et al., 1968; M c D o n a l d et al., 1968), und daß schließlich nicht zwischen stabilen und variablen Attribuierungsfaktoren unterschieden wird (W e i n e r et al., 1971; W e i n e r et al., 1972).

Einen Hinweis für mögliche Interpretationen des unterschiedlichen Verhaltens der Items 4 und 14, die beide ein Konzept guter eigener Fähigkeit thematisieren, scheint eine differenzierte Analyse des Iteminhalts zu eröffnen. Danach wird in Item 4 (Er denkt: „Ich bin stolz auf mich, weil ich das kann") die Existenz eines Konzepts guter eigener Fähigkeit als gegeben angenommen (konsolidiertes Konzept), während in Item 14 (Er will mehr können als alle anderen) nurmehr das Erstreben eines möglichst hohen Fähigkeitsniveaus thematisiert ist. Hier wird unterstellt, das maximale Fähigkeitsniveau noch nicht erreicht zu haben, bzw. wird die Ansicht ausgedrückt, die Fähigkeit längerfristig noch steigern zu können (flexibles Konzept). Eine solche Unterscheidung in konsolidierte und flexible Konzepte das Selbst betreffend, ist im übrigen nicht neu. C o o p e r s m i t h (1967) konnte z. B zeigen, daß sich Jungen mit niedrigem Selbstkonzept (low self esteem) noch hinsichtlich des Grades unterscheiden, in dem sie dieses für unabänderlich halten, was mit unterschiedlichem Leistungsverhalten verbunden war. In die gleiche Richtung weisen Befunde von P e p i t o n e et al. (1969) (vgl. auch M a r e c e k & M e t t e e, 1972, S. 99 und A. d e G r o o t zum Konzept des Fähigkeitsplafonds).

In welcher Weise sind nun die Zielvornahmen und Kausalerklärungen für Erfolge und Mißerfolge bei jenen Vpn zu sehen, die durch ein *flexibles Konzept* guter eigener Fähigkeit gekennzeichnet sind? Eine solche Erklärungsmöglichkeit arbeitet mit dem Ansatz, daß bei einem generalisierten flexiblen Konzept guter eigener Fähigkeit (bzw. bei der Vornahme ein hohes Niveau dieser zu erreichen) gleichzeitig jeweils ein hohes Maß an Anstrengung zur Bewältigung der Aufgaben aufgebracht wird. Vereinzelt auftretende *Mißerfolge* dürften danach durch den Faktor „mangelnde Anstrengung" erklärt werden. Für diesen Fall könnte die Zielhöhe beibehalten werden, da das gleiche Ziel bei vermehrter Anstrengung als erreichbar wahrgenommen wird. Es resultieren positive Zieldiskrepanzen. Bei wiederholt auftretendem Mißerfolg ist für diejenigen, die sich hinsichtlich ihres Fähigkeitskonzepts noch in der „testing the limits"-Phase befinden, eine solche Kausalerklärung jedoch nicht mehr zu halten; sie müßten bei gehäuft auftretendem Mißerfolg eher der Ansicht sein, ihr Plafond erreicht zu haben und nunmehr Mißerfolge auf stabile Faktoren zurückführen. Entweder sollten sie das gesetzte AN – bezogen auf ihre Fähigkeit – für unerreichbar halten (Aufgabenschwierigkeit) oder die Fähigkeit zur Erreichung des AN's für zu gering halten (mangelnde Begabung): in beiden Fällen müßte das Ziel gesenkt werden. Zieldiskrepanzen um Null (vielleicht sogar leicht negative Zieldiskrepanzen) sollten daraus resultieren. Die Attribuierung von *Erfolg* erscheint hier vergleichsweise weniger komplex. Hier dürften wohl die Faktoren „gute eigene Begabung" und „Leichtigkeit der Aufgabe" zur Kausalerklärung herangezogen werden. In beiden Fällen dürften Zieldiskrepanzen um Null resultieren (vgl. M e y e r, 1973, S. 124–126). Zusammenfassend gesehen zeigt sich also, daß bei einem flexiblen Fähigkeitskonzept überwiegend Zieldiskrepanzen um Null zu erwarten sind.

Warum setzen nun Vpn mit einem extensiven *konsolidierten Konzept* guter eigener Fähigkeit positiv überhöhte Ziele? Vereinzelt auftretender *Mißerfolg* dürfte in jedem Fall auf den Faktor „mangelnde Anstrengung" zurückgeführt werden, was in positiven Zieldiskrepanzen resultiert. Die oben bei Vpn mit flexiblen Fähigkeitskonzepten vermutete Notwendigkeit, gehäuft auftretenden Mißerfolg mit stabilen Verursachungselementen zu erklären, tritt bei Vpn mit generalisiertem und konsolidiertem Konzept guter eigener Fähigkeit nicht ein. Zumindest dürfte der Zeitpunkt, zu dem sich Vpn mit konsolidiertem Konzept guter eigener Fähigkeit angesichts Mißerfolg genötigt sehen, dieses Konzept als Kausalerklärung zu revidieren und auf zu hohe Aufgabenschwierigkeit oder gar mangelnde Begabung zu attribuieren, bei weitem später liegen als bei jenen Vpn, die ein flexibles Fähigkeitskonzept besitzen. Entsprechend dürfte es kaum zu Zieldiskrepanzen um Null kommen. Die Kausalerklärung von *Erfolg* ist auch hier wiederum einfach zu sehen; er dürfte von dem Faktor „gute eigene Begabung" abhängig gemacht werden; jedoch wäre vorstellbar, daß diese Gruppe mit einem konsolidierten Konzept guter eigener Fähigkeit mit ihrem AN deutlicher über das vorhergehende hinausgeht, als jene Gruppe, die noch mit einem vorsichtigen Austesten der Fähigkeitsgrenzen beschäftigt ist. Zusammenfassend ergeben sich also bei einem extensiven konsolidierten Konzept guter eigener Fähigkeit überwiegend positive Zieldiskrepanzen.

Risikowahlen im AN-Versuch sind auch wiederholt mit dem Bestreben, Informationen über die eigene Tüchtigkeit einzuholen, erklärt worden (Weiner et al., 1971; Schneider, 1971; Meyer, 1973). Danach ist tüchtigkeitsrelevante Information insbesondere bei Aufgaben mittlerer Schwierigkeiten (Zieldiskrepanzen um Null) zu erwarten. Die Wahl solcher Aufgaben stellt gewissermaßen eine Option auf eine internale Attribuierung dar, die der Selbsterfahrung (self-evaluation) dient (Weiner et al., 1971, S. 16; Heckhausen, in Vorb.). Es erscheint plausibel, Bedeutsamkeit solcher Selbsterfahrungsprozesse vornehmlich bei nicht konsolidierten Fähigkeitskonzepten zu unterstellen (vgl. Heckhausen, 1972c, S. 7), was ebenfalls mit den hier berichteten Befunden in guter Übereinstimmung steht.

Wenden wir uns schließlich den Konzepten aus dem Faktor FM1 zu. Wie sich gezeigt hat, geht ein generalisiertes Konzept mangelnder eigener Fähigkeit (Items 6 und 18) mit positiven Zieldiskrepanzen einher. Weiner et al. (1971, S. 15) erklären das Ausweichen auf die Extrembereiche der Schwierigkeitsverteilung mit der Tendenz, Informationen über die eigene Tüchtigkeit möglichst zu meiden, um stattdessen Aufgabencharakteristika für Erfolge und Mißerfolge verantwortlich machen zu können. In diesem Sinne könnten die positiven Zieldiskrepanzen (die ja zugleich das oberste Quintil der Verteilung bilden) als konsequente Strategie der Vermeidung tüchtigkeitsrelevanter Information aufgefaßt werden, denn mittelschwere und selbst leichte Aufgaben können bei einem Konzept mangelnder eigener Fähigkeit als von möglichem Mißerfolg begleitet gesehen werden. Die Wahl sehr schwieriger Aufgaben verunmöglicht eine internale Attribuierung auf (mangelnde) Begabung.

Betrachten wir die beiden noch verbleibenden Items aus dem Faktor FM1. Es sind beides handlungsnahe Konzepte; während Item 16 (Er will lieber gar nichts tun) der handlungsmeidenden FM1-Komponente entstammt, beschreibt Item 8 (Er denkt: „Ich frage lieber jemanden, ob er mir helfen kann") eher eine Handlungsstrategie, die auf die Abwendung möglichen Mißerfolges bzw. mit der Minimalisierung des Mißerfolgsrisikos, verbunden ist. Jeweils generalisierte Konzepte gehen mit unterschiedlichem Zielsetzungsverhalten einher. Vpn mit einem generalisierten Konzept, das auf Handlungsmeidung zielt, bevorzugen eher hohe Mißerfolgsrisiken gegenüber geringen, was übereinstimmt mit dem Verhalten der mit generalisiertem Konzept mangelnder eigener Fähigkeit ausgestatteten Vpn. Anders jene, die ein extensives Maß für mißerfolgsmeidende bzw. risikominimisierende Handlungsstrategien aufweisen: sie verhalten sich entsprechend im Anspruchsniveauversuch und bevorzugen hier extrem niedrige vor ausgeglichenen und hohen Risiken.

Das *gleichzeitige* Ausweichen auf die Extrembereiche der Schwierigkeitsskala, das nach den Formulierungen A t k i n s o n s von den Mißerfolgsmotivierten generell zu erwarten ist, deutete sich schließlich bei verschiedenen Konzepten aus dem Faktor FM2 an und war am deutlichsten mit Hilfe des Items 5 (Er denkt: „Ob auch nichts falsch ist?") zu belegen.

Zusammenfassung: Wir sind hier der Frage nachgegangen, inwieweit Vpn, die durch unterschiedlich generalisierte motivbezogene Konzepte charakterisiert sind, auch in ihrem AN-Verhalten unterschieden sind; wobei wir von der globalen Erwartung ausgingen, daß die Zugehörigkeit einzelner Konzepte zu den Erfolgs- bzw. Mißerfolgsfaktoren zu Zielsetzungsverhalten Anlaß gäbe, das mit den Ableitungen aus dem A t k i n s o n-Modell zumindest vereinbar sein müßte. Dies bestätigte sich in unterschiedlichem Ausmaß. Die in dem Faktor HE1 eingeschlossenen Konzepte guter eigener Fähigkeit erwiesen sich als Maße mit differentiellen Verhaltensimplikationen je nach dem Ausmaß, in dem sie für veränderbar gehalten werden. Generalisierte konsolidierte Konzepte guter eigener Fähigkeit erwiesen sich mit der Wahl hoher Schwierigkeiten verbunden, eher flexible Konzepte erwiesen sich mit ausgewogenen Zielsetzungen verbunden. Generalisierte konsolidierte Konzepte mangelnder eigener Fähigkeit waren ebenfalls mit der Wahl hoher Schwierigkeiten verbunden. Diese Befunde wurden anhand attributionstheoretischer Überlegungen diskutiert. Letztlich abgeklärt werden konnten die Zusammenhänge innerhalb dieser theoretischen Konzepte jedoch nicht, da keine Daten über den wahrgenommenen Schwierigkeitsgrad des Aufgabentyps, über Anstrengungskalkulationen und tatsächlich statthabendes Attribuierungsgeschehen vorlagen. Erfolgs- und mißerfolgsbezogene Aussagen, in denen Präferenzen für sehr niedrige bzw. mittelhohe Schwierigkeitsgrade direkt thematisiert sind, konnten ihre Augenscheinvalidität bestätigen: Vpn, die in extensiver Weise durch diese Aussagen charakterisiert sind, sind im AN-Versuch durch Präferenzen der gleichen Schwierigkeitsgrade gekennzeichnet. Das gleichzeitige Ausweichen auf die Extrembereiche der Schwierigkeitsskala konnte allein für Aussagen aus dem Faktor FM2 nachgewiesen werden.

Anspruchsniveauverschiebungen

Bei der Bearbeitung etwa gleichartiger Aufgaben eintretende Erfolge und Mißerfolge führen zu Veränderungen der subjektiven Schwierigkeiten der Aufgaben. Tritt Erfolg ein, sinkt der subjektive Schwierigkeitswert für die nachfolgende Aufgabe, entsprechend steigt er nach eingetretenem Mißerfolg.

Der Erfolgsmotivierte, der eine mittelschwierige Aufgabe zur Bearbeitung gewählt hat (hier: der sein AN am aktualisierten Leistungsstand orientiert), wird also bei Vorliegen offensichtlich gleichartig strukturierter Aufgaben nach Erfolg eine etwas schwierigere Aufgabe wählen müssen (AN-Erhöhung), nach Mißerfolg eine etwas leichtere Aufgabe (AN-Senkung), um im optimal motivierenden Bereich mittlerer subjektiver Schwierigkeiten zu verbleiben (vgl. A t k i n s o n, 1957, S. 368–369; 1964, S. 260).

Mißerfolgsmotivierte hingegen bevorzugen Wahlen von Aufgaben niedrigen oder hohen Schwierigkeitsgrades. Wird eine sehr schwierige Aufgabe gewählt, so führt der sehr wahrscheinliche Mißerfolg zu einem weiteren Absinken der Erfolgserwartungen, was über den oben beschriebenen Formelmechanismus zu einer Reduzierung der Meiden-Tendenz führt. Der Mißerfolgsmotivierte wird also in diesem Fall fortfahren können, Aufgaben aus der gegebenen Schwierigkeitsstufe zu wählen (A t k i n s o n, 1957, S. 369). Erfolg bei einer schwierigen Aufgabe sollte zur Anhebung der Erfolgserwartung und damit zu einer Verstärkung der Meiden-Tendenz führen. Für diesen Fall dürfte zu erwarten sein, daß sehr leichte Aufgaben gewählt werden, da hier die Meiden-Tendenz geringer ist als bei einer Aufgabe, die sich — vor allem bei häufigerem Erfolg — auf den Bereich mittlerer Schwierigkeit zubewegt (A t k i n s o n, 1964, S. 260–261). Dieser Fall hat jedoch geringe Auftretenswahrscheinlichkeit. Wird eine sehr leichte Aufgabe gewählt, so führt der wahrscheinlich eintretende Erfolg zu einer weiteren Verminderung der Meiden-Tendenz. Der Mißerfolgsmotivierte wird also in diesem Fall weiterhin Aufgaben gleicher Schwierigkeit wählen können. Tritt jedoch Mißerfolg bei einer leichten Aufgabe ein, sinkt die Erfolgserwartung und die Meiden-Tendenz steigt an. Steht keine leichtere Aufgabe zur Verfügung, sollte eher eine sehr schwierige Aufgabe gewählt werden, da hier wiederum die Meiden-Tendenz geringer ist als bei einer Aufgabe, die bei häufigem Mißerfolg immer „schwieriger" wird (Atkinson, 1957, S. 369) (vgl. Atkinson, 1965; Atkinson & Feather, 1966, S. 337–340).

Es hat sich eingebürgert, das Heraufsetzen des AN's nach Erfolg und das Herabsetzen nach Mißerfolg als „typische" AN-Verschiebung, jeweils umgekehrtes Verschieben als „atypisches" und die Wahl gleichbleibend schwieriger Aufgaben als „starres" AN-Verhalten zu bezeichnen (Hoppe, 1930; Jucknat, 1937; Festinger, 1942; Lewin et al., 1944). Hieraus ergibt sich unmittelbar die Erwartung, daß Mißerfolgsmotivierte mehr als Erfolgsmotivierte durch atypische AN-Verschiebungen und durch starre AN-Setzungen gekennzeichnet sind. Diese Ableitung aus der Theorie ist bislang experimentellen Überprüfungen kaum ausgesetzt gewesen, Vitz (1957, zit. nach Atkinson, 1964), Hancock & Teevan (1964), Moulton (1965) und Damm (1968) haben jedoch mit Hilfe unterschiedlicher Techniken Befunde vorgelegt, die diese Erwartungen generell bestätigen.

Methodik: Wir haben die AN-Verschiebungen bei dem bereits oben beschriebenen Experiment erfaßt. Wir haben dabei ausgezählt, wie häufig das AN nach Erfolg bzw. Mißerfolg herauf- und herabgesetzt wurde und wie oft es unverändert blieb. Hierbei sind Erfolg bzw. Mißerfolg dann als gegeben angesehen, wenn sowohl das vorauslaufende AN als auch die vorangehende Leistung über- bzw. unterschritten wurde. Im einzelnen haben wir folgende Kennwerte berechnet:

1. starre AN-Setzungen,
2. atypische AN-Verschiebungen, und zwar Heraufsetzen nach Mißerfolg,
3. atypische AN-Verschiebungen, und zwar Senken nach Erfolg,
4. Gesamt atypische Verschiebungen (2 + 3),
5. Gesamt nicht adäquater Zielsetzungen (1 + 2 + 3).

Befunde: Die nach dem Kennwert HE1 bestimmte Gruppe der hoch Erfolgsmotivierten neigt weniger als die beiden restlichen Gruppen zu starrem Zielsetzungsverhalten (1) (Tab. 22) (hoch vs. mittel: $t = 1.81$, $df = 36$, $p < .05$; hoch vs. niedrig: $t = 2.18$, $df = 37$, $p < .025$). Auch das Gesamtmaß aller nicht-adäquaten AN-Setzungen (5), in dem starre und atypische Reaktionen zusammengefaßt sind, zeigt ein deutliches erwartungsgemäßes Absinken bei der Gruppe der eher Erfolgsmotivierten, jedoch war dies nur für das Maß HE1 abzusichern (hoch vs. niedrig: t = 1.73, df = 37, p < .05).

Das Maß FM1 ist indifferent hinsichtlich der Starrheit des Zielsetzungsverhaltens. Es verhält sich jedoch hinsichtlich der atypischen AN-Verschiebungen den Erwartungen entsprechend. Hoch Mißerfolgsmotivierte (FM1) neigen deutlich zu vermehrten atypischen AN-Verschiebungen und zwar sowohl nach Erfolg wie nach Mißerfolg. Für das

Tab. 22: Mittelwerte der AN-Variablen jeweils für die in Terzile aufgeteilte Gesamtstichprobe (FM1)

		(1)	(2)	(3)	(4)	(5)
HE1	hoch (n=20)	3.65	0.25	3.20	3.45	6.95
	mittel (n=18)	5.72	0.28	2.28	2.56	8.28
	niedrig (n=19)	6.32	0.58	2.16	2.74	9.05
FM1	hoch (n=19)	5.58	0.63	2.84	3.47	9.05
	mittel (n=20)	4.45	0.25	2.65	2.90	7.20
	niedrig (n=18)	5.61	0.22	2.17	2.39	8.00
GM1	hoch (n=20)	4.95	0.60	2.85	3.45	8.40
	mittel (n=19)	5.05	0.21	2.53	2.74	7.63
	niedrig (n=18)	5.61	0.28	2.28	2.56	8.17
NH1	hoch (n=19)	4.79	0.21	2.89	3.11	7.74
	mittel (n=20)	4.80	0.45	2.55	3.00	7.80
	niedrig (n=18)	6.06	0.44	2.22	2.67	8.72

| p < .05; ‖ p < .025

Summenmaß (4) ist dieses abzusichern (t = 1.83, df = 35, p < .05). Das alle nicht adäquaten Reaktionen zusammenfassende Maß (5) zeigt ebenfalls bei den hoch Mißerfolgsmotivierten (FM1) den höchsten Wert an, was sich zwischen den Gruppen hoch und mittel absichern läßt (t = 1,79, df = 37, p < .05). Bei keinem der unter Verwendung von FM1 zusammengesetzten Maßen (GM1, NH1) ergeben sich abzusichernde Zusammenhänge mit den verschiedenen Variablen des Zielsetzungsverhaltens.

Tab. 23: Mittelwerte der 5 AN-Variablen jeweils für die in Terzile aufgeteilte Gesamtstichprobe (FM2)

		(1)	(2)	(3)	(4)	(5)
HE1	hoch (n=20)	3.65 ⎤⎤	0.25	3.20	3.45	5.95 ⎤
	mittel (n=18)	5.72 ⎦⎥	0.28	2.28	2.56	8.28 ⎥
	niedrig (n=19)	6.32 ⎦	0.58	2.16	2.74	9.05 ⎦
FM2	hoch (n=22)	5.41	0.55	2.09 ⎤	2.64	8.05
	mittel (n=17)	5.59	0.18	1.86 ⎤⎥	2.06 ⎤⎤	7.47
	niedrig (n=18)	4.56	0.33	3.78 ⎦⎦	4.11 ⎦⎦	8.67
GM2	hoch (n=18)	3.61	0.50	2.17	2.67	6.11 ⎤
	mittel (n=19)	5.53	0.32	2.68	3.00	8.53 ⎥
	niedrig (n=20)	6.30	0.30	2.80	3.10	9.40 ⎦
NH2	hoch (n=20)	3.95 ⎤	0.25	3.55 ⎤⎤	3.80 ⎤	7.60
	mittel (n=19)	5.84 ⎥	0.42	2.16 ⎥⎥	2.58 ⎥	8.42
	niedrig (n=18)	5.89 ⎦	0.44	1.89 ⎦⎦	2.33 ⎦	8.22

| p < .05; ‖ p < .025

Legt man jedoch das Maß FM2 zugrunde, so ergeben sich eine ganze Reihe bedeutsamer Beziehungen, die jedoch z. T. unseren Erwartungen zuwiderlaufen (vgl. Tab. 23). Dies betrifft insbesondere die Maße für atypische AN-Verschiebungen und zwar die Variablen (3) (Senken nach Erfolg) sowie (4) (Gesamt atypische Verschiebungen). Demnach neigt die Gruppe mit niedrigen FM2-Werten gegenüber jenen Gruppen mit mittelhohen und hohen FM2-Werten zu häufigerem Senken des AN's nach Erfolg (niedrig vs. mittel: $t = 2.89$, $df = 17$, $p < .01$; niedrig vs. hoch: $t = 2.41$, $df = 38$, $p < 0.25$, jeweils zweis. Fragest.). Dieses zeigt sich auch in dem zusammengesetzten Maß (4). Eher geringfügig Mißerfolgsmotivierte (FM2 niedrig) neigen gegenüber den restlichen beiden Gruppen zu häufigeren atypischen AN-Verschiebungen (niedrig vs. mittel: $t = 2.98$, $df = 17$, $p < .01$; niedrig vs. hoch: $t = 1.95$, $df = 38$, $p < .06$, jeweils zweis. Fragest.).

Entsprechende Resultate ergeben sich, wenn man das Maß NH2 zugrunde legt. Erfolgsmotivierte (NH2 hoch) sind gegenüber Mißerfolgsmotivierten (NH2 niedrig) durch häufiges Senken des AN's nach Erfolg gekennzeichnet ($t = 2.66$, $df = 17$, $p < .025$). In gleicher Weise verhält sich wiederum das Maß für die Gesamtzahl aller atypischen Zielverschiebungen ($t = 2.04$, $df = 37$, $p < .05$, jeweils zweis. Fragest.).

Den Erwartungen entsprechend sind jedoch die Resultate bei starrem Zielsetzungsverhalten (1): Erfolgsmotivierte (NH2 hoch) neigen in geringerem Ausmaß zu starrem Zielsetzungsverhalten als Mißerfolgsmotivierte (NH2 niedrig) ($t = 1.73$, $df = 38$, $p < .05$).

Legt man das Maß GM2 zugrunde, so zeigt sich hier eine eher gleichsinnige Abnahme starrer und atypischer Zielsetzungen bei hoher gegenüber niedriger Gesamtmotivation, was für das Gesamtmaß aller nicht adäquaten Zielsetzungen (5) abzusichern ist ($t = 3.01$, $df = 36$, $p < .01$). Zusammenfassend ist also hierzu zu sagen:

1. Unsere Erwartungen hinsichtlich des Zielsetzungsverhaltens bestätigen sich vor allem bei starren Zielsetzungen. Erfolgsmotivierte (HE1, NH2) neigen in geringerem Umfang als Mißerfolgsmotivierte zu starren Zielsetzungen.

2. Die Erwartungen hinsichtlich atypischer AN-Verschiebungen bestätigen sich ausschließlich bei dem Maß FM1. Hoch Mißerfolgsmotivierte neigen *mehr* als niedrig Mißerfolgsmotivierte zu atypischen AN-Verschiebungen.

3. Unsere Erwartungen hinsichtlich atypischer AN-Verschiebungen bestätigen sich hingegen nicht, wenn der Faktor FM2 zur Messung

herangezogen wird. Hoch Mißerfolgsmotivierte (FM2, NH2) neigen *weniger* als niedrig Mißerfolgsmotivierte (bzw. Erfolgsmotivierte) zu atypischen AN-Verschiebungen, was insbesondere AN-Senkungen nach Erfolg betrifft.

Konstruktionsbezogene Extensitätsmaße

Befunde: Wir haben uns hier auf die Bearbeitung einiger Konzepte beschränkt, die in den vorauslaufenden Diskussionen bereits eine wichtige Rolle gespielt haben. Es sind dies die Konzepte guter eigener Fähigkeit (+F) (Items 4 und 14), Erfolgzuversicht (EZ) (Items 3 und 10), das Konzept mangelnder eigener Fähigkeit (−F) (Items 6 und 18) sowie Furcht vor Mißerfolg (FM) (Items 5 und 13). Die Befundaufbereitung geschah analog der oben geschilderten Vorgehensweise. Tab. 24 enthält die Mittelwerte der 5 verschiedenen AN-Variablen für die in Terzile (generalisiert (g), mittel (m), limitiert (l)) aufgeteilten Konzeptmaße.

Zunächst zu dem Konzept guter eigener Fähigkeit: Wie Tab. 24 zeigt, ergeben sich Resultate, die mit der Einstufung dieses Konzepts als erfolgsbezogen vereinbar sind. Vpn mit einem limitierten Konzept guter eigener Fähigkeit (+Fl) weisen gegenüber jenen mit einem generalisierten Konzept (+Fg) signifikant häufiger starres Zielsetzungsverhalten auf ((1), $t = 2.40$, $df = 37$, $p < .025$). Entsprechend ist die Gesamtzahl nicht adäquater Zielsetzungen (5) bei ersteren gegenüber letzteren erhöht ($t = 2.35$, $df = 37$, $p < .05$). Vpn mit einem limitierten Konzept Erfolgszuversicht weisen gegenüber jenen mit generalisiertem Konzept vermehrt atypische AN-Verschiebungen auf ((4), $t = 2.63$, $df = 37$, $p < .025$), was im Einzelnen nur Senkungen nach Erfolg betrifft ((3), $t = 2.21$, $df = 37$, $p < .05$). Entsprechend ist bei ersteren gegenüber letzteren die Anzahl nicht adäquater Zielverschiebungen erhöht ((5), $t = 2.14$, $df = 37$, $p < .05$). Bezogen auf das Konzept mangelnder eigener Fähigkeit zeigt sich, daß die Gruppe mit einem generalisierten Konzept (−Fg) nach Mißerfolg signifikant häufiger ihr AN anhebt (Chi-Quadrat = 4.14, $df = 1$, $p < .05$; mit Yates-Korrektur). Die Ergebnisse, die sich auf das Konzept Furcht vor Mißerfolg beziehen, sind schließlich den oben, in bezug auf das Maß FM2 berichteten, nahezu identisch: Die Gruppe mit eher generalisierter Furcht vor Mißerfolg (FMg) neigt weniger als die Gruppe mit eher limitierter Furcht vor Mißerfolg (FMl) zu AN-Senkungen nach Erfolg ((3), $t = 2.41$, $df = 36$, $p < .025$). Dieser Effekt besorgt auch noch signifikante Unterschiede dieser Gruppen im Hinblick auf die Gesamtzahl aller atypischen AN-

Verschiebungen ((4), t = 2.20) und auch aller nicht adäquaten Zielsetzungen ((5), t = 2.29, df jeweils = 36, p < .05, zweis. Fragest.).

Diskussion: Die Resultate, die sich auf die Kennwerte HE1 und FM1 beziehen, stehen in Übereinstimmung mit den Ableitungen aus der Theorie A t k i n s o n's, sodaß sie hier keiner extensiven Betrachtung mehr bedürfen. Die Befunde, die sich auf die erfolgsbezogenen Konzeptextensitäten beziehen, (+F, EZ) sind allein durch die Zugehörig-

Tab. 24: Mittelwerte der 5 AN-Variablen für die in Terzile aufgeteilten Konzeptextensitäten, für das Konzept guter eigener Fähigkeit (+F), das Konzept Erfolgszuversicht (EZ), das Konzept mangelnder eigener Fähigkeit (−F) und Furcht vor Mißerfolg (FM)

		(1)	(2)	(3)	(4)	(5)
+F (4+14)	g (n=20)	3.89 ⌐	0.32	2.37	2.68	6.58 ⌐
	m (n=18)	4.84 ∥	0.42	3.11	3.53	8.37 ∣
	l (n=19)	6.84 ⌐	0.37	2.21	2.58	9.26 ⌐
EZ (3+10)	g (n=19)	4.74	0.11	1.95 ⌐	2.05 ⌐	6.79 ⌐
	m (n=18)	5.00	0.56	2.67 ∣	3.22 ∥	8.06 ∣
	l (n=20)	5.80	0.45	3.05 ⌐	3.50 ⌐	9.30 ⌐
(−F) (6+18)	g (n=20)	4.95	0.65 ⌐	2.70	3.35	8.30
	m (n=18)	4.94	0.33 ∣	2.78	3.11	7.89
	l (n=19)	5.68	0.11 ⌐	2.21	2.32	8.00
FM (5+13)	g (n=20)	4.05	0.45	2.00 ⌐	2.45 ⌐	6.50 ⌐
	m (n=19)	6.32	0.26	2.11 ⌐	2.37 ⌐	8.68 ∣
	l (n=18)	5.28	0.39	3.67 ⌐	4.06 ⌐	9.17 ⌐

∣ p < .05; ∥ p < .025 (zweis. Fragest.)

keit der Konzepte zu der Motivkomponente Hoffnung auf Erfolg zu erklären. Daß hier jedoch verschiedene kognitive Konzepte aus dieser Motivkomponente mit atypischem *oder* starrem Zielsetzungsverhalten verbunden sind, bestätigt zunächst die Validität der Konzepte, im Einzelnen aber auch die Triftigkeit ihrer Trennung.

Das aus dem Maß FM1 herausgelöste Konzept mangelnder eigener Fähigkeit legt es nahe, die hier berichteten Befunde auch unter attributionstheoretischen Aspekten zu betrachten, da die Einschätzung der eigenen Fähigkeit einen wichtigen Faktor bei der Kausalerklärung von Handlungsresultaten darstellt.

Die zunächst durchgeführten Untersuchungen zur Selbstverantwortlichkeit, die nur internale und externale Ursachenzuschreibungen unterschieden, kamen bezüglich Erwartungs- und AN-Änderungen nur zu wenig konsistenten Befunden (vgl. oben; L e f c o u r t, 1972; M e y - e r, 1973). Aber auch die differenzierten attributionstheoretischen Überlegungen führen hier nicht weiter. W e i n e r, H e c k h a u s e n, M e y e r & C o o k (1972) haben Erwartungsänderungen von der Stabilitätsdimension bei Kausalattribuierungen abhängig gemacht (S. 243; W e i n e r et al., 1971, S. 3). Danach sollten dann, wenn Handlungsresultate auf die stabilen Faktoren Fähigkeit oder Aufgabenschwierigkeit zurückgeführt werden, weniger atypische AN-Verschiebungen auftreten, als dann, wenn variable Faktoren (Zufall, Anstrengung) herangezogen werden. Danach hätte man bei Vorliegen eines Konzepts mangelnder eigener Begabung eher mit *weniger* atypischen AN-Verschiebungen rechnen müssen. Jedoch haben wir in diesem Erklärungsansatz die ungeprüfte Voraussetzung gemacht, daß bei Vorliegen eines Konzepts mangelnder eigener Begabung dieses auch als *Erklärungselement* ins Spiel gebracht wird. Wir hatten oben bereits die überhöhten Ziele der durch ein Konzept mangelnder eigener Fähigkeit gekennzeichneten Gruppe auch als eine Strategie aufgefaßt, Mißerfolge gerade *nicht* auf den Faktor mangelnde eigene Fähigkeit zurückführen zu müssen (W e i n e r et al., 1971), sondern hierfür externale Faktoren verantwortlich machen zu können. Vereinbar mit dieser Strategie wäre hier ebenfalls das Heraufsetzen des AN's nach Mißerfolg. Ebenso, wenn man dieses als Abwehrmechanismus interpretiert, mit dem man offensichtlich bei Vorliegen von hoher internaler Attribuierungs*voreingenommenheit* und einem negativen Selbstbild (self-esteem) (wie bei einem Konzept mangelnder eigener Fähigkeit) rechnen muß (P h a r e s et al., 1968; P h a r e s et al., 1971; L i p p et al., 1968). S i l v e r - m a n (1964) und R y c k m a n, G o l d & R o d d a (1971) haben bei verschiedenen self-esteem Gruppen unterschiedliche Auswirkungen von Erfolg und Mißerfolg auf die Informationsaufnahme nachweisen können. R y c k m a n et al. (1971) fanden in einer Replikation eines von F e a t h e r (1968) durchgeführten Experiments, in dem zusätzlich noch das Selbstkonzept kontrolliert wurde, daß typische Erwartungsänderung nach Erfolg und Mißerfolg insbesondere jene auszeichnet, die bei internaler Kontrolle ein positives Selbstbild besitzen. Die Autoren erklären diesen Befund mit dem Wirksamwerden von Abwehrmechanismen, die insbesondere die Vpn mit negativem Selbstbild durch die Angabe hoher Erfolgswahrscheinlichkeiten vor negativen Selbsterfahrungen schützen soll (R y c k m a n et al., 1971, S. 309).

Die hier verwendete Methodik erlaubt nicht die Kontrolle von Schwierigkeitsperzepten des Aufgabentyps, so daß man hier noch einen letzten Erklärungsansatz in Betracht ziehen muß: Es wäre möglich, daß die Labyrinthaufgaben, als einfache motorische Aufgaben, als „leicht" angesehen werden, so daß sie auch von jenen, die sich als unbegabt erleben, bei hoher Anstrengungsinvestition für lösbar gehalten werden (vgl. M e y e r, 1973). Mißerfolg müßte dementsprechend auf den Faktor „mangelnde Anstrengung", Erfolg auf „große Anstrengung" zurückgeführt werden. Im ersten Fall wäre durchaus eine Erhöhung des AN's zu erwarten, da die Aufgabe bei vermehrter Anstrengung für lösbar gehalten wird, im zweiten Fall wäre eher starres Zielsetzungsverhalten zu erwarten, da „so viel Anstrengung" kaum wiederholt einsetzbar erscheint (vgl. M e y e r, 1973, S. 124ff, S. 146ff; W e i n e r et al., 1971; W e i n e r et al., 1972).

Der Einsatz des Maßes FM2, bzw. hieraus entnommener Konzepte, führte zu Resultaten, die den Modellableitungen widersprachen. Die Ergebnisse für die Maße FM2 und NH2 zeigen, daß Erfolgsmotivierte durch mehr atypische AN-Verschiebungen gekennzeichnet sind als Mißerfolgsmotivierte, dies betrifft jedoch ausschließlich Senken nach Erfolg. Das gleiche gilt für jene durch ein eher limitiertes Konzept „Furcht vor Mißerfolg" gekennzeichneten Vpn.

Unter Zuhilfenahme der folgenden Überlegungen und Befunde läßt sich dies jedoch möglicherweise erklären:

1. Die beobachteten atypischen AN-Verschiebungen betreffen ausschließlich Senkungen nach Erfolg.

2. Die Ergebnisse sind gleich deutlich, wenn zur Festlegung von Erfolg das hier benutzte Kriterium herangezogen wird (die Leistung liegt über der letzten Leistung *und* über dem letzten AN), als auch dann, wenn zur Festlegung von Erfolg *nur* das Übersteigen der letzten Leistung

herangezogen wird (t = 2.41; bzw. t = 2.26). Keine Unterschiede finden sich, wenn zur Festlegung von Erfolg lediglich das Übersteigen des letzten AN's herangezogen wird (t < 1.0). Dieses besagt, daß sich das AN unterhalb der letzten Leistung befunden haben muß (negative Zieldiskrepanzen), denn nur für diesen Fall trennt das Kriterium „Oberhalb der letzten Leistung" auch gleichzeitig mit gleicher Trennschärfe nach dem Kriterium „Oberhalb der letzten Leistung und dem letzten AN". Dies wiederum bedeutet, daß sich diese Vpn sehr leichte Aufgaben gewählt haben müssen.

3. Vpn, die in hohem Maße durch Konzepte aus dem Faktor FM2 gekennzeichnet sind, weichen im AN-Versuch auf die Extrembereiche des Schwierigkeitskontinuums aus (Tab. 21). Dies betrifft in besonderem Maße die Konzepte 5 und 13.

Danach liegt die Antwort auf der Hand: Befindet sich das AN unter der letzten Leistung, die aktuelle Leistung aber wiederum über der letzten Leistung, so kann der Mißerfolgsmotivierte ohne grobe Verstöße gegen die Tendenz, die Meiden-Motivation zu minimalisieren, das AN gegenüber dem vorauslaufenden AN gleichhalten oder sogar anheben. Dies ist durchaus in Übereinstimmung mit A t k i n s o n (1957):

„If our feardisposed subject is successful at the most simple task, his P_s increases, his P_f decreases and his motivation to avoid this task decreases. The task becomes less and less unpleasant. He should continue playing the game with less anxiety" (S. 369).

Zusammenfassung

Starres und atypisches Zielsetzungsverhalten im AN-Versuch erwies sich in bedeutsamer Weise auf die GITTER-Motivationskennwerte bezogen. Erfolgsmotivierte (HE1, NH2) waren wie erwartet durch wenig häufiges starres Zielsetzungsverhalten gekennzeichnet. Mißerfolgsmotivierte (FM1) waren durch häufige atypische AN-Verschiebungen gekennzeichnet. Die Isolierung des Konzepts mangelnder eigener Fähigkeit aus dem Maß FM1 führte zu attributionstheoretischen und selbstwertbezogenen Erklärungsansätzen, die dann die Befunde zu erklären vermögen, wenn man annimmt, daß bei der vorliegenden Aufgabensituation der Faktor „mangelnde Begabung" gerade *nicht* zur Kausalerklärung herangezogen wird, sondern daß Aufgabenwahlen gerade so stratifiziert werden, daß sie eine Attribuierung auf diesem Faktor verunmöglichen, oder aber, daß die Aufgaben als „leicht" angesehen werden und anstrengungsbezogene Attribuierungen statthaben. Der den Hypothesen zunächst widersprechende Befund, daß die durch den Faktor FM2 bestimmten Mißerfolgsmotivierten eher in geringerem Umfang zu atypischen AN-Verschiebungen neigen, fand sich beschränkt auf das Herabsetzen des ANs nach Erfolg bei *leichten Aufgaben*. Ein solches Vorgehen ist mit dem Konzept Furcht vor Mißerfolg im Sinne der A t k i n s o n'schen Modellimplikationen vereinbar. Die Befunde zu den Extensitätsmaßen haben im Wesentlichen die gleichen Befunde erbracht wie die entsprechenden Motivkennwerte, jedoch konnten sie wegen ihrer Konzeptspezifität diese Beziehungen präzisieren (Konzept mangelnder eigener Fähigkeit) bzw. auch differenzieren (Konzept guter eigener Fähigkeit und Konzept „Erfolgszuversicht").

12. Kapitel

VALIDIERUNGSSTUDIEN III
ZIELSETZUNGSVERHALTEN IN SITUATIONEN
MIT UNTERSCHIEDLICHEN TYPEN
VON BEZUGSNORMEN

Einleitung

Bei der im vorauslaufenden Kapitel vorgenommenen vergleichenden Betrachtung der AN-Literatur (vgl. S c h m a l t, 1974) erwies sich die Frage nach der Bewertung der erzielten Leistung bzw. auch der Leistungsvornahme (AN) und vor allem auch die Frage nach den dabei zugrundeliegenden Bezugsnormen als wichtige Bedingungsvariable. Analysiert man mit diesen Kriterien die bislang in AN-Versuchen hergestellten experimentellen Situationen, so gelangt man zu folgenden 4 Grundtypen:

1. Die Vp ist mit sich alleine
Urheber und Beurteiler von Leistung ist in der Regel nur die Vp; sofern keine auf diese Leistung bezogenen Gruppennormen kommuniziert werden, dürften individualisierte Bezugsnormen ins Spiel kommen.

2. Die Vp agiert in Gegenwart des Vl
Urheber und Beurteiler von Leistung ist die Vp, jedoch wird deren Leistung zusätzlich von einer Autoritätsperson (Vl) bewertet. Die Leistung wird zunächst einmal auf die individuellen Bezugsnormen der Vp bezogen, dann aber auch auf den Schwierigkeitsskalen abgebildet, die der Vl mit in die Versuchssituation bringt. Inwieweit dies geschieht, dürfte zum einen davon abhängig sein, wie sehr die Autoritätsperson ihre Evaluativfunktion in der Leistungssituation in den Vordergrund rückt; zum anderen aber auch von sozial- und anschlußbezogenen Motiven, die die Vp mit in diese Situation bringt (C r o w n e & M a r l o w e, 1964; D i e s, 1970; D i x o n, 1970; A t k i n s o n & O'C o n n e r, 1966; D a m m, 1968; S c h n e i d e r & M e i s e, 1973; J o p t, 1974).

3. Die Vp interagiert mit Gleichaltrigen
Urheber und Beurteiler ist die Vp, jedoch wird deren Leistung zusätzlich von einer relevanten Bezugsgruppe (Klassenverband) bewertet und beobachtet. Damit wird erbrachte Leistung zunächst von der Vp auf deren individuellen Bezugsnormen bezogen, gleichzeitig aber auch —

sowohl von der Vp als auch von der Referenzgruppe – auf sozial definierte Bezugsnormen. Die Relevanz sozial bezogener Standards dürfte unterstrichen werden, wenn jede Vp angesichts der Referenzgruppe in leistungsbezogener Weise handelt und gleichzeitig auch als Beobachter fungiert. Mit dieser Beobachterfunktion dürfte ja immer auch eine – allerdings nicht „offizielle" – Bewerterfunktion einhergehen (vgl. H e c k h a u s e n, 1974a).

4. Die Vp interagiert mit Gleichaltrigen in Gegenwart des VI
Die hier stattfindenden Bewertungsprozesse können wohl als eine Funktion der unter 2 und 3 dargestellten Zusammenhänge vorgestellt werden. Dies gilt in erster Linie wohl dann, wenn der VI keine Gütestandards – weder direkt noch indirekt – kommuniziert. Werden Gütestandards verschiedenen Ursprungs kommuniziert, dürften multimotivational determinierte Prozesse von hoher Komplexität ablaufen.

Der Frage, in welchem Ausmaß das Risiko- und AN-Verhalten durch Situationsparameter der oben aufgeführten Art beeinflußt wird, ist man bereits seit den Anfängen der AN-Forschung nachgegangen. Während F r a n k (1935), G a r d n e r (1939) und G o u l d (1939) eine gewisse aufgabenübergreifende Generalisierungsbreite der AN-Setzungen wahrscheinlich machen konnten, haben C h a p m a n & V o l k m a n n (1939) auf die moderierenden Auswirkungen von autonomen und sozialen Bezugsnormen aufmerksam gemacht. A n d e r s o n & B r a n d t (1939) untersuchten die Rolle von unterschiedlichen Formen der Rückmeldung. Sie wurde einmal auf die eigene Leistung und einmal auf die Leistung einer Referenzgruppe bezogen. In der zweiten Bedingung fanden die Autoren eine Konvergenztendenz der Anspruchsniveaus auf denjenigen Wert, der für die Gruppe das Mittelmaß darstellt. Auch L e w i n (1935) hat darauf hingewiesen, daß das Anspruchsniveau in Gruppensituationen von den gemutmaßten Ansprüchen der Gruppe und auch von deren gezeigter Leistung beeinflußt wird (vgl. S e a r s, 1940; L e w i n et al., 1944).

In jüngster Zeit hat man sich – unter einem erweiterten Aspekt – erneut um Risikoentscheidungen in verschiedenen Situationen bemüht. Bei diesem Ansatz geht man von der stabilen Eigenschaft Risikoneigung (risk taking propensity) aus und versucht deren Wirksamwerden in verschiedenen Aufgabensituationen aufzuzeigen. Jedoch hat bislang weder die Suche nach einem einheitlichen Konstrukt „Risikoneigung" in den verschiedenen Meßansätzen zu Erfolg geführt (K o g a n & W a l l a c h, 1964; S l o v i c, 1962, 1964; W e i n s t e i n, 1969 und W e i n s t e i n & M a r t i n, 1969), noch haben sich transsituationale Konsistenzen bei Risikowahlen gezeigt (W e i n s t e i n,

1969; Slovic, 1972), dies auch dann, wenn etwa nur minimale Variationen am Modus des Verhaltens vorgenommen werden. Bezogen auf das Risikoverhalten hat Slovic (1964, S. 227ff) eine Reihe möglicher Gründe für die mangelnde Konsistenz bei Risikowahlen aufgelistet (Mehrdimensionales Konzept, Unterschiede in der Wahrnehmung von Wahrscheinlichkeiten und „Werten", die Rolle von mediatisierenden Erwartungsemotionen bzw. verschiedenen kognitiven Variablen, Situationen mit und ohne Handlungsverpflichtung), die jedoch auch einer differentiellen empirischen Überprüfung nicht standhielten (Pitz & Reinhold, 1968; Weinstein, 1969; Slovic & Lichtenstein, 1968; Lichtenstein & Slovic, 1972), sodaß sich Slovic (1972) und auch Slakter (1969) auf die unverbindliche Formulierung zurückziehen, daß mit abnehmender Ähnlichkeit zwischen Situationen auch die Übertragbarkeit des Risikoverhaltens abnimmt. Dies bedeutet, daß die Erklärungslast für Risikoverhalten allein Situationsparametern aufgebürdet wird (vgl. Kogan & Wallach, 1967, S. 164).

Wir beabsichtigen hier, zwei Typen von Kriteriumssituationen zu operationalisieren, die auf den Dimensionen „Leistungsbewertung" und „Normwertursprung" variieren, und beide zu den „typischen" Situationen zu rechnen sind, in denen bislang AN-Verhalten untersucht worden ist. Da wir bereits oben (Kap. 11) eine Situation geschaffen hatten, in der die Vp mit sich alleine wetteiferte, haben wir hier zwei Situationen geschaffen, in der der Vl mit der Vp interagierte (I) und in der die Vp, der Vl und eine relevante Bezugsgruppe interagierten (II). Nimmt der Vl in der ersten Situation keine Bewertungen vor, sollten hier eher die autonomen Bezugsnormen der Vp ins Spiel kommen. In der zweiten Situation sollten hingegen eher sozial verankerte Bezugsnormen relevant werden. Diese Differenzierung in Situationen mit eher autonomen und solche mit eher sozialen Bezugsnormen können wir auch auf der Prädiktorseite vollziehen, sodaß wir hier Motivationsvariablen, die bei der Messung im Hinblick auf bestimmte situative Merkmale (hier: unterschiedliche Bezugsnormen) spezifiziert werden, zu Verhalten in Beziehung setzen können, das in Situationen mit identischen Merkmalen stattfindet. Diese Vorgehensweise ist aus den oben (Kap. 3) beschriebenen Inferenzzirkeln, wie sie sich bei der Verhaltensvorhersage in einer interaktionistischen Persönlichkeitstheorie darstellen, als modellgerecht ableitbar (vgl. auch Mischel, 1973; Mischel et al., 1974). Ausgehend von diesen Überlegungen, die den bei der Messung und in der Verhaltenssituation verbindlich werdenden Bezugsnormen eine wichtige Rolle zuweisen, lassen sich hier unter Einbezug der bereits im vorauslaufenden Kapitel dargestellten generellen Erwartungen bezüglich des Anspruchsniveauverhaltens Erfolgs- und Mißerfolgsmotivierter die Leiterwartungen ableiten, daß das „typische" Anspruchsniveauverhalten Erfolgs- und Mißerfolgsmotivierter zum einen insbesondere dann zu beobachten sein wird, wenn die LM in Bildsituationen mit individuell-autonomen Bezugsnormen gemessen wird, wenn in der Verhaltenssituation ebensolche Bezugsnormen relevant werden und wenn schließlich das Zielsetzungsverhalten lediglich auf die *eigene Leistung* bezogen wird. Zum anderen sollten diese Beziehungen auch dann beobachtbar sein, wenn die LM unter Einbezug sozial-normativer Bezugsnormen gemessen wird, wenn in der Verhaltenssituation die gleichen Bezugsnormen relevant werden und wenn schließlich das Zielsetzungsverhalten auch auf die *Leistung der Gruppe* bezogen wird. Alle anderen Kombinationen von Prädiktormaßen, Verhaltenssituation und Kriteriumsmaßen sollten zu relativ weniger deutlich ausgeprägten Beziehungen führen.

Versuchspersonen und Methodik

Versuchspersonen waren insgesamt 95 Jungen (Stichprobe 4). Von 85 Vpn lagen Daten aus dem AN-Versuch und GITTER-Daten vor. Auf sie stützen sich hier unsere Befunde.

Methodik: Da offensichtlich das AN-Verhalten auch vom Modus des Verhaltens beeinflußt ist (S l o v i c, 1972), haben wir hier ein Kriteriumsverhalten gewählt, das im Gegensatz zu den meisten verwendeten Aufgabentypen sportlich-athletischen Charakter trägt, nämlich eine Weitsprungaufgabe. Da Aufgaben dieser Art bei Jungen der hier herangezogenen Altersgruppe auch von hoher selbstwertthematischer Relevanz sind (K a g a n & M o s s, 1962), schien uns diese Aufgabe in besonderer Weise geeignet, einen hohen Verpflichtungsgrad autonomer bzw. sozialer Bezugsnormen herzustellen.

Die Weitsprungversuche wurden auf einer Sportanlage durchgeführt. Die Gruppengröße variierte zwischen 12 und 20 Vpn. Keine der Gruppen besaß eine systematische Übung — etwa in der Form eines gezielten Leistungstrainings — in der hier durchgeführten Sportart. Das GITTER wurde in einem zeitlichen Abstand von ca. 2–4 Wochen nach diesen Untersuchungen gegeben.

Die Herstellung der beiden Situationstypen, in denen einmal autonome Bezugsnormen (Bedingung I) und einmal soziale Bezugsnormen (Bedingung II) relevant wurden, differierte im Wesentlichen in der Umgruppierung des jeweiligen Klassenverbandes. Während er in Bedingung I in etwa 15 m Entfernung von der Weitsprunggrube angeordnet wurde, wurde die Klasse in der Bedingung II direkt an der Weitsprunggrube aufgestellt. Die Vp mußte die Grube auf der dem Vl gegenüberliegenden Seite verlassen und nachdem das Sprungergebnis laut bekanntgegeben wurde, ihr AN für den nächsten Versuch laut mitteilen.

Unter jeder Bedingung wurden 5 Sprünge durchgeführt. Zwischen den Bedingungen I und II lag eine ca. 15minütige Pause. Der Versuchsablauf war bei allen Vpn identisch, d. h. Bedingung I ging immer Bedingung II voran. D a m m (1968) hat in ähnlichen Experimenten individuelle und soziale Bezugsnormen zu operationalisieren versucht und festgestellt, daß Vpn, die zunächst unter sozialen Bezugsnormen gearbeitet hatten, für den Versuch unter der individuellen Bezugsnorm „verdorben" waren. Unter dieser Annahme einer einseitig verlaufenden systematischen Auswirkung der Bedingungen, schien uns eine Alternation der Bedingungskonstellationen unangebracht.

Kennwerte: Die aus dem GITTER gewonnenen Motivationskennwerte berechneten wir hier getrennt für die Situationskomplexe mit involvierten autonomen (aut) und sozialen (soz) Bezugsnormen.

Das Zielsetzungsverhalten verlangte in beiden Bedingungen unterschiedliche Operationalisierungen. In Bedingung I, in der individuelle Bezugsnormen verbindlich sind, haben wir die Leistungsvornahmen jeweils bezogen auf die eigene vorauslaufende Leistung. Diese Berechnung von individuellen Zieldiskrepanzmaßen ist im Prinzip identisch mit den in Kap. 11 verwendeten Maßen.

In Bedingung II werden hingegen soziale Bezugsnormen bedeutsam; deshalb sollten diese Diskrepanzmaße zusätzlich auf den Gruppenmedian bezogen werden, da man davon ausgehen kann, daß dieser auf einer sozial definierten Güteskala den Bereich mittlerer Schwierigkeit kennzeichnet. Jeder individuelle Kennwert für das Zielsetzungsverhalten berechnet sich demnach aus den oben beschriebenen Diskrepanzen, die von dem Gruppenmedian aller AN-Setzungen subtrahiert werden.[1] Um möglichen unterschiedlichen Verteilungen in den einzelnen Durchgängen Rechnung zu tragen, dividierten wir dieses Differenzmaß noch durch die Streuung der AN-Kennwerte pro Durchgang. Das Gesamtabweichungsmaß ergibt sich aus der Aufsummierung dieser absolut gesetzten Maße über die 4 Durchgänge (für den jeweils ersten Durchgang lagen keine AN-Angaben vor). Dieser hier benützte Index entspricht im Wesentlichen dem von L i t w i n (1966, S. 108) beschriebenen und von ihm und von A t k i n s o n & L i t w i n (1960) benutzten Index.

Zielsetzungsverhalten unter Bezug
auf individuell-autonome Bezugsnormen

Befunde: Von den insgesamt 680 (2 x 4 x 85) Zielangaben waren insgesamt nur 13 negativ. Dieser Umstand macht es unmöglich, der

---

[1] Dieses Vorgehen setzt voraus, daß es keinen klassenspezifischen Unterschied in den mittleren Zieldifferenzen gibt. Wir haben dies mit einer Rang-Varianzanalyse überprüft. Und zwar für Bedingung I (Chi-Quadrat = 4.06, df = 6, n. s.) sowie für Bedingung II (Chi-Quadrat = 1.63, df = 6, n. s.) (nach K r u s k a l - W a l l i s)

Hypothesenüberprüfung — wie intendiert — Zieldiskrepanzmaße zugrunde zu legen. Wir haben deshalb unsere Hypothesen anhand der Varianz der Zieldifferenzwerte überprüft. Wenn Erfolgsmotivierte eher mittelhohe Zieldifferenzen und Mißerfolgsmotivierte eher niedrige oder sehr hohe Zieldifferenzen aufweisen, sollten die Varianzen der letzten Gruppe gegenüber ersterer erhöht sein. Tabelle 25 enthält die Varianzen der Zieldifferenzmaße für Erfolgs- und Mißerfolgsmotivierte (NH1, NH2) und zwar jeweils noch einmal getrennt nach den Kennwerttypen aut und soz. Aus Tabelle 25 wird deutlich, daß sich unsere Erwartungen in unterschiedlichem Ausmaß bestätigen. Zunächst zur Bedingungsvariation: Sie übt deutlich einen moderierenden Einfluß aus. Lediglich das Maß NH1 aut zeigt in Bed. II, in der soziale Bezugsnormen relevant werden, die generell vorhergesagten Varianzunterschiede zwischen den Motivgruppen. Bei den restlichen drei Kennwerten ergeben sich bei Verwendung eines Zielsetzungsmaßes, das jeweils auf die eigene vorauslaufende Leistung bezogen ist, wie vorhergesagt, keine Unterschiede. Bei dem Maß NH2 ergeben sich für beide Kennwerte (aut, soz) die vorhergesagten Varianzunterschiede. Erfolgsmotivierte weisen gegenüber den Mißerfolgsmotivierten die geringeren Varianzen auf, was jedoch nur für den Kennwert soz abzusichern ist.

Tab. 25: Varianzen für Erfolgs- (EM) und Mißerfolgsmotivierte (MM) nach den Kennwerten NH1 aut, NH1 soz, NH2 aut und NH2 soz in Bedingung I und Bedingung II

			Bed. I	Bed. II
NH1 aut	EM (n=42)		4884.61	653.82
	MM (n=43)		2057.53	1306.10
		F =	2.37**	1.99*
NH1 soz	EM (n=41)		4939.28	1043.29
	MM (n=44)		1994.52	936.97
		F =	2.48**	1.11
NH2 aut	EM (n=45)		2868.67	891.62
	MM (n=40)		4161.54	1076.50
		F =	1.45	1.20
NH2 soz	EM (n=42)		2157.60	1017.61
	MM (n=43)		4722.44	957.28
		F =	2.18*	1.06

* $p < .05$; ** $p < .01$

In deutlichem Widerspruch zu unseren Hypothesen sind jedoch die Befunde, die sich auf den Kennwert NH1 beziehen. Hier weisen in der Bedingung I beide Kennwerttypen (aut und soz) für Erfolgsmotivierte größere Varianzen auf. Entgegen unseren Erwartungen differenzierte auch bei keinem der verschiedenen Motivkennwerte deren Typus (aut vs. soz). Wir hatten bei dem hier verwendeten abhängigen Maß vor allem Beziehungen zu den Motivkennwerten vom Typ aut vorhergesagt.

Diskussion: Die hier mitgeteilten Befunde konnten unsere Erwartungen, soweit sie sich prinzipiell auf die Vorhersagbarkeit des Zielsetzungsverhaltens bezogen, bestätigen. Die Erwartungen, die sich auf die Bedingungen bezogen, unter denen sich diese Beziehungen auffinden lassen sollten, konnten jedoch nur z. T. bestätigt werden. Sie konnten bestätigt werden in Situationen, in denen autonome Standards verbindlich sind, jedoch lediglich anhand des Kennwerts NH2. Bei dem Kennwert NH1 laufen die Befunde allen Erwartungen zuwider. Wir hatten hier differentielle Effekte der verschiedenen empirisch ermittelten Motivkennwerte nicht erwartet. Eine Erklärung für diesen Sachverhalt scheint nicht auf der Hand zu liegen, jedoch könnte die Tatsache, daß die Gruppe mit einem relativ hoch generalisierten Konzept guter eigener Fähigkeit (d. h. die EM bei dem Kennwert NH1) in heterogene Untergruppen, mit jeweils spezifischem Zielsetzungsverhalten zerfallen (S c h m a l t, 1974, Kap. 14), einen vorläufigen Anhaltspunkt für eine Interpretation bieten. Was sich psychologisch hinter diesen komplexen Zusammenhängen verbirgt, kann man im Augenblick jedoch noch nicht abschätzen. Die Tatsache, daß sich erwartungskonforme Beziehungen lediglich dann ergeben, wenn der Kennwerttyp soz herangezogen wird, widerspricht unseren diesbezüglichen Erwartungen. Möglich, daß die Maße des Kennwerttyps soz hier generell die valideren sind oder daß aufgrund weiterer Tätigkeitsmerkmale (neben dem des Einbezugs unterschiedlicher Gütestandards) hier Korrespondenzen entstehen.

Zielsetzungsverhalten unter Bezug
auf sozial-normative Bezugsnormen

Befunde: Sozial-normative Bezugsnormen sollten in Bedingung II vorherrschend werden. Zur Erfassung des Zielsetzungsverhaltens haben wir hier ein Maß herangezogen, das die individuellen Zieldifferenzen auf die mittleren Zieldifferenzen der Gruppe relativiert. Wir haben diese Maße hier für jeden Durchgang berechnet und über die vier Durchgänge aufsummiert und zwar für beide Bedingungen getrennt.

Die Gesamtstichprobe teilten wir jeweils nahe am Median der NH-Kennwerte in Erfolgs- und Mißerfolgsmotivierte und dies noch jeweils wiederum getrennt für die beiden Kennwerttypen aut und soz. Wie sich zeigt, bestätigen sich unsere Erwartungen nur z. T. und sind auch nur in der Tendenz zu belegen. Erfolgsmotivierte weisen nur bei Zugrundelegung des Maßes NH2 in der Bedingung II geringere Zielabweichungen auf, und dies sowohl bei dem Kennwerttyp aut ($z = 1.05$, $p = .15$) wie auch bei dem Kennwerttyp soz ($z = .85$, $p = .20$). Dieses steigt jedoch an, wenn das oberste und unterste Quintil der NH2-Verteilung gegenübergestellt wird (aut: $z = 1.39$, $p = .08$; soz: $z = 1.12$, $p = .14$). Ein zweiter Teil unserer Erwartungen bezog sich auf die Validität dieses Maßes in Bedingung I. Da in dieser Bedingung soziale Bezugsnormen nicht realisiert waren, sollte der Einsatz dieses Maßes hier zu keinen hypothesenkonformen (wie in Bedingung I) Ergebnissen führen. Die Resultate bestätigen dieses. Die Beziehungen scheinen sich hier eher umzukehren, indem nämlich die Erfolgsmotivierten die größeren Abweichungen vom Gruppenmedian zeigen, was jedoch in keinem Fall abzusichern war.

Diskussion: Die Befunde haben unsere Erwartungen bezüglich des Zusammenhangs von Zielsetzungsverhalten in einer Situation mit involvierten sozialen Bezugsnormen und verschiedenen Motivationskennwerten nur unzureichend bestätigen können. Zwar zeigen Erfolgsmotivierte den erwarteten engeren Bezug auf den sozial verankerten Bereich mittlerer Schwierigkeit, jedoch nur bei einem Maß (NH2) und hier auch nur in der Tendenz zu bestätigen. Der Kennwerttyp (aut, soz) differenzierte wiederum nicht.

Die naheliegendste Erklärung hierfür scheint in der Annahme zu liegen, daß die herangezogenen Kennwerte prinzipiell keinerlei Implikationen für das Zielsetzungsverhalten in dem hier operationalisierten Situationstyp aufweisen. Zwar hatten wir im Anschluß an de Charms & Davé (1965) und Kogan & Wallach (1967) die besondere Gültigkeit der Modellvorhersagen für die hier realisierte Situation mit Wettkampfcharakter angenommen, jedoch hatte Damm (1968) bereits gezeigt, daß die Beziehung zwischen Motivationsvariablen und dem Zielsetzungsverhalten (hier auf individuelle Standards bezogen) verlorengeht, wenn die Vpn Informationen über die Leistungen ihrer Klassenkameraden bekamen und ihre eigene Leistung durch Klassenkameraden und den Vl bewertet wurde. Es wäre möglich, daß gerade in dieser, von Damm operationalisierten Situation, ebenso wie in unserer, dadurch, daß jede Vp hier sowohl Beobachter-Bewerter der Leistung und des bekanntgegebenen AN's der Klassenkameraden ist und gleichzeitig seine eigene Leistung und sein kommuniziertes AN der Bewertung durch die Klassenkameraden ausgesetzt sieht, der eigentliche Wettkampfcharakter der Situation verloren geht. V e r o f f (1969, S. 50) und auch D e c i (1972) haben informative und normative Aspekte von sozialen Vergleichsprozessen voneinander abgehoben und „adäquates" Motivierungsgeschehen auf der Basis sozialer Vergleichsprozesse hauptsächlich mit dem Vorherrschen informativer Aspekte bei sozialen Vergleichsprozessen verknüpft (V e r o f f, 1969, S. 55). Es wäre möglich, daß interindividuelle Unterschiede in den Zielsetzungsstrategien nivelliert werden, wenn der normative Aspekt sozialer Vergleichsprozesse prävalent wird, dies umso mehr, wenn das individuelle Zielsetzungsverhalten auf den Gruppenmedian bezogen wird.

Im übrigen wäre auch daran zu denken, dieses Ausbleiben abzusichernder Befunde dadurch zu erklären, daß in späteren Phasen des Versuchsablaufs das Leistungsmotiv nicht mehr wirksam zu werden vermag. Wie erinnerlich, folgte in unserer Untersuchung Bed. II stets auf Bed. I, sodaß man hier solche möglichen Reihungseffekte in Rechnung stellen muß. L i t t i g (1963) hat bei ähnlichen Resultaten eine solche Möglichkeit ins Auge gefaßt, allerdings bei einer zufallsabhängigen Aufgabe, bei der eine solche Interpretation plausibler erscheint als bei der hier vorliegenden Situation.

Bedingungsübergreifende Differenzen

Befunde: In einem weiteren Ansatz sind wir der Frage nachgegangen, welche Auswirkungen denn die Bedingungsvariation auf das Zielsetzungsverhalten Erfolgs- und Mißerfolgsmotivierter ausübt. Wir haben hierfür die individuellen Zieldifferenzmaße (absolute Abweichungen von der vorauslaufenden Leistung) herangezogen. Wie Tabelle 26 zeigt, sind bei den Mißerfolgsmotivierten die Unterschiede der Zieldifferenzen zwischen den beiden Bedingungen in keinem Fall abzusichern, während Erfolgsmotivierte in Bed. II niedrigere Zieldifferenzen aufweisen als in Bed. I.

Diskussion: Dies deutet darauf hin, daß Mißerfolgsmotivierte dieser Bedingungsvariation gegenüber unadaptiv sind. Sie bevorzugen in beiden Kontexten etwa gleichgroße Abweichungen von der eigenen vorauslaufenden Leistung, während Erfolgsmotivierte offenbar eher sensibel gegenüber dieser Bedingungsvariation sind und ihre ANs in Bed. II noch deutlicher auf ihre vorauslaufende Leistung beziehen und damit

Tab. 26: Mittlere Zieldifferenzen (in cm) in den Durchgängen 1–4 aus Bed. I und Bed. II jeweils für Erfolgs- (EM) und Mißerfolgsmotivierte (MM)

			Bed. I	Bed. II	t=	p
NH1	aut	EM	18.39	13.28	1.82	p < .10
		MM	15.79	14.36	< 1.0	n.s.
NH1	soz	EM	19.27	14.15	1.74	p < .10
		MM	15.03	13.52	< 1.0	n.s.
NH2	aut	EM	17.86	13.08	2.29	p < .05
		MM	16.19	14.65	< 1.0	n.s.
NH2	soz	EM	17.38	13.40	2.05	p < .05
		MM	16.77	14.36	< 1.0	n.s.

realistischer in ihren Zielvornahmen werden (W e i n e r, 1970). Da wir hier nahezu ausschließlich positive Zieldiskrepanzen erhalten hatten, bedeuten diese geringer werdenden Differenzen, daß die ANs dichter auf die eigene Leistung bezogen werden und Mißerfolg dadurch unwahrscheinlicher wird. Dies wiederum könnte bedeuten, daß Erfolgsmotivierte in besonderem Ausmaß gegenüber sozialen Konsequenzen von Mißerfolg sensibilisiert sind. Leider ist bei dem hier vorliegenden Versuchsaufbau diese Interpretation nicht deutlich abzugrenzen gegen jene, die in diesen Effekten lediglich eine Auswirkung der Versuchssequenz sieht, sodaß man für die zunehmend realistischer werdende Zielsetzungsstrategie der Erfolgsmotivierten nicht nur die soziale Einbettung der Versuchssituation, sondern auch den zunehmenden Vertrautheitsgrad mit der Aufgabe zur Erklärung heranziehen muß.

Konstruktbezogene Extensitätsmaße

Der hier durchgeführte Versuch erlaubt es uns auch wiederum, die konstruktbezogenen Extensitätsmaße als Prädiktoren einzusetzen. Wir haben in diesem Zusammenhang die Konzepte guter und mangelnder eigener Fähigkeit isoliert, weil uns dies erlaubt, unter Bezug auf selbstwahrnehmungs- und attributionstheoretische Modellansätze innerhalb der LM-Theorie (K u k l a, 1972b; M e y e r, 1973; W e i n e r et al., 1971; W e i n e r, 1974) auch in größerer Theorienähe zu argumentieren. Erwartungs- bzw. AN-Änderungen werden in diesem Kontext vorhersagbar, wenn das konkrete Leistungsresultat bekannt ist. Eine Betrachtung der entsprechenden Daten in Bedingung I zeigt, daß 67 Vpn (von 85, = 79 %; gleichanteilig aus den Gruppen der Erfolgs- und Mißerfolgsmotivierten) zum überwiegenden Anteil (d. h. in mindestens 3 von 4 Fällen) Mißerfolg erleiden. Auf sie beziehen sich unsere weiteren Analysen mit den konstruktbezogenen Extensitätsmaßen.

Erwartungs- und AN-Veränderungen nach Mißerfolg sagt die Attribuierungstheorie vorher, wenn Erfolg und Mißerfolg auf stabile Verursachungselemente (Fähigkeit, Aufgabenschwierigkeit) zurückgeführt werden (W e i n e r et al., 1971, S. 3; W e i n e r, H e c k h a u s e n, M e y e r & C o o k, 1972, S. 240—241). Liegt ein Konzept guter eigener Fähigkeit vor, sollte Mißerfolg vergleichsweise mehr von den variablen Faktoren Anstrengung und Pech abhängig gemacht werden. Dies sollte zur Folge haben, daß die Erfolgswahrscheinlichkeiten nach Mißerfolg wenig stark abfallen (konstante Zielhöhe im AN-Versuch), weil die gleiche Aufgabe bei vermehrter Anstrengung oder glücklicheren Umständen als lösbar (d. h. das gleiche Ziel als erreichbar) angesehen wird. Wir erwarten deshalb bei Vorliegen eines Konzepts guter eigener Fähigkeit etwa gleichbleibende Zielhöhe über die Durchgänge.

Liegt jedoch ein Konzept mangelnder eigener Fähigkeit vor, sollte Mißerfolg auch auf diesen stabilen Verursachungsfaktor zurückgeführt werden, was dazu führt, daß die Wahrscheinlichkeit, bei dieser Aufgabe Erfolg zu haben, sinkt (Absinken der Zielhöhe im AN-Versuch). Wir erwarten deshalb bei Vorliegen eines Konzepts mangelnder eigener Fähigkeit nach Mißerfolg verstärkt ein Absinken der Zielhöhe. Empirische Unterstützung für diese Hypothesen kommt aus den Untersuchungen von M e y e r (1973), F o n t a i n e (1974) und W e i n e r et al. (1976). Diese hier abgeleiteten Hypothesen sind im strikten Sinne ex post, da das Experiment nicht explizit zu ihrer Unterstützung angelegt wurde.

Das Konzept guter eigener Fähigkeit (Items 4 + 14): Anhand der Konzeptkennwerte haben wir die Stichprobe am Median halbiert. Die Zieldifferenzwerte in den Durchgängen 1 bis 4, der Gruppe mit einem generalisierten Konzept guter eigener Fähigkeit (+Fg) (obere Verteilungshälfte) und der Gruppe mit einem limitierten Konzept guter eigener Fähigkeit (+Fl) (untere Verteilungshälfte) sind in Abb. 6 dargestellt. Wie sich dort zeigt, beginnt die Gruppe mit einem generalisierten Konzept guter eigener Fähigkeit (+Fg) mit sehr viel höheren Zielsetzungen, als die Gruppe mit einem limitierten Konzept guter Fähigkeit (+Fl) (28.4 vs. 16.0; t = 2.10, df = 65, p < .05). Erstere (+Fg)

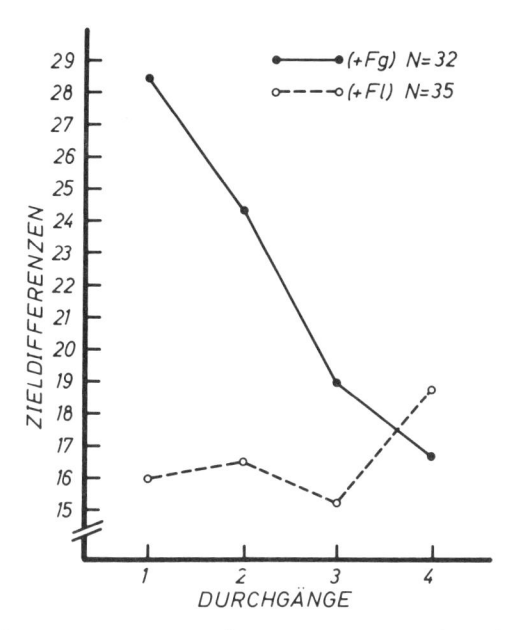

Abb. 6: Zieldifferenzen in den Durchgängen 1 bis 4 (Bed. I) für Vpn mit einem generalisierten Konzept guter eigener Fähigkeit (+Fg) sowie Vpn mit einem limitierten Konzept guter eigener Fähigkeit (+Fl)

neigt auch deutlich dazu, nach konstantem Mißerfolg ihr AN zu senken; und zwar von 28.4 in Durchgang 1 auf 16.7 in Durchgang 4 (t = 2.42, df = 31, p < .025). Die Gruppe mit einem limitierten Konzept guter eigener Fähigkeit (+Fl), hebt dagegen ihr AN vom 1. bis zum 4. Durchgang von 16.0 auf 18.7, was jedoch nicht abzusichern ist. (t < 1.0, n. s.). Varianzanalytisch ist diese Wechselwirkung nur knapp gegen herkömmliche Vertrauensgrenzen abzusichern F (3/195), = 2.41), p < .08).

Dieses generelle Muster von Ergebnissen bleibt auch dann erhalten, wenn flexible und konsolidierte Fähigkeitskonzepte getrennt in Rechnung gestellt werden und ebenfalls, wenn das Fähigkeitskonzept lediglich in sportbezogenen Situationen (Bilder 10, 12, 14, 17) berechnet wird, also ein situationsspezifisches Fähigkeitskonzept zugrunde gelegt wird. Damit zeigt sich generell, daß Vpn mit einem Konzept guter eigener Fähigkeit mit sehr hohen Zielangaben in den Versuch hineingehen, diese jedoch nach Mißerfolg deutlich herabsetzen, während Vpn mit einem eher limitierten bzw. auch gering ausgeprägten Konzept guter eigener Fähigkeit eher gleichbleibend hohe Zielsetzungen verfolgen. Dieses nicht erwartungsgemäße Resultat ist sehr wahrscheinlich darauf zurückzuführen, daß es sich bei der hier benutzten Aufgabe um eine solche mit noch unbekannten persönlich verbindlichen Leistungsstandards handelt. Es ist plausibel, anzunehmen, daß dann, wenn die Aufgabensituation noch neu ist und damit subjektive Erfolgswahrscheinlichkeiten noch unbekannt, bei Vorliegen eines ausgeprägten Konzepts guter eigener Fähigkeit und Eintreten von Mißerfolg, dieser nicht etwa von mangelnder Anstrengung – wie unter der Annahme bekannter subjektiver Erfolgswahrscheinlichkeiten hier zunächst erwartet worden war – sondern von der Überschätzung der Erfolgswahrscheinlichkeiten, d. h. in diesem Fall von dem zu hoch angesetzten AN und damit von der Aufgabenschwierigkeit – abhängig gemacht wird. Dies sollte zu einem Absinken der Erfolgswahrscheinlichkeiten für den nächsten Durchgang und zu einer Reduzierung des AN's führen.

Vpn mit einem limitierten Konzept guter eigener Fähigkeit sind angesichts Mißerfolg sehr unadaptiv und verändern ihre bekanntgegebenen Zielvornahmen nur unwesentlich. Möglich, daß diese Gruppe variable Mißerfolgsattribuierungen vornimmt. Im übrigen zeigte sich auch bei dem oben geschilderten AN-Versuch (Kap. 11), daß Vpn mit einem limitierten Konzept guter eigener Fähigkeit zu eher starren Zielsetzungen neigen. Dort wurde jedoch nicht nach Erfolg und Mißerfolg getrennt.

Das Konzept mangelnder eigener Fähigkeit (Items 6 + 18): Das methodische Vorgehen war analog der oben geschilderten Vorgehensweise bei guten Fähigkeitskonzepten. Abb. 7 enthält die Zieldifferenzwerte der 4 Durchgänge aus Bed. I für die Gruppe mit einem generalisierten Konzept mangelnder eigener Fähigkeit (–Fg) (= obere Verteilungshälfte) und der Gruppe mit einem limitierten Konzept mangelnder eigener Fähigkeit (–Fl) (= untere Verteilungshälfte).

Wie sich zeigt, ergeben sich weder in Durchgang 1 noch in Durchgang 4 abzusichernde Unterschiede in der Höhe der Zieldifferenzen (t jeweils < 1.0, n. s.), jedoch zeigt sich deutlich der erwartete Effekt der AN-Senkung durch die Gruppe (–Fg): Sie senkt ihr AN vom ersten bis zum vierten Durchgang von 24.2 auf 15.3 (t = 1.84, df = 32, $p < .05$), bzw. vom ersten bis zum dritten Durchgang von 24.2 auf 13.0 (t = 2.46, df = 32, $p < .01$). Vpn mit einem eher limitierten Konzept mangelnder eigener Fähigkeit (–Fl) heben dagegen ihr AN vom ersten bis zum vierten Durchgang leicht von 19.7 auf 20.1 an (t < 1.0, n. s.). Diese Wechselwirkung ist als einzige auch varianzanalytisch – allerdings nur knapp – gegen Zufälligkeit abzusichern ($F(3/195) = 2.33$, $p < .08$). Dieser Wechselwirkungseffekt ist bei den situationsspezi-

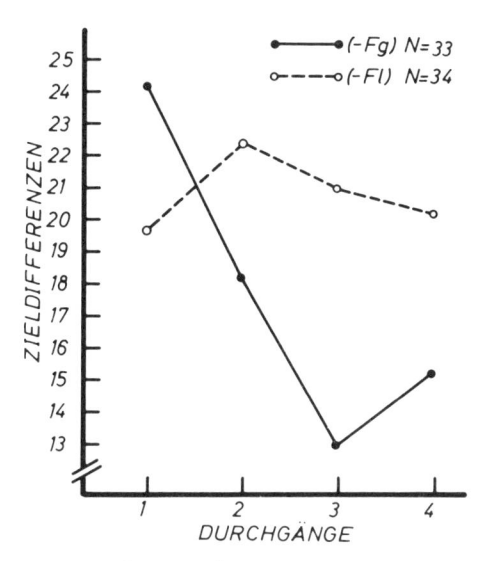

Abb. 7: Zieldifferenzen in den Durchgängen 1 bis 4 (Bed. I) für Vpn mit einem generalisierten Konzept mangelnder eigener Fähigkeit (−Fg) sowie Vpn mit einem limitierten Konzept mangelnder eigener Fähigkeit (−Fl)

fischen Konzepten mangelnder eigener Fähigkeit deutlicher abzusichern (F(3/195) = 3.63, p < .02).

Diese Befunde sind voll mit unseren Hypothesen und mit den in der Literatur berichteten Ergebnissen vereinbar, jedoch ergibt sich ein gewisser Widerspruch zu den in Kap. 11 berichteten Daten. Dort wurde das AN-Verhalten der Gruppe −Fg gerade unter dem Aspekt der Vermeidung internaler Attribuierungen gesehen, während die hier vorliegenden Ergebnisse im Sinne der Erwartungen erklärbar werden, wenn man annimmt, daß das vorliegende Konzept mangelnder eigener Fähigkeit auch zur Kausalerklärung von Mißerfolg herangezogen wird. Die Berücksichtigung der Aufgabenschwierigkeit und die Berücksichtigung von Prozessen der Anstrengungskalkulation versprechen hier weitere Auskünfte, unter welchen Bedingungen man mit dem einen oder anderen Vorgang zu rechnen hat.

Die simultane Berücksichtigung der Konzepte guter und mangelnder eigener Fähigkeit: Da die Konzepte guter und mangelnder eigener Fähigkeit voneinander unabhängig sind, haben wir in einem zusätzlichen Auswertungsschritt die vorliegende Stichprobe gleichzeitig nach der Generalisierungsbreite beider Konzepte in insgesamt vier Untergruppen aufgeteilt. Abb. 8 zeigt die Zieldifferenzwerte der vier Grup-

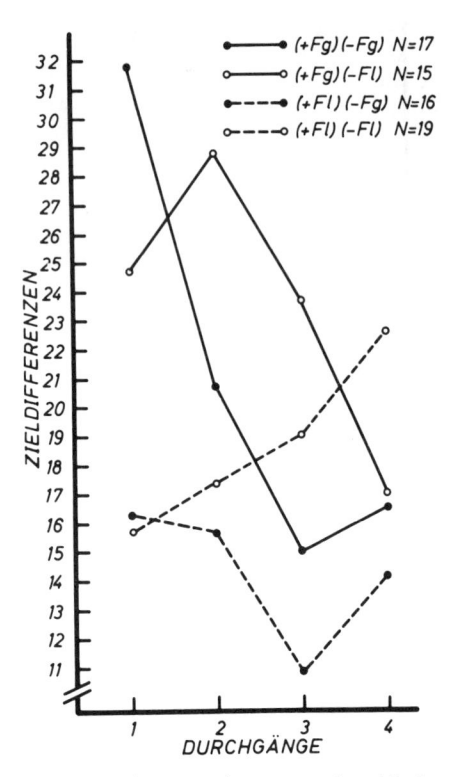

Abb. 8: Zieldifferenzmaße in den Durchgängen 1 bis 4 bei unterschiedlich generalisierten Konzepten guter bzw. mangelnder eigener Fähigkeit

pen und Tab. 27 enthält die varianzanalytische Behandlung[1] dieser Daten. Danach ergeben sich — hier mit größerer Deutlichkeit belegbar — die bereits bekannten einfachen Konzept x Durchgang Wechselwirkungen. Darüber hinaus ergibt sich ein signifikanter Effekt von (+F): Die Vpn, die durch ein generalisiertes Konzept guter eigener Fähigkeit gekennzeichnet sind, weisen generell höhere Zieldifferenzwerte auf als jene, deren Konzept guter eigener Fähigkeit eher limitiert ist. Wiederum sind die Ergebnisse bei Verwendung sportspezifischer Fähigkeitskonzepte von gleicher Struktur, jedoch auf höherem Belegniveau, abzusichern.

Aufschlußreich erscheint in diesem Zusammenhang insbesondere die Gegenüberstellung der Gruppen mit jeweils generalisierten Fähigkeits-

---

[1] Die in W i n e r, 1962 (S. 248f) beschriebene Analysetechnik wurde hier modifiziert für unterschiedliche Besetzungshäufigkeiten (W i n e r, 1962, S. 222f).

Tab. 27: Varianzanalyse der Daten aus Abb. 8

	SS	df	MS	F	p
	64907.95	133			
A (+F)	2170.71	1	2170.71	4.58	< .05
B (−F)	856.11	1	856.11	1.80	
A x B	68.18	1	68.18	0.14	
	61812.95	130	475.48		
	53768.75	402			
C (Durchgänge)	1175.57	3	391.85	3.11	< .05
A x C	1725.53	3	575.17	4.59	< .01
B x C	1350.52	3	450.17	3.58	< .025
A x B x C	525.18	3	175.06	1.39	
	48991.94	390	125.62		

konzepten (+Fg) (−Fg) und jeweils limitierten Fähigkeitskonzepten (+Fl) (−Fl). Während erstere bei hoher Eingangserwartung diese angesichts Mißerfolg deutlich senkt, verhält sich die letztere Gruppe eher umgekehrt; sie geht mit niedrigen Zielvornahmen in den Versuch hinein, erhöht diese jedoch angesichts Mißerfolg. Die Gruppe mit jeweils generalisierten Fähigkeitskonzepten strukturiert offensichtlich weite Bereiche der Umwelt in tüchtigkeitsthematischer Weise und tut dies bei der Konfrontation mit einer neuen Aufgabe ebenso, indem sie die Zielvornahmen zunehmend deutlicher auf den eigenen Tüchtigkeitsstand bezieht. Die Gruppe mit jeweils limitierten Fähigkeitskonzepten strukturiert eher geringe Ausschnitte aus der Umwelt in tüchtigkeitsthematischer Weise und verhält sich auch bei einer neuen Aufgabe so, indem nämlich die Zielsetzungen zunehmend weniger deutlich auf den eigenen Tüchtigkeitsstand bezogen werden. Das Verhalten der Gruppe (+Fg) (−Fg) ist danach erklärbar durch die Benutzung stabiler Verursachungselemente bei der Kausalattribuierung von Mißerfolg (mangelnde Begabung/zu hohe Aufgabenschwierigkeit), das Verhalten der Gruppe (+Fl) (−Fl) ist erklärbar durch die Benutzung variabler Ursachenelemente (mangelnde Anstrengung/Pech).

Zusammenfassung

Ausgehend von den Implikationen eines interaktionistischen Ansatzes in der Persönlichkeitsforschung haben wir hier versucht, das Zielsetzungsverhalten Erfolgs- und Mißerfolgsmotivierter in unterschiedlichen Situationen, mit unterschiedlichen Prädiktoren und anhand unterschiedlicher, jedoch jeweils situationsadäquater Operationalisierungen des Kriteriumsverhaltens vorherzusagen. Prädiktormaße, Situationstyp und Kriteriumsmaß waren jeweils durch verschiedene Bezugsnormen – nämlich einmal individuell-autonome und zum anderen sozial-normative – gekennzeichnet. Theoriegerechte Beziehungen von LM-Variablen zu Zielsetzungsverhalten wurden dann vorhergesagt, wenn Prädiktor, Situation und Kriteriumsmaß durch jeweils identische Bezugsnormen gekennzeichnet sind. Eine erste Überprüfung nahmen wir anhand der Varianzpräferenzen bei Zieldifferenzmaßen vor. Hypothesengerechte Ergebnisse lieferte das Maß NH2, jedoch lediglich in bezug auf die Bezugsnormkongruenz von Situationstyp und Kriteriumsmaß. Die Differenzierung der LM-Kennwerte auf der Prädiktorebene erwies sich in diesem Zusammenhang als nicht durchschlagend. Legt man den Vorhersagen das Maß NH1 zugrunde, ergeben sich Resultate, die *allen* Hypothesen zuwiderlaufen: In Bedingung I weisen Erfolgsmotivierte (aut und soz) höhere Varianzen auf, in Bedingung II tun dies die Mißerfolgsmotivierten. Dies letztere entspricht generell dem Modell, jedoch war dessen Gültigkeit bei der hier benutzten Form des abhängigen Maßes in einer Situation, in der sozial-normative Bezugsnormen verbindlich werden, nicht erwartet worden. In dieser Situation ließ sich das Zielsetzungsverhalten Erfolgs- und Mißerfolgsmotivierter jedoch vorhersagen, wenn das individuelle Zielsetzungsverhalten auf Gruppenstandards bezogen wird. Dies war wiederum nur mit dem Maß NH2 – allerdings nur in der Tendenz – zu bestätigen. Die entsprechende Differenzierung auf der Prädiktorebene war wiederum nicht triftig.

Betrachtet man schließlich in beiden hier hergestellten Situationstypen die Zieldifferenzwerte Erfolgs- und Mißerfolgsmotivierter, so zeigt sich, daß sich Erfolgsmotivierte als sensibel gegenüber der hier vorgenommenen Bedingungsvariation erweisen, insofern, als sie dann, wenn soziale Bezugsnormen in einer Situation bedeutsam werden, geringere Zieldifferenzen aufweisen als in einer Situation, in der autonome Bezugsnormen verbindlich sind. Mißerfolgsmotivierte bewegen sich in beiden Bedingungen auf gleichbleibend mittelhohem Niveau.

Zielsetzungsverhalten nach Mißerfolg wurde hier schließlich auch in bezug auf die Konzepte guter bzw. mangelnder eigener Fähigkeit untersucht. Die Erwartung, daß ein ausgeprägtes Konzept guter eigener Fähigkeit angesichts Mißerfolg zur Beibehaltung der Zielhöhe, ein ausgeprägtes Konzept mangelnder eigener Fähigkeit bei eintretendem Mißerfolg zur Absenkung der Zielhöhe Anlaß gibt, konnte nur, was den letzten Teil anbelangt, bestätigt werden. Es zeigte sich, daß Vpn mit einem ausgeprägten Konzept guter eigener Fähigkeit zu Anfang des Versuchs höhere Ziele angeben und diese deutlicher nach unten revidieren als jene Vpn, die über ein wenig ausgeprägtes Konzept guter eigener Fähigkeit verfügen. Zur Erklärung dieses Sachverhalts sind wir davon ausgegangen, daß es sich um eine für die Vpn neuartige Aufgabe handelt, bei der die Vpn mit einem Konzept guter eigener Fähigkeit ihre eingänglichen Erfolgswahrscheinlichkeiten überschätzen und deshalb nachfolgenden Mißerfolg stabil auf den Faktor zu hoher Aufgabenschwierigkeit attribuieren, anstatt ihn — wie erwartet — von variablen Faktoren abhängig zu machen. Die Ergebnisse zu dem Konzept mangelnder eigener Fähigkeit entsprechen hingegen unseren Erwartungen: Vpn mit einem Konzept mangelnder eigener Fähigkeit unterscheiden sich nicht in der absoluten Höhe der AN-Setzung von der Gruppe mit eher weniger deutlich ausgeprägten Konzepten, senken diesen gegenüber jedoch deutlich ihr AN angesichts Mißerfolg.

13. Kapitel

ZUSAMMENFASSUNG UND AUSBLICK

Typologien, Eigenschaftsmodelle und auch tiefenpsychologische Modellvorstellungen gehen sämtlich davon aus, daß jeweils aktuelles Verhalten ausschließlich von personspezifischen latenten Dimensionen, die von hoher Stabilität und Generalisierungsbreite sind, kausal determiniert sind. Die verhaltenssteuernde Wirkung von situationalen Faktoren – isoliert oder in Wechselwirkung mit Personfaktoren – gerät bei dieser Betrachtungsweise völlig aus dem Blickfeld und ist auch theoretisch nicht repräsentiert. Zwar werden gelegentlich Situationen eingeführt, jedoch wird hierbei angenommen, daß deren Auswirkungen auf Verhalten – von Meßfehlern abgesehen – für alle Individuen identisch sind. Auf der Grundlage dieser theoretischen Vorannahmen erschien die Forderung nach Skalenhomogenität als wichtigstes Desiderat an die Psychometrie, die sich denn auch seit G u l l i k s e n (1950) mit diesem für sie zentralen Problem auseinandersetzt. Diese einseitig die Erklärungslast für Verhalten verteilenden Persönlichkeitsmodelle sind in jüngster Zeit von vielen Seiten attackiert und als Grundlage für empirische Persönlichkeitsforschung zurückgewiesen worden. Dies geschah auf der Grundlage von Überlegungen, die „zentrale Funktionseigenschaften" in verschiedenen Typen von Persönlichkeitstheorien betreffen, aber auch aufgrund der oftmals beobachteten Tatsache, daß sich transsituationale Verhaltenskonsistenzen bislang kaum haben aufweisen lassen und daß in varianzanalytischen Untersuchungen der Person x Situationsterm in der Regel größer ist als der, auch absolut gesehen, eher geringe Personfaktor. In diesem Bereich haben sich Situationsfaktoren – insbesondere dann, wenn sie in Interaktion mit Personfaktoren stehen – als wichtige verhaltensdeterminierende Größen erwiesen (zusammenfassend: B o w e r s, 1973; E n d l e r, 1973; E n d l e r & M a g n u s s o n, 1974; M i s c h e l, 1973). Geht man nun bei der Konstruktion eines neuen Verfahrens von diesen Grundlagen aus, so bietet sich in deren Konsequenz an, bereits bei der Messung von Personvariablen den situativen Kontext, in dem sie sich aktualisieren können, und mit dem sie dementsprechend Verhalten determinieren, mit zu berücksichtigen. Man erhält so Information über die situationsspezifische *Intensität* von Personvariablen und über die Generalisierungsbreite (*Extensität*) einzelner Komponenten dieser Konstrukte. Beides zusammengefaßt ergibt ein Verbundmaß, in dem beide Aspekte integriert sind und das als Maß für das generalisierte Persönlichkeitskonstrukt angesehen werden kann.

Auf der Grundlage dieser Überlegungen haben wir nun für das Leistungsmotiv auf der Basis einer kognitiven Motivationstheorie das LM-GITTER entwickelt, das hinsichtlich seiner inhaltlichen Merkmale aus den theoretischen Annahmen und dem empirischen Netzwerk, das das Konstrukt „Leistungsmotiv" umgibt, herleitbar ist, dessen formale Eigenschaften mit diesen in Übereinstimmung stehen, und das schließlich hinsichtlich seiner allgemeinen Konstruktionsmerkmale einer interaktionistischen Persönlichkeitstheorie verpflichtet ist.

In einem ersten Evaluationsschritt haben wir die psychometrischen Güteeigenschaften des Verfahrens ermittelt. Verschiedene Formen der Zuverlässigkeitsbestimmung ergaben Werte, die vollauf befriedigten und von vielen gebräuchlichen Persönlichkeitstests kaum übertroffen werden. Verfälschungstendenzen haben – soweit sie hier kontrolliert wurden – keinen nennenswerten Einfluß auf die Bearbeitung des Verfahrens. Weder die Zustimmungstendenz, noch die Tendenz, sozial erwünschte Antworten zu geben, nehmen in einer Weise Einfluß auf die Beantwortung, die einer motivbezogenen Interpretation der Kennwerte im Wege stehen könnte.

Dimensionsanalytische Untersuchungen empfahlen mit großer Deutlichkeit die Akzeptierung einer 3-faktoriellen Rotationslösung, wobei sich die Motivkomponente „Furcht vor Mißerfolg" als mehrfaktoriell erwies. Danach müssen ein Konzept mangelnder eigener Fähigkeit und Furcht vor den (sozialen) Konsequenzen von Mißerfolg auseinander gehalten werden. Die faktorenanalytisch ermittelten Differenzierungen innerhalb des Situationsfeldes ließen sich nicht mit der Schärfe vornehmen, wie dies im Sinne unserer Meßintentionen wünschenswert gewesen wäre. Eine mögliche Ursache hierfür wurde in unerwarteten Testverlaufs-typischen Ähnlichkeitsrelationen jeweils im Test benachbarter Bildsituationen gesehen.

Die Korrelationsmuster der Kennwerte des GITTERs mit validitätsnahen und validitätsfernen Variablen waren sämtlich konsistent mit der Annahme, daß die erfaßten Variablen Motivkomponenten darstellen. In bezug auf den TAT, dem hierbei eine besondere Stellung zukommt, konnte dieser Nachweis jedoch nur im Hinblick auf HE geführt werden. Die Beziehungen zu verschiedenen Formen von Leistungsmaßen waren ebenfalls erwartungskonform, wobei insbesondere der Einsatz der beiden faktorenanalytisch gewonnenen FM-Maße zu einer differenzierteren Betrachtungsweise der Beziehungen mißerfolgsmeidender Motivkomponenten zu verschiedenen Formen von Leistungsmaßen Anlaß gab. Bei diesen Korrelationsstudien wurden oftmals situativ gebundene (in der Regel auf Schulsituationen bezogene) Kennwerte eingesetzt. Unsere aus der Parallelitätsannahme von Meß- und Verhaltenssituationen (bzw. zwischen zwei Meßsituationen) abgeleitete Erwartung, daß diese besonders gültige Prädiktoren sein müßten, fand sich nicht bestätigt, wenngleich der situationale Hintergrund, dem die Kennwerte entstammen, einen moderierenden Einfluß auf die korrelativen Beziehungen nimmt.

Die über den korrelationsstatistischen Ansatz hinausgehenden Validierungsstudien vermochten prinzipiell unsere Erwartungen, die sich direkt aus oftmals abgesicherten Beständen der LM-Theorie ergaben, in deutlicher Weise zu bestätigen. Das erste der durchgeführten AN-Experimente lieferte unter Einsatz der Motivmaße, eine äußerst exakte Replikation von Befunden, die vormals mittels TAT zutage gefördert wurden. Dies bezieht sich gleichermaßen auch auf das zweite AN-Experiment, in dem auf eine neuartige Situation mit einem bislang kaum herangezogenen Verhaltensmodus zurückgegriffen wurde, wenngleich hier unsere Hypothesen nicht mit gleicher Stringenz wie im ersten AN-Versuch belegt werden konnten. Generell sind diese Ergebnisse mit den Ableitungen aus dem Risikowahlmodell A t k i n s o n's bzw. mit attributionstheoretischen Überlegungen konsistent und bestätigen somit die Validität des LM-GITTERs.

Ausgehend von dem interaktionistischen Ansatz in der Persönlichkeitsforschung haben wir in dem zweiten AN-Experiment einige Hypothesen, die sich aus der Interaktion spezifischer Person- und Situationsvariablen ergeben, zu überprüfen versucht. Diese Hypothesen waren darauf gerichtet, theoriegerechte Beziehungen nur dann zu erwarten, wenn die gemessene Personvariable, das gewonnene Verhaltensmaß und schließlich der Situationstyp, in dem das Verhalten stattfindet, auf bestimmten motivrelevanten Dimensionen (hier die individuelle bzw. soziale Verankerung von Gütemaßstäben) kongruent sind. Unsere diesbezüglichen Erwartungen konnten jedoch nur z. T. bestätigt werden. Dies lag zum einen daran, daß die beiden hier eingesetzten FM-Maße völlig entgegengesetzte Verhaltensimplikationen besitzen – wobei lediglich die Ergebnisse in bezug auf das Maß FM2 theoriegerecht zu interpretieren waren – zum anderen daran, daß sich die vorgenommene Differenzierung auf der Personseite, nämlich die Differenzierung anhand der Kennwerttypen, als nicht triftig erwies. Ein Hinweis auf die Validität dieser Differenzierung kommt jedoch aus einer entwicklungspsychologischen Untersuchung von S c h m a l t (1975). In dieser Studie, die ganz in der Tradition des hier skizzierten Interaktionsmodells steht, wurden theoriegerechte Auswirkungen von verschiedenen Zeitpunkten der Selbständigkeitserziehung auf den Ausprägungsgrad verschiedener Komponenten des Leistungsmotivs insbesondere dann erwartet, wenn bei der Messung des Leistungsmotivs der gleiche Typ von Bezugsnormen – nämlich ein individuell-autonomer – berücksichtigt wird, der auch bei der Entstehung des Leistungsmotivs entwicklungswirksam gewesen ist. Diese Voraussagen fanden volle Unterstützung.

Zwei andere jüngere Untersuchungen bestätigen ebenfalls generell die Fruchtbarkeit des oben beschriebenen Forschungsansatzes. In diesen Arbeiten, in denen einmal das Ausdauerverhalten in verschiedenen Situationen (M i s c h e l et al., 1974) und einmal die Entstehung von Ängstlichkeit in verschiedenen Situationen (E n d l e r, 1975) untersucht wurden, fanden sich deutliche Beziehungen lediglich dann, wenn die Personvariable und die Situation auf bestimmten theorierelevanten Dimensionen kongruent gemacht wurden.

Dieser interaktionistische Forschungsansatz ist jedoch auch noch einseitig, insofern, als er Person- und Situationsvariablen als unabhängige Determinanten des Verhaltens begreift. Wenn auch die Situation von der Person abhängt, ebenso wie das Verhalten wiederum von der Situation abhängt (B o w e r s, 1973, S. 327), dann müssen letztlich auch multidirektionale Verursachungsketten zwischen Person, Situation und Verhalten in Rechnung gestellt werden (vgl. das Problem der „mechanistischen" und „dynamischen" Interaktion bei O v e r t o n & R e e s e (1973) und E n d l e r (1975)).

Zurück zum LM-GITTER. K r u g & H a n e l (in Vorb.) haben eine weitere Untersuchung, die die generelle Validität des Verfahrens bestätigt, durchgeführt. In dieser Studie wurden bei normalbegabten, mißerfolgsmotivierten und schulleistungsschwachen Schülern des 4. Grundschuljahres Motivänderungsprogramme durchgeführt. Es ergaben sich dort nach einem Zeitintervall von 14 Wochen neben verschiedenen motivbezogenen Verhaltensänderungen deutlich die erwarteten Motiv-Umorientierungen in die erfolgsbezogene Richtung.

Parallel zu den Befunden, die sich auf die Motivmaße bzw. die situationsspezifischen Intensitätsmaße beziehen, haben wir in der hier vorliegenden Arbeit stets auch Befunde vorgelegt, die sich auf konstruktbezogene Extensitätsmaße beziehen. Da die LM-Theorie in bezug auf diese noch große uninterpretierte Areale enthält, haben wir uns bei der Generierung von Hypothesen zumeist an den Erwartungen, die sich aufgrund der Konstruktzugehörigkeit der einzelnen Konzepte ergibt, orientiert. Wo — aufgrund neuerdings einsetzender theoretischer Prosperität — gezielte Erwartungen möglich waren — wie etwa bei Fähigkeitskonzepten — haben wir solche zu überprüfen versucht. Die hierzu vorliegenden Resultate konnten zumeist in theoriekonsistenter Weise interpretiert werden, jedoch oftmals unter großer hypothetischer Belastung der herangezogenen Erklärungszusammenhänge. Dies ergab sich zwingend aus der hier eingeschlagenen Validierungsstrategie, die einen Gültigkeitsnachweis vornehmlich im Hinblick auf bereits etablierte Typen von Kennwerten zu liefern bemüht war.

Erweiterte kognitive Modellansätze (H e c k h a u s e n, in Vorb.) versuchen, Motivierungsgeschehen anhand eines ganzen Fächers von motivbezogenen Variablen (verschiedene Typen von Erwartungen, Instrumentalitäten, Attribuierungsmuster, Fähigkeitskonzepte) zu erklären. Für solch differenzierte, kognitive Motivationsmodelle, wie sie gegenwärtig in vielen Bereichen der Motivationspsychologie diskutiert werden, dürfte die GITTER-Technik, mit der Möglichkeit der differentiellen Berücksichtigung verschiedener konstruktbezogener Maße, ein vielversprechendes und fruchtbares Instrument zur Erfassung motivbezogener Person- (und Situations-)variablen darstellen.

LITERATUR

Abelson, R. P. Situational variables in personality research. In: Messick, S. & Ross, J. (Hg.), Measurement in personality and cognition, N. Y.: Wiley, 1962, 241–248.

Adkins, D. C. & Ballif, B. L. A new approach to response sets in analysis of a test of motivation to achieve. Educ. Psychol. Measmt., 1972, 32 559–578.

Alker, H. A. Is personality situationally specific or intrapsychically consistent? J. Pers., 1972, 40, 1–16.

Allmer, H. Zur Diagnostik der Leistungsmotivation. Konstruktion eines sportspezifischen Motivationsfragebogens. Ahrensburg: Czwalina, 1973.

Allport, G. W. Personality: A psychological interpretation. N. Y.: Holt, 1937.

– Traits revisited. Amer. Psychologist, 1966, 21, 1–10.

Alpert, R. & Haber, R. N. Anxiety in academic achievement situations. J. abnorm. soc. Psychol., 1960, 61, 207–215

Anderson, R. C. Failure imagery in the fantasy of eighth graders as a function of three conditions of induced arousal. J. educ. Psychol., 1962, 53, 293–298.

Anderson, H. H. & Brandt, H. F. A study of motivation, involving self announced goals of fifth-grade children and the concept of level of aspiration. J. soc. Psychol., 1939, 10, 209–232.

Argyle, M. & Robinson, P. Two origins of achievement motivation. In: Danzinger, K. (Hg.), Readings in Child Socialization. Oxford: Pergamon Press. 1970, 63–84.

Aronson, E. The need for achievement as measured by graphic expression. In: Atkinson, J. W. (Hg.), Motives in fantasy, action, and society. Princeton, N. J.: Van Nostrand, 1958, 249–265.

Aschersleben, K. Entwicklung eines Lügen-Scores zur Messung von Simulationstendenzen. Z. Entwicklungspsychol. Päd. Psychol., 1970, 2, 39–47.

Ashton, S. G. & Goldberg, L. R. In response to Jackson's challenge: The comparative validity of personality scales constructed by the external (empirical) strategy and scales developed intuitively by experts, novices, and laymen. J. Res. Pers., 1973, 7, 1–20.

Atkinson, J. W. Studies in projective measurement of achievement motivation. Unveröff. Diss., Univ. of Michigan, 1950.

– The projective measurement of achievement motivation. J. exp. Psychol., 1953, 46, 381–390.

– Explorations using imaginative thought to assess the strength of human motivation. In: Jones, M. R. (Hg.), Nebraska Symposium on Motivation. Lincoln: Univ. Nebr. Press, 1954, 96–112.

– Motivational determinants of risk taking behavior. Psychol. Rev., 1957, 64, 359–372.

– Towards experimental analysis of human motivation in terms of motives, expectancies, and incentives. In: Atkinson, J. W. (Hg.), Motives in fantasy, action, and society. Princeton, N. J.: Van Nostrand, 1958, 288–305. (a)

– Thematic apperceptive measurement of motives within the context of a theory of motivation. In: Atkinson, J. W. (Hg.), Motives in fantasy, action, and society. Princeton, N. J.: Van Nostrand, 1958, 596–616. (b)

- Discussion of Dr. Lazarus' paper. In: J. Kagan & G. S. Lesser (Hg.), Contemporary issues in thematic apperceptive methods. Springfield, Ill., 1961, 72–82.
- An introduction to motivation. Princeton, N. J.: Van Nostrand, 1964.
- The mainsprings of achievement-oriented activity. In: Krumboltz, J. (Hg.), Learning and the educational Process. Chicago, Aldine, 1965.
- Measuring achievement-related motivation. Grant GS – 1399, Final Report, Washington, DC.: National Science Foundation, 1969.
- Motivational determinants of intellective performance and cumulative achievement. In: Atkinson, J. W. & Raynor, J. O. (Hg.), Motivation and achievement. N. Y.: Winston, 1974, 389–410.

Atkinson, J. W. & Litwin, G. W. Achievement motive and test anxiety conceived as motive to approach success and motive to avoid failure. J. abnorm. soc. Psychol., 1960, 60, 52–63.

Atkinson, J. W., Bastian, J. R., Earl, R. & Litwin, G. H. The achievement motive, goal setting, and probability preferences. J. abnorm. soc. Psychol., 1960, 60, 27–36.

Atkinson, J. W. & Feather, N. T. A theory of achievement motivation. N. Y.: Wiley, 1966.

Atkinson, J. W. & O'Connor, P. Neglected factors in studies of achievement-oriented performance: Social approval as incentive and performance decrement. In: Atkinson, J. W. & Feather, N. T. (Hg.), A theory of achievement motivation, N. Y.: Wiley, 1966, 299–325.

Auld, F. Contributions of behavior theory to projective testing. J. proj. Techn. Pers. Assess., 1954, 18, 421–426.

Bachmann, J. Prediction of academic achievement using the Edwards need achievement scale. J. appl. Psychol., 1964, 48, 16–19.

Bäumler, G. & Weiss, R. Eine Zweifaktorentheorie der nach der TAT-Methode gemessenen Leistungsmotivation (Heckhausen). Psychol. Prax., 1967, 11, 24–45.

Bäumler, G. & Dvorak, H.-P. Weitere Untersuchungen zum Zweifaktorenmodell der Leistungsmotivation. Psychol. Prax., 1969, 13, 122–138.

Bäumler, G. & Breitenbach, W. Zusammenhänge zwischen Intelligenz, Konzentration, Angst und Leistungsmotivation bei einer studentischen Stichprobe. Psychol. Prax., 1970, 14, 37–40.

Barnette, W. L. A structured and semi-structured achievement measure applied to a college sample. Educ. Psychol. Measmt., 1961, 21, 647–656.

Bass, B. M. Social behavior and the orientation inventory: A review. Psychol. Bull., 1967, 68, 260–292.

Baldwin, A. L. A cognitive theory of socialization. In: Goslin, D. A. (Hg.), Handbook of socialization theory and research. Chicago: Rand McNally, 1969, 325–346.

Bem, D. J. Constructing cross-situational consistencies in behavior: Some thoughts on Alker's critique of Mischel. J. Pers., 1972, 40, 17–26.

Bem, D. J. & Allen, A. On predicting some of the people some of the time: The search for cross-situational consistencies in behavior. Psychol. Rev., 1974, 81, 506–520.

Bendig, A. W. Comparative validity of objective and projective measures of need achievement in predicting students' achievement in introductory psychology. J. gen. Psychol., 1959, 60, 237–243.

- Factor analytic scales of need achievement. J. gen. Psychol. 1964, 70, 59–67.

Bendig, A. W. & Klugh, H. E. A validation of Gough's scale in predicting academic achievement. Educ. Psychol. Measmt., 1956, 16, 516–523.
Berkun, M. M. & Burdick, M. A. Effect of knowledge of test results on subsequent test performance as a joint function of need achievement and test anxiety. Unveröff. Arbeitspapier, APA, 1963.
Birney, R. C. Thematic content and the cue characteristics of pictures. In: Atkinson, J. W. (Hg.), Motives in fantasy, action, and society. Princeton, N. J.: Van Nostrand, 1958, 630–643.
Birney, R. C., Burdick, H. & Teevan, R. C. Fear of failure. N. Y.: Van Nostrand, 1969.
Boring, E. G. A history of experimental psychology. N. Y.: Appleton, 1950.
Boucsein, W. Analyse einiger psychologischer Testverfahren zur Erfassung von Persönlichkeitsmerkmalen. Unveröff. Bericht, Psychologisches Institut, Universität Düsseldorf, 1973.
Bowers, K. S. Situationism in psychology: An analysis and a critique. Psychol. Rev., 1973, 80, 307–336.
Bridgman, P. W. The logic of modern physics. N. Y.: Macmillan, 1928.
Brody, N. & Smith, C. P. Reliability and validity of need for achievement: A reply to Entwisle. Unveröff. Arbeitspapier, 1973.
Broverman, D. M., Jordan, E. J. & Phillips, L. Achievement motivation in fantasy and behavior. J. abnorm. soc. Psychol., 1960, 60, 374–378.
Brunswik, E. Representative design and probabilistic theory in a functional psychology. Psychol. Rev., 1955, 62, 193–218.
— Perception and the representative design of psychological experiments. Berkeley: University of Calif. Press, 1956.
Buxton, C. E. Evaluations of three factors that might influence responses to tests of academic achievement motivation. Brit. J. Educ. Psychol., 1967, 37, 241–249.
— Evaluations of forced-choice and Likert type tests of motivation to academic achievement. Brit. J. Educ. Psychol., 1966, 36, 192–201.

Campbell, D. T. & Fiske, D. W. Convergent and discriminant validation by multitrait – multimethod matrix. Psychol. Bull., 1959, 56, 81–105.
Campbell, D. T. & O'Connell, E. J. Method factors in multitrait – multimethod matrices: Multiplicative rather than additive? Multivar. Beh. Res., 1967, 2, 409–426.
Carney, R. E. An analysis of university student behaviors with measures of ability, attitude, performance and personality. Unveröff. Arbeit, Univ. Mich., Ann Arbor, Mich., 1961.
— Achievement motivation, anxiety and perceptual control. Percept. Mot. Skills, 1963, 17, 287–292.
— Research with a recently developed measure of achievement motivation. Percept. Mot. Skills, 1965, 21, 438.
— The effect of situational variables on the measurement of achievement motivation. Educ. Psychol. Measmt., 1966, 26, 675–690.
Carney, R. E., Mann, Ph. A. & McCormick, R. P. Validation of an objective measure of achievement motivation. Psychol. Rep., 1966, 19, 243–248.
Carney, R. E. & Carney, J. R. Toward experimental control of the correlation between objective and projective measures of achievement motivation. Presented at Western Psychological Association, San Diego, Calif., 1968.
Caron, A. & Wallach, M. A. Personality determinants of repressive and obsessive reactions to failure-stress. J. abnorm. soc. Psychol., 1959, 59, 236–245.

Carson, R. C. Interaction concepts of personality. Chicago: Aldine, 1969.
Cattell, J. McK. Mental tests and measurements. Mind, 1890, 15, 373–381.
Cattell, J. McK. & Farrand, L. Physical and mental measurements of the students of Columbia University. Psychol. Rev., 1896, 3, 618–648.
Cattell, R. B., Personality: A systematic, theoretical and factual study. N. Y., 1950.
– Personality and motivation structure and measurement. N. Y.: World Book Company, 1957.
– The scientific analysis of personality. Harmondsworth: Middlesex, 1965.
– The scree-test for the number of factors. Multivar. Beh. Res., 1966, 1, 245–276.
– Trait-view theory of pertubations in ratings and self ratings (L(BR)-and Q-Data): Its application to obtaining pure trait score estimates in questionnaires. Psychol. Rev., 1968, 75, 96–113.
Cattell, R. B. & Cattell, A. K. S. The IPAT Culture Fair Intelligence Scales 1, 2, and 3. Champaign, Ill.: IPAT, 1960.
Cattel, R. B. & Butcher, H. J. The prediction of achievement and creativity. N. Y.: Bobbs-Merrill, 1968.
Cattell, R. B., Barton, K. & Dielmann, T. E. Prediction of school achievement from motivation, personality, and ability measures. Psych. Rep., 1972, 30, 35–43.
Chapman, D. W. & Volkmann, J. A social determinant of the level of aspiration. J. abnorm. soc. Psychol., 1939, 34, 225–239.
Clark, R. A., Teevan, R. & Ricciuti, H. N. Hope of success and fear of failure as aspects of need for achievement. J. abnorm. soc. Psychol., 1956, 53, 182–186.
Cohen, R. Versuche zur Quantifizierung von Angst. In: Ditfurth, H. v. (Hg.), Aspekte der Angst. Stuttgart, 1965, 89–101.
Collins, B. E. Four components of the Rotter Internal-External Scale: Belief in a difficult world, a just world, a predictable world and a politically responsive world. J. Pers. soc. Psychol., 1974, 29, 381–391.
Coopersmith, S. The antecedents of self-esteem. San Francisco: Freeman, 1967.
Costello, C. G. Two scales to measure achievement motivation. J. Psychol., 1967, 66, 231–235.
Crandall, V. C., Katkovsky, W. & Crandall, V. J. Children's beliefs in their own control of reinforcement in intellectual-academic achievement situations. Child Developm., 1965, 36, 91–109.
Crandall, V. J. Achievement. In: Stevenson, H. W. (Hg.), Child psychology. Yearbook of the national association for the study of education, 1963, 62, 416–459.
Crandall, V. J. & Rabson, A. Children's repetition choices in an intellectual achievement situation following success and failure. J. genetic Psychol., 1960, 97, 161–168.
Crandall., V. J., Katkovsky, W. & Preston, A. A conceptual formulation for some research on children's achievement development. Child Developm., 1960, 31, 787–797.
Cronbach, L. J. Studies of acquiescence as a factor in the true-false test. J. educ. Psychol., 1942, 33, 401–415.
– Response sets and test validity. Educ. Psychol. Measmt., 1946, 6, 475–494.
– Essentials of psychological testing. London: Harper & Row, 1961.
Cronbach, L. J. & Meehl, P. E. Construct validity in psychological tests. Psychol. Bull., 1955, 52, 281–302.

Cronbach, L. J. & Gleser, G. C. Psychological tests and personnel decisions. Urbana, Ill., 1965.
Crowne, D. P. & Marlowe, D. A new scale of social desirability independent of psychopathology. J. consult Psychol., 1960, 24, 349–354.
— The approval motive. N. Y.: Wiley 1964.

Damm, J. Effects of interpersonal contexts on relationships between goal-setting behavior and achievement motivation. Hum. Relat., 1968, 21, 213–226.
DeCharms, R. Personal Causation. N. Y. Academic Press, 1968.
DeCharms, R. & Davé, P. N. Hope of success, fear of failure, subjective probability and risk-taking behavior. J. Pers. soc. Psychol., 1965, 1, 558–568.
DeCharms, R., Morrison, H. W., Reitman, W. & McClelland, D. C. Behavioral correlates of directly and indirectly measured achievement motivation. In McClelland, D. C. (Hg.), Studies in motivation. N. Y.: 1955, 414–423.
Deci, E. L. Intrinsic motivation, extrinsic reinforcement, and inequity. J. Pers. soc. Psychol., 1972, 22, 113–120.
Dembo, T. Der Ärger als dynamisches Problem. Psychol. Forsch., 1931, 15, 1–44.
Dies, R. R. Need for social approval and blame assignment. J. consult. clin. Psychol., 1970, 35, 311–316.
Dixon, T. R. Experimenter approval, social desirability, and statements of self reference. J. consult. clin. Psychol., 1970, 35, 400–405.
Doctor, R. M. & Altman, F. Worry and emotionality as components of test anxiety: Replication and further data. Psychol. Rep., 1969, 24, 563–568.

Edwards, A. L. The relationship between the judged desirability of a trait and the probability that the trait will be endorsed. J. appl. Psychol., 1953, 37, 90–93.
— The social desirability variable in personality assessement and research. N. Y.: Dryden, 1957.
— Manual: Edwards Personal Preference Schedule. N. Y.: Psychological Corporation, 1959.
Edwards, W. The theory of decision making. Psychol. Bull., 1954, 51, 380–417.
Edwards, W. Subjective probabilities inferred from decisions. Psychol. Rev., 1962, 69, 109–135. (a)
— Utility, subjective probability, their intraction, and variance preferences. J. Conflict Resolut., 1962, 6, 42–51. (b)
Edwards, W., Lindman, H. & Phillips, L. D. Emerging technologies for making decisions. In: New Directions in Psychology II. N. Y.: Holt, Rinehart and Winston, 1965, 259–325.
Ehlers, Th. Zur diagnostischen Bedeutung von Geschlechterunterschieden in der Beantwortung eines Fragebogens zur Erfassung der Leistungsmotiviertheit. Z. exp. angew. Psychol., 1969, 16, 519–537.
— Über persönlichkeitsbedingte Unfallgefährdung. Arch. ges. Psychol., 1965, 117, 252–279.
Ehlers, Th. & Merz, F. Erfahrungen mit einem Fragebogen zur Erfassung der Leistungsmotiviertheit. Ber. Inst. Psychol., Nr. 5, Marburg, 1966.
Ekehammar, B. Interactionism in personality from a historical perspective. Psychol. Bull., 1974, 81, 1026–1048.
Endler, N. S. The person versus the situation – a pseudo issue? A response to Alker. J. Pers., 1973, 41, 287–303.
— The case for person-situation interactions. Canadian Psychol. Rev., 1975, 16.

Endler, N. S., Hunt, J. McV. & Rosenstein, A. J. An S—R inventory of anxiousness. Psychol. Monogr., 1962, 76, (Whole No. 536)
Endler, N. S. & Hunt, J. McV. Sources of behavioral variance as measured by the S—R inventory of anxiousness. Psychol. Bull., 1966, 65, 336—346.
— S—R inventories of hostility and comparisons of variance from persons, responses, and situations for hostility and anxiousness. J. Pers. soc. Psychol., 1968, 9, 309—315.
— Generalizability of contributions from sources of variance in the S—R inventories of anxiousness. J. Pers., 1969, 37, 1—24.
Endler, N. S. & Magnusson, D. Interactionism, trait psychology, psychodynamics, and situationism. Rep. Psychol. Lab., University of Stockholm, 1974.
Entwisle, D. R. To dispel fantasies about fantasy-based measures of achievement motivation. Psychol. Bull., 1972, 77, 377—391.
Epstein, S. The measurement of drive and conflict in humans: Theory and experiment. In: Jones, M. R. (Hg.), Nebraska Symposium on Motivation. Univ. Nebr. Press, 1962, 127—209.
— Some theoretical considerations on the nature of ambiguity and the use of stimulus dimensions in projective techniques. J. consult. Psychol., 1966, 30, 183—192.
Epstein, S. & Smith, R. Thematic apperception as a measure of the hunger drive. J. proj. Techn. Pers. Assess., 1956, 20, 372—384.
Epstein, S. & Fenz, W. D. Theory and experiment on the measurement of approach-avoidance conflict. J. abnorm. soc. Psychol., 1962, 64, 97—112.
Evans, M. G. Extension of a path-goal theory of motivation. J. appl. Psychol., 1974, 59, 172—178.
Eysenck, H. J. The logical basis of factor analysis. Amer. Psychologist, 1953, 8, 105—113.
— Persönlichkeitstheorie und psychodiagnostische Tests. Diagnostica, 1965, 11, 3—27.
Eysenck, H. J. & Rachman, S. Neurosen — Ursachen und Heilmethoden. Berlin: Deutscher Verlag der Wissenschaft, 1967.
Eysenck, S. B., Eysenck, H. J. & Shaw, L. The modification of personality and lie scale scores by special ‚honesty' instructions. Br. J. soc. clin. Psychol., 1974, 13, 41—50.

Farley, F. H. & Truog, A. L. Academic achievement and resultant and academic achievement motivation. Psychol. Rep., 1971, 28, 843—848.
Feather, N. T. Subjective probability and decision under uncertainty. Psychol. Rev., 1959, 66, 150—164. (a)
— Success probability and choice behavior. J. exp. Psychol., 1959, 58, 257—266. (b)
— The relationship of persistence at a task to expectation of success and achievement related motives. J. abnorm. soc. Psychol., 1961, 63, 552—561.
— The relationship of expectation of success to reported probability, task structure, and achievement related motivation. J. abnorm. soc. Psychol., 1963, 66, 231—238. (a)
— Persistence at a difficult task with alternative task of intermediate difficulty. J. abnorm. soc. Psychol., 1963, 66, 604—609. (b)
— Effects of prior success and failure on expectations of success and subsequent performance. J. Pers. soc. Psychol., 1966, 3, 287—298.
— Valence of outcome and expectation of success in relation to task difficulty and perceived locus of control. J. Pers. soc. Psychol., 1967, 7, 372—386. (a)

- Some personality correlates of external control. Austral. J. Psychol., 1967, 19, 253–260. (b)
- Valence of success and failure in relation to task difficulty: Past research and recent progress. Austral. J. Psychol., 1968, 20, 111–122. (a)
- Change in confidence following success or failure as a predictor of subsequent performance, J. Pers. soc. Psychol., 1968, 9, 38–46. (b)

Feld, S. & Smith, C. P. An evaluation of the objectivity of the method of content analysis. In: Atkinson, J. W. (Hg.), Motives in fantasy, action, and society. Princeton, N. J.: Van Nostrand, 1958, 234–241.

Feldman, M. J. & Corah, N. L. Social desirability and the forced choice method. J. consult. Psychol., 1960, 24, 480–482.

Festinger, L. A theoretical interpretation of shifts in level of aspiration. Psychol. Rev., 1942, 49, 235–250.

Fisch, R. Leistungskonflikt und Examen. Meisenheim: Hain, 1970.

Fisch, R. & Schmalt, H.-D. Vergleich von TAT- und Fragebogendaten der Leistungsmotivation. Z. exp. angew. Psychol., 1970, 17, 608–634.

Fiske, D. W. Problems in measuring personality. In: Wepman, J. W. & Heine, R. W. (Hg.), Concepts of personality. Chicago: Aldine, 1963, 449–473.
- Can a personality construct be valiedated empirically? Psychol. Bull., 1973, 80, 89–92.
- The limits for the conventional science of personality. J. Pers., 1974, 42, 1–11.

Fontaine, G. Social comparison and some determinants of expected personal control and expected performance in a novel task situation. J. Pers. soc. Psychol., 1974, 29, 487–496.

Frank, J. D. Individual differences in certain aspects of level of aspiration. Amer. J. Psychol., 1935, 47, 119–128.

Frederiksen, N. Toward a taxonomy of situations. Amer. Psychologist, 1972, 27, 114–123.

French, E. G. Some characteristics of achievement motivation. J. exp. Psychol., 1955, 50, 232–236.
- Motivation as a variable in work-partner selection. J. abnorm. soc. Psychol., 1956, 53, 96–99.
- Development of a measure of complex motivation. In: Atkinson, J. W. (Hg.), Motives in fantasy, action, and society. Princeton, N. J.: Van Nostrand, 1958, 242–248. (a)
- Effects of the interaction of motivation and freedback on task performance. In: Atkinson, J. W. (Hg.), Motives in fantasy, action, and society. Princeton, N. J.: Van Nostrand, 1958, 400–408. (b)

French, E. G. & Lesser, G. Some characteristics of achievement motive in women. J. abnorm. soc. Psychol., 1964, 68, 119–128.

French, E. G. & Thomas, F. H. The relation of achievement motivation to problem solving effectiveness. J. abnorm. soc. Psychol., 1958, 56, 46–48.

Fretz, R. & Schmidt, L. D. Psychology students' graphic expression of need for achievement. Percept. Mot. Skills, 1967, 25, 647–648.

Friis, R. H. & Knox, A. B. A validity study of scales to measure need achievement, need affiliation, impulsiveness, and intellectuality. Educ. Psychol. Measmt., 1972, 32, 147–154.

Fuchs, R. Gewißheit, Motivation und bedingter Reflex. Meisenheim: Hain, 1954.

Fürntratt, E. Zur Bestimmung der Anzahl interpretierbarer gemeinsamer Faktoren in Faktorenanalysen psychologischer Daten. Diagnostica, 1969, 15, 62–75.

Furst, E. J. Validity of some objective scales of motivation for predicting academic achievement. Educ. Psychol. Measmt. 1966, 26, 927–933.

Gärtner-Harnach, V. Angst und Leistung. Weinheim: Beltz, 1971.
Galbraith, J. & Cummings, L. L. An empirical investigation of the motivational determinants of task performance: Interactive effects between instrumentality-valence and motivation-ability. Organ. Beh. Hum. Perf., 1967, 2, 237–257.
Gardner, J. W. Level of aspiration in response to a prearranged sequence of scores. J. exp. Psychol., 1939, 25, 601–621.
Gebhart, G. & Hoyt, D. Personality needs of under- and overachieving freshmen. J. appl. Psychol., 1958, 29, 115–128.
Gjesme, T. Motive to achieve success and motive to avoid failure in relation to school performance for pupils of different ability levels. Scand. J. Educ. Res., 1971, 66, 81–99.
Gold, D. Some correlation coefficients: Relationships between I–E scores and other personality variables. Psychol. Rep., 1968, 22, 983–984.
Goldberg, L. R. Some recent trends in personality assessment. J. Pers. Assess., 1972, 36, 547–560.
Goldfried, M. R. & Kent, R. N. Traditional versus behavioral personality assessment: A comparison of methodological and theoretical assumptions. Psychol. Bull., 1972, 77, 409–420.
Goodstein, L. D. & Heilbrun, A. B. The relationship between personal and social desirability scale values on the Edwards Preference Schedule. J. consult. Psychol., 1959, 23, 183.
Gough, H. G. The construction of a personality scale to predict scholastic achievement. J. appl. Psychol., 1953, 37, 361–366. (a)
— What determines the academic achievement of high school students? J. educ. Res., 1953, 46, 321–331. (b)
— Academic achievement in high school as predicted from the California Psychological Inventory. J. educ. Psychol., 1964, 55, 174–180. (a)
— A cross-culture study of achievement motivation. J. appl. Psychol., 1964, 48, 191–196. (b)
— California Psychological Inventory Manual. Palo Alto, Calif.: Consulting Psychologists Press, 1969.
Gould, R. An experimental analysis of „level of aspiration". Genet. Psychol. Monogr., 1939, 21, 3–115.
Graen, G. Instrumentality theory of work motivation: Some experimental results and suggested modifications. J. appl. Psychol. Monogr., 1969, 53, 1–25.
Griffin, M. L. & Flaharty, M. R. Correlation of CPI traits with academic achievement. Educ. Psychol. Measmt., 1964, 24, 369–372.
Grossmann, S. Essentials of physiological psychology. N. Y.: Wiley, 1973.
Guevara, C. I. The effects of success and failure experiences on schizophrenics' rate of learning under conditions of high and low expectancy of success. Unveröff. Diss., Stanford University, 1965.
Guilford, J. P. Persönlichkeit. Weinheim: Beltz, 1964.
Gulliksen, H. Theory of mental tests, N. Y.: 1950.
Gurin, P., Gurin, G., Lao, R. & Beatti, M. Internal – external control in the motivational dynamics of negro youth. J. soc. Issues, 1969, 25, 29–53.
Guttman, L. The third component of scalable attitudes. Int. J. Opin. Attitude Res., 1950, 4, 285–287.

— Some necessary conditions for common factor analysis. Psychometrika, 1954, 19, 149—161.
Guttman, L. & Suchman, E. A. Intensity and a zero point for attitude analysis. Amer. sociol Rev., 1947, 12, 57—67.

Haber, R. N. & Alpert, R. The role of situation and picture cues in projective measurement of the achievement motive. In: J. W. Atkinson (Hg.), Motives in fantasy, action, and society. Princeton, N. J.: VanNostrand, 1958, 644—663.
Hackman, J. R. Toward understanding the role of task in behavioral research. Acta Psychol., 1969, 31, 97—128.
Halisch, F. Ein Vergleich zweier Methoden zur Messung der Leistungsmotivation: Korrelationen zwischen dem TAT von Heckhausen und dem Kritzeltest von Aronson. Unveröff. Ber., Psychol. Inst. Univ. Bochum, 1972.
Hamilton, J. O. Motivation and risk taking behavior: A test of Atkinson's theory. J. Pers. soc. Psychol., 1974, 29, 856—864.
Hancock, J. The relationship between fear of failure and grades. Unveröff. Ber., Cortland Univ., 1964.
Hancock, J. G. & Teevan, R. C. Fear of failure and risk-taking behavior. J. Pers., 1964, 32, 200—209.
Hase, H. D. & Goldberg, L. R. Comparative validity of different strategies of constructing personality inventory scales. Psychol. Bull., 1967, 67, 231—248.
Hathaway, S. R. & McKinley, J. C. Manual for the Minnesota Multiphasic Personality Inventory. N. Y.: Psychological Corp., 1943.
Healy, C. C. Reducing error variance attributable to social desirability. J. counsel. Psychol., 1971, 18, 132—137.
Heckhausen, H. Eine Rahmentheorie der Motivation in 10 Thesen. Z. exp. angew. Psychol., 1963, 10, 604—626. (a)
— Hoffnung und Furcht in der Leistungsmotivation. Meisenheim: Hain, 1963. (b)
— Einführung in den Thematischen Auffassungstest (TAT). Nachschrift einer Übung des Psychol. Inst., Univ. Münster, 1963. (c)
— Über die Zweckmäßigkeit einiger Situationsbedingungen bei der inhaltsanalytischen Erfassung der Motivation. Psychol. Forsch., 1964, 27, 244—259.
— The anatomy of achievement motivation. N. Y.: Academic Press, 1967.
— The Atkinsonian model reshaped. Presented at APA, 1967. (a)
— Achievement motive research: Current problems and some contributions towards a general theory of motivation. In: Arnold, J. W. (Hg.), Nebraska Symposium on Motivation. Lincoln: Univ. Nebr. Press, 1968, 103—174.
— Arbeitsgruppen-Programm 1. Schwerpunktbereich: Wirkungsgefüge der Schüler-Lehrer-Interaktion im Hinblick auf motivanregende Bedingungen für den Schüler. Unveröff. Arbeitspapier, Wassenaar, 1971.
— Soziale und individuelle Bezugsnorm. Einige spekulative Vorüberlegungen zur Erfassung wichtiger Dimensionen der Schülerbeurteilung und des davon abhängigen Lehrerverhaltens. Unveröff. Arbeitspapier, 1972. (a)
— Die Interaktion der Sozialisationsvariablen in der Genese des Leistungsmotivs. In: Graumann, C. F. (Hg.), Sozialpsychologie. Hdb. d. Psychol., 7. Bd., Göttingen, Hogrefe, 1972, 955—1019. (b)
— Attribuierungswandel bei erwartungswidrigem Verlauf. Unveröff. Arbeitspapier, Psychol. Inst., Ruhr-Univ. Bochum, 1972. (c)
— Intervening cognitions in motivation. In: Berlyne, D. E. & Madsen, K. B. (Hg.), Pleasure, reward, preference. N. Y.: Academic Press, 1973, 217—242.

- Leistung und Chancengleichheit, Göttingen: Hogrefe, 1974. (a)
- Motive und ihre Entstehung. In: F. Weinert, C. F. Graumann, H. Heckhausen, M. Hofer u. a. (Hg.), Pädagogische Psychologie 1, Funk-Kolleg, Frankfurt: Fischer Taschenbuch-Verlag, 1974, 131—209. (b)
- Ein kognitives Motivationsmodell und die Verankerung von Motivkonstrukten. In: H. Lenk (Hg.), Handlungstheorien in interdisziplinärer Perspektive. In Vorb.

Heckhausen, H. & Weiner, B. The emergence of a cognitive psychology of motivation. In: P. C. Dodwell (Hg.), New Horizons in Psychology. London: Pengnin, 1972, 126—147.

Heider, F. The psychology of interpersonal relations. N. Y.: Wiley, 1958.

Heilbrun, A. B. Validation of a need scaling technique for the Adjective Check List. J. consult. Psychol., 1959, 23, 347—351.

Heilbrun, A. B. & Goodstein, L. D. Social desirability response set: Error or predictor variable? J. Psychol., 1961, 51, 321—329.

Hermans, H. J. M. A questionnaire measure of achievement motivation. J. appl. Psychol., 1970, 54, 353—363.

- Prestatiemotief en faalangst in gezin en onderwijs. Amsterdam: Sweets en Zeitlinger, 1971.

Hermans, H. J. M., TerLaak, J. J. F. & Maes, P. C. J. M. Achievement motivation and fear of failure in family and school. Developm. Psychol., 1972, 6, 520—528.

Herrmann, Th. Lehrbuch der empirischen Persönlichkeitsforschung. Göttingen, Hogrefe, 1969.

- Persönlichkeitsmerkmale. Bestimmung und Verwendung in der psychologischen Wissenschaft. Stuttgart: Kohlhammer, 1973.

Hicks, L. E. Some properties of ipsative, normative and forced choice normative measures. Psychol. Bull., 1970, 74, 167—184.

Higbee, K. L. Perceived control and military riskiness. Percept. Mot. Skills, 1972, 34, 95—100.

Higbee, K. L. & Streufert, S. Perceived control and riskiness. Psychon. Sci., 1969, 17, 105—106.

Hills, J. R. Needs for achievement, aspirations, and college criteria. J. educ. Psychol., 1958, 49, 156—161.

Himelstein, P., Eschenbach, A. E. & Carp, A. Interrelationships among three measures of need achievement. J. consult. Psychol., 1958, 22, 451—452.

Himelstein, P. & Kimbrough, W. W. Reliability of French's „Test of Insight". Educ. Psyhol. Measmt., 1960, 20, 737—741.

Hörmann, H. Aussagemöglichkeiten psychologischer Diagnostik. Z. exp. angew. Psychol., 1964, 11, 353—390. (a)

- Theoretische Grundlagen der projektiven Tests. In: R. Heiss (Hg.), Psychologische Diagnostik, Hdb. d. Psychol., 6. Bd., Göttingen, Hogrefe, 1964, 71—112. (b)

Hoeth, F. & Köbler, V. Zusatzinstruktion gegen Verfälschungstendenzen bei der Beantwortung von Persönlichkeitsfragebogen. Diagnostica, 1967, 13, 117—130.

Holmes, D. S. Conscious self-appraisal of achievement motivation: The self-peer rank method revisited. J. consult. clin. Psychol., 1971, 36, 23—26.

Holmes, D. S. & Tyler, J. D. Direct versus projective measurement of achievement motivation. J. consult. clin. Psychol., 1968, 32, 712—717.

Holzkamp, K. Theorie und Experiment in der Psychologie. Berlin, 1964.

– Zur Problematik der Realitäts-Verdopplung in der Psychologie. Psychol. Rundsch., 1965, 16, 209–222.
Hoppe, F. Erfolg und Mißerfolg. Psychol. Forsch., 1930, 14, 1–62.
Horst, P. Messung und Vorhersage. Eine Einführung in die psychologische Testtheorie. Weinheim: Beltz, 1971.
Hoyt, C. Test reliability obtained by analysis of variance. Psychometrika, 1941, 6, 153–160.
Hüneke, H. & Hoeth, F. Dimensionen der Bewertung von Persönlichkeitsmerkmalen und Einstellungen. Z. exper. angew. Psychol., 1974, 21, 80–102.
Hull, C. L. Principles of behavior. N. Y.: Appleton-Century-Crofts, 1943.
Hurley, J. R. The Iowa Picture Interpretation Test: A multiple choice variation of the TAT. J. consult. Psychol., 1955, 19, 372–376.
– Achievement imagery and motivational instructions as determinants of verbal learning. J. Pers., 1957, 25, 274–282.

Insel, P. M. & Moos, R. H. Psychological environments. Expanding the scope of human ecology. Amer. Psychologist, 1974, 29, 179–188.
Isaacson, R. L. Relation between n achievemet, test anxiety and curricular choices. J. abnorm. soc. Psychol., 1964, 68, 447–452.
Izard, C. E. Personality characteristics (EPPS), level of expectation and performance. J. consult. Psychol., 1962, 26, 394.

Jackson, D. N. Manual for the Personality Research Form. London, Canada: Dept. of Psychol., University of Western Ontario, 1967.
– Acquiescence response styles: Problems of identification and control. In: I. A. Berg (Hg.), Response set in personality assessment. Chicago, Aldine, 1967, 71–114. (a)
– A sequential system for personality scale development. In: S. D. Spielberger (Hg.), Current topics in clinical and community psychology. N. Y.: Academic Press, 1970, Vol. 2, 61–96.
– The dynamics of structured personality tests: 1971. Psychol. Rev., 1971, 78, 229–248.
Jackson, D. N. & Messick, S. Content and style in personality assessment. Psychol. Bull., 1958, 55, 243–252.
Jackson, D. N. & Pacine, L. Responce styles and academic achievement. Educ. Psychol. Measmt., 1961, 21, 1015–1028.
Jackson, D. N., Hourany, L. & Vidmar, N. J. A four-dimensional interpretation of risk taking. J. Pers., 1972, 40, 483–501.
Jackson, D. N., Neill, J. A. & Bevan, A. R. An evaluation of forced-choice and true-false item formats in personality assessment. J. Res. Pers., 1973, 7, 21-30.
Jäger, A. O. Die Beziehung zwischen psychologischer Diagnostik und Grundlagenforschung. In: Merz, F. (Hg.), Bericht über den 25. Kongreß D.G.f.Ps. Münster, 1966, 101–131.
Jessor, R. & Hammond, K. R. Construct validity and the Taylor anxiety scale. Psychol. Bull., 1957, 54, 161–170.
Joe, V. C. Perceived personal control and attribution of causality. Percept. Mot. Skills, 1974, 38, 323–329.
Johnston, R. A. The effects of achievement imagery on maze-learning performance. J. Pers., 1955, 24, 145–152.
– A methodological analysis of several revised forms of the IOWA Picture Interpretation Test. J. Pers., 1957, 25, 283–293.

Jones, E. E. & Davis, K. E. From acts to dispositions. In: Berkowitz, L. (Hg.), Advances in experimental social psychology. Vol. 2, N. Y.: Academic Press, 1965, 219–266.
Jones, E. E. & Nisbett, R. E. The actor and the observer: Divergent perceptions of the causes of behavior. N. Y.: General Learning Press, 1971.
Jopt, U. J. Extrinsische Motivation und Leistungsverhalten. Dissertation, Fakultät f. Philos., Pädag., Psychol., Ruhr-Universität. 1974.
Jordan, T. E. & deCharms, R. The achievement motive in normal and mentally retarded children. Amer. J. Ment. Def., 1959, 64, 457–466.
Jucknat, M. Leistung, Anspruchsniveau und Selbstbewußtsein. Psychol. Forsch., 1937, 22, 84–179.
Julian, J. W., Lichtman, C. M. & Rykman, R. M. Internal – external control and the need to control. J. soc. Psychol., 1968, 76, 43–48.

Kagan, J. & Moss, H. A. Birth to maturity. N. Y.: Wiley, 1962.
Kagan, J. & Henker, A. Developmental psychology. Ann. Rev. Psychol., 1966, 17, 1–50.
Kaiser, H. Computer program for varimax rotation in factor analysis. Educ. Psychol. Measmt., 1959, 19, 413–420.
Kallina, H. Das Unbehagen in der Faktorenanalyse. Psychol. Beitr. 1967, 10, 81–86.
Karabenick, St. A. Valence of success and failure as a function of achievement motives and locus of control. J. Pers. soc. Psychol., 1972, 21, 101–110.
Karabenick, St. A. & Youssef, Z. I. Performance as a function of achievement motive level and perceived difficulty. J. Pers. soc. Psychol., 1968, 10, 414–419.
Kasl, S. V. Some effects of occupational status on physical and mental health. Unveröff. Diss., University of Michigan, 1962.
Kausler, D. H. & Trapp, E. P. Achievement motivation and goal-setting behavior on a learning task. J. exp. Psychol., 1958, 55, 575–578.
Keimovitz, R. I. & Ansbacher, H. L. Personality and achievement in mathematics. J. indiv. Psychol., 1960, 16, 84–87.
Kelley, H. H. Attribution theory in social psychology. In: Levine, D. (Hg.), Nebraska Symposum on Motivation, 1967. Lincoln: University of Nebraska Press, 1967, 192–238.
– The process of causal attribution. Amer. Psychologist, 1973, 28, 107–128.
Kelly, G. A. The psychology of personal constructs. N. Y.: Norton, 1955.
– Man's constructions of his alternatives. In: Lindzey, G. (Hg.), Assessment of human motives. N. Y.: Rinehart, 1958, 48–60.
Kestenbaum, J. M. & Weiner, B. Achievement performance related to achievement motivation and test anxiety. J. consult. clin. Psychol., 1970, 34, 343–344.
Klein, G. S., Barr, H. L. & Wolitzky, D. L. Personality. Ann. Rev. Psychol., 1967, 18, 466–560.
Klinger, E. Fantasy need achievement as a motivational construct. Psychol. Bull., 1966, 66, 291–308.
Klinger, E. & McNelly, F. W. Fantasy need achievement and performance: A role analysis. Psychol. Rev., 1969, 76, 574–591.
Klockars, A. J. Psychometric properties of the I and HE formats in personality assessment. Educ. Psychol. Measmt., 1972, 32, 997–1001.
Kogan, N. & Wallach, M. A. Risk taking: A study in cognition and personality. N. Y.: Holt, Rinehart & Winston, 1964.

- Risk taking as a function of the situation, the person, and the groups. In: New Directions in Psychology III, N. Y.: Holt, Rinehart & Winston, 1967, 111–278.
Kornadt, H. J. Thematische Apperzeptionsverfahren. In: Heiss, R. Psychologische Diagnostik. Hdb. d. Psychol., 6. Bd., Göttingen: Hogrefe, 1964, 635–684.
Krause, M. S. The implications of convergent and discriminant validity data for instrument validation. Psychometrika, 1972, 37, 179–186.
Kreitler, H. & Kreitler, S. Cognitive orientation, achievement motivation theory and achievement behavior. Research Memorandum RM–70–1, Princeton, N. J: Educational Testing Service, 1970.
- The model of cognitive orientation: Towards a theory of human behaviour. Br. J. Psychol., 1972, 63, 9–30.
Krug, R. E. Over- and underachievement and the Edwards Personal Preference Schedule. J. appl. Psychol., 1959, 43, 133–136.
Krug, S. Der Einfluß von kognitiven Variablen auf Determinanten leistungsmotivierten Verhaltens. Unveröff. Diplomarbeit, Psych. Inst., Univ. Bochum, 1971.
Krug, S. & Hanel, J. Motivänderung: Erstellung und Erprobung eines theoriegeleiteten Motivänderungsprogramms. Z. Entwicklungspsychol. Päd. Psychol., in Vorb.
Kukla, A. Attributional determinants of achievement-related behavior. J. Pers. soc. Psychol., 1972, 21, 166–174. (a)
- Foundations of an attributional theory of performance. Psychol. Rev., 1972, 79, 454–470. (b)
- Performance as a function of resultant achievement motivation (perceived ability) and perceived difficulty. J. Res. Pers., 1974, 7, 374–383.

Laucken, U. Naive Verhaltenstheorie. Stuttgart: Klett, 1974,
Lazarus, R. S. A substitute-defensive conception of apperceptive fantasy. In: Kagan, J. & Lesser, G. S. (Hg.), Contemporary issues in thematic apperceptive methods. Springfield, Ill.: Thomas, 1961, 51–71.
- Story telling and the measurement of motivation: The direct versus substitutive controversy. J. consult. Psychol., 1966, 30, 483–487.
Lefcourt, H. M. Effects of cue explication upon persons maintaining external control expectancies. J. Pers. soc. Psychol., 1967, 5, 372–378.
- Recent developments in the study of locus of control. In: B. Maher (Hg.), Prog. exp. Pers. Res., 1972, 6, 1–39.
Lefcourt, H. M., Lewis, L. & Silverman, I. W. Internal versus external control of reinforcement and attention in a decision making task. J. Pers., 1968, 36, 663–682.
Lefcourt, H. M. & Steffy, R. A. Level of aspiration, risk taking behavior and projective test performance: A search for coherence. J. consult. Psychol., 1970, 34, 193–198.
Levin, J. Three mode factor analysis. Psychol. Bull., 1965, 64, 442–452.
Levitt, E. E. The psychology of anxiety. Indianapolis: The Bobbs-Merrill Comp., 1967.
Levy, L. H. Psychological interpretation. N. Y.: Holt, Rinehart & Winston, 1963.
Lewin, K. Dynamic theory of personality. N. Y.: McGraw-Hill, 1935.
Lewin, K., Dembo, T., Festinger, L. & Sears, P. Level of aspiration. In: Hunt, J. McV. (Hg.), Personality and the behavior disorders. N. Y.: Ronald, 1944, 333–378.

Lichtenstein, S. & Slovic, P. Reversals of preference between bids and choices in gambling decisions. Oregon Research Institute Research Bulletin, 1972, 12, No. 6.
Lichtman, C. & Julian, J. W. Internal versus external control of reinforcement as a determinant of preferred strategy on a behavioral task. Vortrag, gehalten vor der Midwestern Psychological Association, St. Louis, 1964.
Liebert, R. M. & Morris, L. W. Cognitive and emotional components of test anxiety: A distinction and some initial data. Psychol. Rep., 1967, 20, 975–978.
Lienert, G. A. Testaufbau und Testanalyse. Weinheim: Beltz, 1967.
Lindzey, G. Projective techniques and cross-cultural research. N. Y.: Appleton-Century-Crofts, 1961.
Lipp, L., Kolstoe, R., James, W. & Randall, H. Denial of disability and internal control of reinforcement: A study using a perceptual defense paradigm. J. consult clin. Psychol., 1968, 32, 72–75.
Littig, L. W. Effects of motivation on probability preferences. J. Pers., 1963, 31, 417–427. (Auch in: Atkinson, J. W. & Feather, N. T. (Hg.), A theory of achievement motivation. N. Y.: Wiley, 1966.)
Litwin, G. H. Achievement motivation, expectancy of success, and risk taking behavior. In: Atkinson, J. W. & Feather, N. T. (Hg.), A theory of achievement motivation. N. Y.: Wiley, 1966, 103–115.
Liverant, S. & Scodel, A. Internal and external control as determinants of decision making unter conditions of risk. Psychol. Rep., 1960, 7, 59–67.
Locke, E. A. The motivational effects of knowledge of results: Knowledge or goal setting? J. appl. Psychol., 1967, 51, 324–329.
— Towards a theory of task motivation and incentives. Organ. Beh. Hum. Perf., 1968, 3, 157–189.
Locke, E. A. & Bryan, J. F. Goal-setting as a determinant of the effect of knowledge of score on performance. Amer. J. Psychol., 1968, 81 398–407.
Loevinger, J. Objective tests as instruments of psychological theory. Psychol. Rep., 1957, 3, 635–694.
Lynn, R. An Achievement Motivation Questionnaire. Br. J. Psychol., 1969, 60, 529–534.

Maddi, S. R. Personality theories, a comparative analysis. Homewood, Ill.: The Dorsey Press, 1968.
Magnusson, D. An analysis of situational dimensions. Percept. Mot. Skills, 1971, 32, 851–867.
Magnusson, D., Gerzen, M. & Nyman, B. The generality of behavioral data I: Generalization from observations on one occasion. Multivar. Beh. Res., 1968, 3, 295–320.
Mandler, G. & Sarason, S. B. A study of anxiety and learning. J. abnorm. soc. Psychol., 1952, 47, 166–173.
Marecek, J. & Mettee, J. R. Avoidance of continued success as a function of self esteem, level of esteem certainty and responsibility for success. J. Pers. soc. Psychol., 1972, 22, 98–107.
Marlowe, D. Relationships among direct and indirect measures of the achievement motive and overt behavior. J. consult. Psychol., 1954, 23, 329–332.
Mayo, G. D. & Manning, W. H. Motivation measurement. Educ. Psychol. Measmt., 1961, 21 73–83.
McClelland, D. C. Measuring motivation in phantasy: The achievement motive. In: Guetzkow (Hg.), Groups leadership and men. N. Y.: Carnegie Press, 1951. (a)

- Personality. N. Y.: Holt, Rinehart & Winston, 1951. (b)
- The psychology of mental content reconsidered. Psychol. Rev., 1955, 62, 297–302.
- Methods of measuring human motivation. In: Atkinson, J. W. (Hg.), Motives in fantasy, action, and society. Princeton, N. J.: Van Nostrand, 1958, 7–42. (a)
- Risk taking in children with high and low need for achievement. In: Atkinson, J. W. (Hg.), Motives in fantasy, action, and society. Princeton, N. J.: Van Nostrand, 1958, 306–321. (b)
- The use of measures of human motivation in the study of society. In: Atkinson, J. W. (Hg.), Motives in fantasy, action, and society. Princeton, N. J.: Van Nostrand, 1958, 518–552. (c)
- The achieving society. Princeton, N. J.: Van Nostrand, 1961.
- Toward a theory of motive acquisition. Amer. Psychologist, 1965, 20, 321–333. (a)
- Achievement motivation can be developed. Harvard Business Rev., 1965, 43, 6–24. (b)
- Longitudinal trends in the relation of thought to action. J. consult. Psychol., 1966, 30, 479–483.
- Assessing human motivation. N. Y.: General Learning Press, 1971.
- Opinions predict opinions: So what else is new? J. consult. clin. Psychol., 1972, 38, 325–326.

Mc Clelland, D. C. & Liberman, A. M. The effects of need for achievement on recognition of need-related words. J. Pers., 1949, 18, 236–251.

McClelland, D. C., Clark, R. A., Roby, T. & Atkinson, J. W. The projective expression of needs IV: The effect of the need for achievement on thematic apperception. J. exp. Psychol., 1949, 39, 242–255.

McClelland, D. C., Atkinson, J. W., Clark, R. A. & Lowell, E. L. The achievement motive. N. Y.: Appleton, 1953.

McClelland, D. C. & Winter, D. G. Motivating economic achievement. N. Y.: Free Press, 1969.

McDonald, R., Tempone, V. J. & Simmons, W. L. Locus of control as a personality and situational variable. Percept. Mot. Skills, 1968, 27, 135–141.

McKeachie, W. J. Motivation, teaching methods, and college learning. In: Jones, M. R. (Hg.), Nebraska Symposium on Motivation. Lincoln: Univ. Nebr. Press, 1961, 111–142.

McKeachie, W. J., Isaacson, R. L., Milholland, J. E. & Lin Yi-Guang. Student achievement motives, achievement cues, and academic achievement. J. consult. clin. Psychol., 1968, 32, 26–29.

McReynolds, P. & Guevara, C. Attitude of schizophrenics and normals toward success and failure. J. abnorm. Psychol., 1967, 72, 303–310.

Mehrabian, A. Male and female scales of the tendency to achieve. Educ. Psychol. Measmt., 1968, 28, 493–502.
- Measures of achieving tendency. Educ. Psychol. Measmt., 1969, 29, 445–451.

Melikian, L. H. The relationship between Edward's and McClelland' measures of achievement motivation. J. consult. Psychol., 1958, 22, 296–298.

Melikian, L., Ginsberg, A., Cüceloglu, N. & Lynn, R. Achievement motivation in Afghanistan, Brazil, Saudi Arabia and Turkey. J. soc. Psychol., 1971, 83, 183–184.

Merrill, R. M. & Murphy, D. T. Personality factors and academic achievement in college. J. counsel. Psychol., 1959, 6, 207–211.
Meyer, W.-U. Bemerkungen zur inhaltsanalytischen Erfassung der Leistungsmotivation. Arch. ges. Psychol., 1969, 121, 55–67.
— Überlegungen zur Konstruktion eines Fragebogens zur Erfassung von Selbstkonzepten der Begabung (MEY-13, MEY-15). Unveröff. Manuskript, Psychol. Inst., Univ. Bochum, 1972.
— Leistungsmotiv und Ursachenerklärung für Erfolg und Mißerfolg. Stuttgart: Klett, 1973.
Meyer, W.-U., Heckhausen, H. & Kemmler, L. Validierungskorrelate der inhaltsanalytisch erfaßten Leistungsmotivation guter und schwacher Schüler des 3. Schuljahres. Psychol. Forsch., 1965, 28, 301–328.
Meyer, W.-U. & Wacker, A. Die Entstehung der erlebten Selbstverantwortlichkeit in Abhängigkeit vom Zeitpunkt der Selbständigkeitserziehung. Arch. Psychol., 1970, 122, 24–39.
Michel, L. Allgemeine Grundlagen psychometrischer Tests. In: Heiss, R. (Hg.), Psychologische Diagnostik, Hdb. d. Psychol., 6. Bd., Göttingen: Hogrefe, 1964, 19–70.
Miles, G. H. Achievement drive and habitual modes of task approach as factors in skill transfer. J. exp. Psychol., 1958, 55, 156–162.
Miller, D. R. The study of social relationships: Situation, identity, and social interaction. In: Koch, S. (Hg.), Psychology: A study of science, Vol. 5, N. Y.: McGraw-Hill, 1963, 639–737.
Miller, N. E. Experimental studies of conflict. In: Hunt, J. McV. (Hg.), Personality and the behavior disorders. N. Y.: Ronald, 1944, 431–465.
— Liberalization of basic S-R concepts: Extensions to conflict behavior, motivation, and social learning. In: Koch, S. (Hg.), Psychology: A study of science, Vol. 2, N. Y.: McGraw-Hill, 1959, 196–292.
Mirels, H. L. Dimensions of internal versus external control. J. consult. clin. Psychol., 1970, 24, 226–228.
Mischel, W. Personality and assessment. N. Y.: Wiley, 1968.
— Continuity and change in personality. Amer. Psychologist, 1969, 24, 1012–1018.
— Introduction to personality. N. Y.: Holt, Rinehart & Winston, 1971.
— Direct versus indirect personality assessment: Evidence and implications. J. consult. clin. Psychol., 1972, 38, 319–324.
— Toward a cognitive social learning reconceptualization of personality. Psychol. Rev., 1973, 80, 252–283.
Mischel, W., Zeiss, R. & Zeiss, A. Internal-external control and persistence: Validation and implications of the Stanford Preschool Internal-External Scale. J. Pers. soc. Psychol., 1974, 29, 265–278.
Mitchell, J. V. An analysis of the factorial dimension of the achievement motivation construct. J. educ. Psychol., 1961, 52, 171–187.
Morgan, H. H. Measuring achievement motivation with „picture interpretations". J. consult. Psychol., 1953, 17, 289–292.
Morris, L. W. & Liebert, R. M. Relationship of cognitive and emotional components of test anxiety to physiological arousal and academic performance. J. consult. clin. Psychol., 1970, 35, 332–337.
Moulton, R. W. Projective measurement of fear of failure. Unveröff. Bericht, Univ. of Michigan, 1953.
— Notes for a projective measure for fear of failure. In: Atkinson, J. W. (Hg.),

- Motives in fantasy, action, and society. Princeton, N. J.: Van Nostrand, 1958, 563–571.
- Effects of success and failure on level of aspiration as related to achievement motives. J. Pers. soc. Psychol., 1965, 1, 399–406.
- Motivational implications of individual differences in competence. Symposium: A theory of achievement motivation. Problems and new developments, 1967.
- Motivational implications of individual differences in competence. In: Atkinson, J. W. & Raynor, J. O. (Hg.), Motivation and achievement. N. Y.: Wiley, 1974, 77–82.

Mukherjee, B. N. Development of a forced-choice test of achievement motivation. Final report, United States Office of Education, Washington, D. C., Indiana University, Bloomington, 1964.
- A forced-choice test of achievement motivation. J. Indian Acad. appl. Psychol., 1965, 2, 85–92. (a)
- Achievement motivation and goal-setting behavior in the classroom. Brit. J. educ. Psychol., 1965, 35, 286–293. (b)
- Factorial analysis of a forced-choice test of achievement motivation. J. voc. educ. Guid., 1965, 11, 43–54. (c)
- Achievement values and scientific productivity. J. appl. Psychol., 1968, 52, 145–147.

Mukherjee, B. N. & Sinha, R. Some relationships between anxiety level and need for achievement. J. Indian Acad. appl. Psychol., 1967, 4, 11–20.

Munz, D. C., Smouse, A. D. & Letchworth, G. Achievement motivation and ordinal position of birth. Psychol. Rep., 1968, 23, 175–180.

Murray, H. A. Explorations in personality. N. Y.: Oxford Univ. Press, 1938.
- Thematic Apperception Test. Cambridge, Mass.: Harvard University Press, 1943.
- Toward a classification of interactions. In: Parsons, R. & Shills, E. A. (Hg.), Toward a general theory of action. Cambridge, Mass.: Harvard University Press, 1952, 434–464.

Murstein, B. I. Theory and research in projective techniques (emphasizing the TAT). N. Y.: Wiley, 1963.
- The relationship of expectancy of reward to performance on an arithmetic and thematic test. J. consult. Psychol., 1963, 27, 394–399. (a)
- Scaling of the TAT for achievement. J. consult. Psychol., 1965, 29, 286.

Myers, A. E. Risk taking and academic success and their relation to an objective measure of achievement motivation. Educ. Psychol. Measmt., 1965, 25, 355–363.

Neill, J. A. & Jackson, D. N. An evaluation of item selection strategies in personality scale construction. Educ. Psychol. Measmt., 1970, 30, 647–661.

Neisser, U. Cognitive psychology. N. Y.: Appleton-Century Crofts, 1966.

Nystedt, L. Predictive accuracy and utilization of cues: Study of the interaction between an individual's cognitive organization and ecological structure. Percept. Mot. Skills, 1972, 34, 171–180. (a)
- A modified lens model: A study of the interaction between the individual and the ecology. Percept. Mot. Skills, 1972, 34, 479–498. (b)

O'Connor, P. & Atkinson, J. W. An achievement risk preference scale: A preliminary report. Amer. Psychologist, 1962, 17, 317. (Abstract)

Odell, M. Personality correlates of independence and conformity. Unveröff., Ohio State University, 1959.
Osgood, E. E., Suci, G. J. & Tannenbaum, P. H. The measurement of meaning. Urbana, Ill.: 1957.
Overton, W. F. & Reese, H. W. Models of development: Methodological implications. In: Nesselroade, J. R. & Reese, H. W. (Hg.), Life-span developmental psychology: Methodological issues. N. Y.: Academic Press, 1973.

Page, R. D. & Ollendick. Cross validation of the success-failure inventory. Psychol. Rep., 1972, 30, 165–166.
Pawlik, K. Dimensionen des Verhaltens. Bern: Huber, 1968.
Pepitone, A., Faucheux, C., Mosovici, S., Cesabianchi, M. Magistretti, G. & Iacono, G. The role of self-esteem in competitive behavior. Unveröff. Manuskript, University of Pensylvania, 1969.
Pervin, L. Personality: Theory, assessment, and research. N. Y.: Wiley, 1970.
Peterson, D. R. The clinical study of social behavior. N. Y.: Appleton-Century-Crofts, 1968.
Phares, E. J., Ritchie, D. E. & Davis, W. L. Internal – external control and reaction to threat. J. Pers. soc. Psychol., 1968, 10, 402–405.
Phares, E. J., Wilson, K. G. & Klyver, N. W. Internal – external control and the attribution of blame under neutral and distractive conditions. J. Pers. soc. Psychol., 1971, 18, 285–288.
Pitz, G. F. & Reinhold, H. Payoff effects in sequential decision-making. J. exp. Psychol., 1968, 77, 249–257.
Pottharst, B. C. The achievement motivation and level of aspiration after experimentally induced success and failure. Unveröff. Diss., Univ. of Michigan, 1955.
Powell, A. & Vega, M. Correlates of adult locus of control. Psychol. Rep., 1972, 30, 455–460.

Raphelson, A. C. & Moulton, R. W. The relationship between imaginative and direct verbal measurements of test anxiety under two conditions of uncertainty. J. Pers., 1958, 26, 556–567.
Raffini, J. & Rosemier, R. A. Effect of resultant achievement motivation on postexam error-correcting performance. J. educ. Psychol., 1972, 63, 281–286.
Raynor, J. O. Future orientation and motivation of immediate activity: An elaboration of the theory of achievement motivation. Psychol. Rev., 1969, 76, 606–610.
– Relationships between achievement-related motives, future orientation, and academic performance. J. Pers. soc. Psychol., 1970, 15, 28–33.
– Future orientation in the study of achievement motivation. In: Atkinson, J. W. & Raynor, J. O. (Hg.), Motivation and achievement. N. Y.: Wiley, 1974, 121–154.
Raynor, J. O. & Smith, C. P. Achievement related motives and risk taking in games of skill and chance. J. Pers., 1966, 34, 176–198.
Reiter, H. H. Prediction of college success from measures of anxiety, achievement motivation, and scholastic aptitude. Psychol. Rep., 1964 15, 23–26.
Reitman, W. R. & Atkinson, J. W. Some methodological problems in the use of thematic apperceptive measures of human motives. In: Atkinson, J. W. (Hg.), Motives in fantasy, action, and society. Princton, N. J.: Van Nostrand, 1958, 664–693.

Rheinberg, F. Situative Determinanten der Beziehung zwischen Leistungsmotiv und Schul- und Studienleistung. In: Schmalt, H.-D. & Meyer, W. U. (Hg.), Leistungsmotivation und Verhalten. Stuttgart: Klett, 1976.
Richardson, L. & Soucar, E. Comparison of cognitive complexity with achievement and adjustment: A convergent discriminant study. Psychol. Rep., 1971, 29, 1087–1090.
Riedel, W. W. & Milgram, N. A. Level of aspiration, locus of control, and n achievement in retardates and normal children. Psychol. Rep., 1970, 27, 551–557.
Robinson, P. The measurement of achievement motivation. Unveröff. Diss., Univ. Oxford, 1961.
Rodgers, C. W. Relationship of projective to direct expression of selected needs for nonpsychiatric Ss. Percept. Mot. Skills, 1973, 36, 571–578.
Roeder, B. Die Bestimmung diskrepanten Antwortverhaltens. Ein möglicher Ausweg aus dem Dilemma der response set-Forschung. Z. exp. angew. Psychol., 1972, 19, 591–640.
Rorer, L. G. The great response style myth. Psychol. Bull., 1965, 63, 129–156.
Rotter, J. B. Level of aspiration as a method of studying personality. I: A critical review of methodology. Psychol. Rev., 1942, 49, 463–474.
– Generalized expectancies for internal vs. external control of reinforcement. Psychol. Monogr., 1966, 80, (Whole No. 609).
Rundquist, E. A. Item and response characteristics in attitude and personality measurement: A reaction to L. G. Rorer's „The Great Response Style Myth". Psychol. Bull., 1966, 66, 166–177.
Ryan, D. & Lakie, W. Competitive and noncompetitive performance in relation to achievement motive and manifest anxiety. J. Pers. soc. Psychol., 1965, 1, 342–345.
Rykman, R. M., Gold, J. A. & Rodda, W. C. Confidence rating shifts and performance as a function of locus of control, self esteem, and initial task experience. J. Pers. soc. Psychol., 1971, 18, 305–310.

Sader, M. Methodenkritische Experimente zur Messung der Leistungsmotivation. Ber. 25. Kongr. D.G.f.Ps., 1966, Göttingen: Hogrefe, 1967, 545–549.
Sader, M. & Keil, W. Faktorenanalytische Untersuchungen zur Projektion der Leistungsmotivation. Arch. ges. Psychol., 1968, 120, 25–53.
Sader, M. & Specht, H. Leistung, Motivation und Leistungsmotivation. Korrelationsstatistische Untersuchungen zur Leistungsmotivmessung nach Heckhausen. Arch. ges. Psychol., 1967, 119, 90–130.
Samelson, F. Response style: A psychologist's fallacy? Psychol. Bull., 1972, 78, 13–16.
Sampson, E. E. Achievement in conflict. J. Pers., 1963, 31, 510–516.
Sanford, N. Personality: Its place in psychology. In: Koch, S. (Hg.), Psychology: A study of science, Vol. 5, N. Y.: McGraw-Hill Comp., 1963, 488–592.
– Issues in personality theory. San Francisco: Jossey Bass, 1970.
Sarason, I. G. & Smith, R. E. Personality. Ann. Rev. Psychol., 1971, 22, 393–434.
Schmalt, H.-D. Die GITTER-Technik – ein objektives Verfahren zur Messung des Leistungsmotivs bei Kindern. Z. Entwicklungspsychol. Päd. Psychol., 1973, 5, 231–252.
– Entwicklung und Validierung einer neuen Technik zur Messung verschiedener Aspekte des Leistungsmotivs – das LM-GITTER. Dissertation, Fakultät für Philos., Päd., Psychol., Ruhr-Universität Bochum, 1974.

- Selbständigkeitserziehung und verschiedene Aspekte des Leistungsmotivs. Z. Entwicklungspsychol. Päd. Psychol., 1975, 7, 24—37.
- Das LM-GITTER. Ein objektives Verfahren zur Messung des Leistungsmotivs bei Kindern. Handanweisung. Göttingen: Hogrefe, 1976.
- Konvergente und diskriminante Validität verschiedener Komponenten des Leistungsmotivs. Diagnostica, in Vorb.

Schneider, K. Leistungs- und Risikoverhalten in Abhängigkeit von situativen und überdauernden Komponenten der Leistungsmotivation: Kritische Untersuchungen zu einem Verhaltensmodell. Dissertation, Fakultät für Philos., Päd., Psychol., Ruhr-Universität Bochum, 1971.
- Motivation unter Erfolgsrisiko. Göttingen: Hogrefe, 1973.

Schneider, K. & Meise, C. Leistungs- und anschlußmotiviertes Risikoverhalten bei der Aufgabenwahl. In: Schneider, K., Motivation unter Erfolgsrisiko. Göttingen: Hogrefe, 1973, 212—238.

Schubert-Jäckel, G. & Mehl, J. Über die Erfassung der Leistungsmotivation mit Bildmaterial. Z. Psychol., 1962, 166, 182—224.

Schulte, D. Ein Schema für Diagnose und Therapieplanung in der Verhaltenstherapie. In: Schulte, D. (Hg.), Diagnostik in der Verhaltenstherapie, München: Urban & Schwarzenberg, 1974.
- Der diagnostisch-therapeutische Prozess in der Verhaltenstherapie. Z. Klin. Psychol. u. Psychotherapie, in Vorb.

Scott, W. A. The avoidance of threatening material in imaginative behavior. J. abnorm. soc. Psychol., 1956, 52, 338—346.
- Social desirability and individual conceptions of the desirable. J. abnorm. soc. Psychol., 1963, 67, 574—585.
- Comparative validities of forced choice and single stimulus tests. Psychol. Bull., 1968, 70, 231—244.

Scott, W. A. & Johnson, R. C. Comparative validities of direct and indirect personality tests. J. consult. clin. Psychol., 1972, 38, 301—318.(a)

Scott, W. A. & Johnson, R. C. Determinants of differential test validity. J. consult. clin. Psychol., 1972, 38, 327—328. (b)

Sears, P. S. Levels of aspiration in academically successful and unsuccessful children. J. abnorm. soc. Psychol., 1940, 35, 498—536.

Sells, S. B. Dimensions of stimulus situations which account for behavior variance. In: Sells, S. B. (Hg.), Stimulus determinants of behavior, N. Y.: Ronald Press, 1963, 3—15. (a)
- An interactionist looks at the environment. Amer. Psychologist, 1963, 18, 696—702. (b)

Shaw, M. C. Need achievement scales as predictors of academic success. J. educ. Psychol., 1961, 52, 282—285.

Sherman, R. C. & Poe, Ch. A. Factor analytic scales of a normative form of the EPPS. Measurement and Evaluation in Guidance, 1970, 2, 243—248.

Sherwood, J. J. Self-report and projective measures of achievement and affiliation. J. consult. Psychol., 1966, 30, 329—337.

Silverman, I. Self-esteem and differential responsiveness to success and failure. J. abnorm. soc. Psychol., 1964, 69, 115—119.

Slakter, M. J. Generality of risk taking on objective examinations. Educ. Psychol. Measmt., 1969, 29 115—128.

Slovic, P. Convergent validation of risk taking measures. J. abnorm. soc. Psychol., 1962, 65, 68—71.
- Assessment of risk taking behavior. Psychol. Bull., 1964, 61, 220—233.

- Information processing, situation specifity and the generality of risk taking behavior. J. Pers. soc. Psychol., 1972, 22, 128–134.
Slovic, P. & Lichtenstein, S. Relative importance of probability and payoffs in risk taking. J. exp. Psychol., Mon. Suppl., 1968, 78, 3, Pt. 2.
Smith, Ch. P. Achievement-related motives and goal setting under different conditions. J. Pers., 1963. 31, 124–140.
- The influence of testing conditions on need for achievement scores and their relationship to performance scores. In: Atkinson, J. W. & Feather, N. T. (Hg.), A theory of achievement motivation. N. Y.: Wiley, 1966, 277–297.
- The origin and expression of achievement-related motives in children. In: Smith, Ch. P. (Hg.), Achievement-related motives in children. N. Y.: Russel Sage Foundation, 1969, 102–150.
Smith, J. M. A note on achievement motivation and verbal fluency. J. proj. Techn. Pers. Assessm., 1970, 34, 121–124.
- A quick measure of achievement motivation. Br. J. soc. clin. Psychol., 1973, 12, 137–143.
Smith, M. Competence and socialization. In: Clausen, J. A. (Hg.), Socialization and society. N. Y.: Little Brown, 1968.
Snider, J. G. Academic achievement and underachievement in a Canadian High School as predicted from the California Psychological Inventory. Psychology in the Schools, 1966, 3, 370–372.
Solomon, D. The generality of children's achievement-related behavior. J. genetic Psychol., 1969, 114, 109–125.
- Perceptions of similarity between striving tasks and the generality of task preferences. Unveröff. Manuskript, Institute for Juvenile Research, Chicago, Ill., 1971.
Sorrentino, R. M. & Short, J. A. Effects of fear of success on women's performance of masculine versus feminine tasks. J. Res. Pers., 1974, 8 277–290.
Spearman, C. The abilities of man. London: Macmillan, 1927.
Specht, H. Soziale Variablen und Leistungsmotivationen in einer Schulklasse einer Mittelstadt. Unveröff. Diplom-Vorexamensarbeit, Psychol. Inst., Mainz, 1965.
Spiegler, M. D., Morris, L. W. & Liebert, R. M. Cognitive and emotional components of test anxiety: Temporal factors. Psychol. Rep., 1968, 22, 451–456.
Spitznagel, A. Die Situation als Problem der Persönlichkeitspsychologie. In: Groffmann, K. J. & Wewetzer, K. H. (Hg.), Person als Prozeß. Festschrift z. 65. Geburtstag von R. Heiß. Stuttgart: 1968, 183–212.
Stein, A. H. The effects of sex-role standards for achievement and sex-role preference on three determinants of achievement motivation. Developmental Psychol., 1971, 4, 219–231.
Stein, A. H., Pohly, S. R. & Mueller, E. The influence of masculine, feminine and neutral tasks on children's achievement behavior, expectancies of success and attainment values. Child Developm., 1971, 42, 195–207.
Stephens, M. W. & Crowne, D. P. Correction for attenuation and the equivalence of tests. Psychol. Bull., 1965, 62, 210–213.
Stevens, S. S. Handbook of experimental psychology. N. Y.: Wiley, 1951.
Strickland, L. H. Lewicki, R. J. & Katz, A. M. Temporal orientations and perceived control as determinants of risk taking. J. exp. soc. Psychol., 1966, 2, 143–151.
Strong, E. K. jr. Vocational interests of men and women. Stanford: Stanford University Press, 1943.

Sutcliffe, J. P. A general method of analysis of frequency data for multiple classification designs, Psychol. Bull., 1957, 54, 134—137.
Sweney, A. B., Cattell, R. B. & Krug, S. E. Manual for the School Motivation Test. Champaign, Ill.: Institute for Personality & Ability Testing, 1970.

Teevan, R. C. High school grades and Hostile Press. Unveröff. Arbeitspapier, Bucknell Univ., 1962.
Teevan, R. C. & Custer, J. Hostile Press and grades in elementary school. Univeröff. Arbeitspapier, Bucknell Univ., 1965.
Teevan, R. C. & McGhee, P. E. Childhood development of fear of failure motivation. J. Pers. soc. Psychol., 1972, 21, 345—348.
Teevan, R. C. & Fischer, R. I. Hostile Press and internal versus external standards of success and failure. Psychol. Rep., 1974, 34, 855—858.
Tent, L. Untersuchungen zur Erfassung des Verhältnisses von Anspannung und Leistung bei vorwiegend psychisch beanspruchenden Tätigkeiten. Arch. ges. Psychol., 1963, **115**, 105—172.
Tessler, R. C. & Schwartz, S. H. Help seeking, self-esteem, and achievement motivation: An attributional analysis. J. Pers. soc. Psychol., 1972, 21, 318—326.
Thurstone, L. L. Multiple-factor analysis. A development and expansion of the vectors of the mind. Chicago: University Chicago Press, 1947.
Thurner, F. & Tewes, U. Der Kinder-Angst-Test (K-A-T). Ein Fragebogen zur Erfassung des Ängstlichkeitsgrades von Kindern ab 9 Jahren. Göttingen: Hogrefe, 1969.
Torgerson, W. S. Theory and methods of scaling, N. Y.: 1958.
Tucker, L. R. A method for synthesis of factor analysis studies. Personnel. Res. Br. Rep., 1951, 984.
Tudor, T. G. & Holmes, D. S. Differential recall of successes and failures: Its relationship to defensiveness, achievement motivation, and anxiety. J. Res. Pers., 1973, 7, 208—224.

Uhlinger, C. A. & Stephens, M. W. Relation of achievement motivation to academic achievement in students of superior ability. J. educ. Psychol., 1960, 51, 259—266.

Vale, J. R. & Vale, C. A. Individual differences and general laws in psychology: A reconciliation. Amer. Psychologist, 1969, 24, 1093—1108.
Vernon, P. E. Personality assessment: A critical survey. N. Y.: Wiley, 1964.
Veroff, J. Thematic apperception in a nationwide sample survey. In: Kagan, J. & Lesser, G. S. (Hg.), Contemporary issues in thematic apperceptive methods. Springfield, Ill.: Thomas, 1961, 83—118.
— Theoretical background for studying the origins of human motivational dispositions. Merrill-Palmer Quarterly, 1965, **11**, 3—18.
— Social comparison and the development of achievement motivation. In Smith, Ch. P. (Hg.), Achievement related motives in children, N. Y.: Russel Sage Foundation, 1969, 46—101.
— Wie generalisiert ist das Leistungsmotiv? In: Edelstein, W. & Hopf, D. (Hg.), Bedingungen des Bildungsprozesses. Stuttgart: Klett, 1973, 94—148.
Veroff, J., Wilcox, S. & Atkinson, J. W. The achievement motive in high school and college age women. J. abnorm. soc. Psychol., 1953, 48, 108—119.
Veroff, J., Feld, Sh. C. & Crockett, H. J. Explorations into the effects of picture

cues on thematic apperceptive expression of achievement motivation. J. Pers. soc. Psychol., 1966, 3, 171–181.
Vinacke, W. E. Motivation as a complex problem. In: Jones, M. R. (Hg.), Nebraska Symposium on Motivation. Lincoln, Neb.: University of Nebraska Press, 1962, 1–46.
Vislie, L. Stimulus research in projective techniques. A study related to the measurement of achievement motivation. Norwegian Studies in Education, Universitets-forlaget, Oslo, 1972.
Vitz, P. C. The relation of levels of aspiration to n achievement, fear of failure, incentives, and expectancies. Unpublished honors thesis, University of Michigan, 1957.
Vroom, V. H. Work and Motivation. N. Y.: Wiley, 1964.
Vukovich, A., Heckhausen, H. & Hatzfeld, A. Konstruktion eines Fragebogens zur Leistungsmotivation. Unveröff. Arbeitsbericht, Psychol. Inst., Univ. Münster 1964.

Wallace, J. & Sechrest, L. Frequency hypothesis and content analysis of projective techniques. J. consult. Psychol., 1963, 27, 387–393.
Wallach, M. A. & Leggett, M. I. Testing the hypothesis that a person will be consistent: Stylistic consistency versus situational specifity in size of children's drawings. J. Pers., 1972, 40, 309–330.
Wasna, M. Motivation, Intelligenz und Lernerfolg. München: Kösel, 1972.
Weiner, B. The effects of unsatisfied achievement motivation on persistence and subsequent performance. J. Pers. 1965, 33, 428–442.
– Achievement motivation and task recall in competitive situations. J. Pers. soc. Psychol., 1966, 3, 693–696.
– New conceptions in the study of achievement motivation. In: Maher, B. (Hg.), Progress in experimental Personality Research. N. Y.: Academic Press, 1970, 5, 67–109.
– Theories of motivation. From mechanism to cognition. Chicago: Markham, 1972.
– An attributional interpretation of expectancy-value theory. In: Weiner, B. (Hg.), Cognitive views of human motivation. N. Y.: Academic Press, 1974, 51–69.
Weiner, B., Johnson, P. & Mehrabian, A. Achievement motivation and the recall of completed and incompleted exam questions. J. educ. Psychol., 1968, 59, 181–185.
Weiner, B. & Kukla, A. An attributional analysis of achievement motivation. J. Pers. soc. Psychol., 1970, 15, 1–20.
Weiner, B. & Potepan, P. A. Personality characteristics and affective reactions toward exams of superior and failing college students. J. educ. Psychol., 1970, 61, 144–151.
Weiner, B., Frieze, I., Kukla, A., Reed, L., Rest, St. & Rosenbaum, R. Perceiving the causes of success and failure. N. Y.: General Learning Press, 1971.
Weiner, B., Heckhausen, H., Meyer, W.-U. & Cook, R. E. Causal ascriptions and achievement behavior: The conceptual analysis of effort. J. Pers. soc. Psychol., 1972, 21, 239–248.
Weiner, B., Nierenberg, R. & Goldstein, M. Social-learning (locus of control) versus attributional (causal stability) interpretations of expectancy of expectancy of success. J. Pers., 1976, 44, 52–68.

Weiner, I. B. Does psychodiagnosis have a future? J. Pers. Assess. 1972, 36, 534–546.
Weingarten, A. Methodenkritische Untersuchungen zur Erhebung und Auswertung der Leistungsmotivation bei Mädchen. Unveröff. Dipl.-Vorexamensarbeit, Psychol. Inst., Mainz, 1967.
Weinstein, E. & Martin, J. Generality of willingness to take risks. Psychol. Rep., 1969, 24, 499–501.
Weinstein, M. S. Achievement motivation and risk preference. J. Pers. soc. Psychol., 1969, 13, 153–172.
Weiss, P., Wertheimer, M. & Groesbeck, B. Achievement motivation, academic aptitude and college grades. Educ. Psychol. Measmt. 1959, 19, 663–666.
Wendt, H. W. Verhaltensmodelle des Nichtwissenschaftlers: Einige biographische und Antriebskorrelate der wahrgenommenen Beziehung zwischen Erfolgswahrscheinlichkeit und Zielanreiz. Psychol. Forsch., 1967, 30, 226–249.
Williams, J. E. Mode of failure, interference tendencies, and achievement imagery. J. abnorm. soc. Psychol., 1955, 51, 573–580.
Winer, B. J. Statistical principles in experimental design. N. Y.: McGraw-Hill Co., 1962.
Winkelman, R. Experimentelle Studie zur Genese von Bezugssystemen. Z. exp. angew. Psychol., 1961, 8, 437–445.
Winter, D. The power motive. N. Y.: The Free Press, 1973.
Witte, W. Das Problem der Bezugssysteme. In: Metzger, W. & Erke, H. (Hg.), Handbuch der Psychologie, Bd. 1, Göttingen: Hogrefe, 1966, 1003–1027.
— Über Phänomenskalen. Psychol. Beitr., 1960, 4, 645–672.
Wolf, R. The measurement of environments. Invitational Conference on Testing Problems. Princeton, N. J.: Educational Testing Service, 1964, 93–106.
Wolk, St. & DuCette, J. The moderating effect of locus of control in relation to achievement motivation variables. J. Pers., 1973, 41, 59–70.
Wrightsman, L. S. The effects of anxiety, achievement motivation, and task importance upon performance on an intelligence test. J. educ. Psychol., 1962, 53, 150–156.
Wyatt, F. A principle for the interpretation of fantasy. J. proj. Techn. Pers. Assess., 1958, 22, 229–245.